동해물과
백두산이
늘 푸르고 높게

동해물과 백두산이 늘 푸르고 높게

2016년 7월 31일 1판 1쇄 발행

지은이 | 서승일
펴낸이 | 양승윤

펴낸곳 | (주)영림카디널
　　　　 서울특별시 강남구 강남대로 354 혜천빌딩
　　　　 Tel. 555-3200　Fax.552-0436

출판등록 1987. 12. 8. 제16 117호
http://www.ylc21.co.kr

값 12,000원
ISBN 978-89-8401-208-0 03300

「이 도서의 국립중앙도서관 출판예정도서목록(CIP)은 서지정보유통지원시스템 홈페이지(http://seoji.nl.go.kr)와
국가자료공동목록시스템(http://www.nl.go.kr/kolisnet)에서 이용하실 수 있습니다.(CIP제어번호: CIP2016017345)」

동해물과 백두산이 늘 푸르고 높게

● 서승일 지음

영림카디널

머리말

이 책을 쓰게 된 이유

지금부터 5년여 전 날씨 좋은 어느 봄날, 지하철 2호선을 타고 열차의 출입문 앞에 서서 한강을 건너고 있었습니다. 열차가 지하에서 빠져나와 철교 위로 올라가면서 그날따라 유난히 찬란하게 펼쳐지는 한강 변의 풍경이 강렬한 인상으로 시야에 들어왔습니다. 좌우에 줄지어 늘어선 초고층 건물, 강변도로와 가로수, 그리고 수많은 자동차들의 움직임, 잘 정리된 고수부지 및 시민위락시설, 조깅을 하거나 자전거를 타는 사람들, 물 위에 떠다니는 유람선, 강 위에 걸쳐 있는 거대한 교량들을 보면서 숨이 멎는 것 같은 감동을 느꼈습니다. 이게 한강의 기적이고 우리 대한민국의 발전을 압축적으로 말해주는 것이로구나 하고 생각했습니다. 기왕에도 보아 왔던 경관이지만 직장에서 은퇴하고 난 후 생각의 자유와 마음의 여유가 생긴 까닭에 그렇게 새롭게 느껴졌던 것 같습니다.

이후 필자는 우리 대한민국의 발전과 성과에 대해 큰 자부심과 애착을 갖고 우리의 현대사를 되돌아보게 되었습니다. 그리고 우리

동해물과 백두산이 늘 푸르고 높게

가 당면한 문제의 심각성과 아울러 이를 극복할 수 있는 방안은 무엇인지 한 사람의 국민의 입장에서 궁리해 보았습니다.

조국 광복 후 우리 대한민국은 정치적으로나 경제적으로나 실로 기적을 이룩한 나라입니다. 반만년 유구한 역사에서 한 번도 해본 적이 없는 자유민주주의에 입각하여 민주공화국이 탄생했습니다. 시장경제주의라는 기둥 위에 자유민주주의라는 지붕을 얹어 큰 집을 지었습니다. 그 집에 살면서 열심히 농사도 짓고 물건도 만들고 장사도 해서 이제는 대부분의 사람이 먹는 것, 입는 것, 잠자고 쉬는 곳의 문제를 해결했습니다. 지난 70년간 대한민국만큼 성과를 거둔 나라는 지구 상에 별로 없습니다. 그야말로 자랑스러운 역사였다고 해도 지나친 말은 아닐 것입니다.

그러나 우리는 아직 갈 길이 멀고 안심하고 있을 수 없습니다. 해야 할 일이 많습니다. 우리가 가야 할 길은 정직하고 법을 잘 지키는 사회, 예의와 도덕이 있는 사회, 굳건한 공동체의식으로 뭉친 사회, 자손이 번창하는 사회, 그리고 안전하고 평화로운 사회와 국가를 만드는 것입니다. 주로 의식과 관행을 고쳐야 하는 것이기 때문에 쉬운 일은 아니나, 못할 것은 없습니다. 오히려 마음먹기에 따라서는 정치적·경제적 기적을 이룬 국민답게 빠른 시일 내에 해낼 수도 있다고 생각합니다. 이 길이 우리들 각자에게 이익과 행복을 가져다준다는 각성만 있으면 예상보다 훨씬 빨리 단축할 수 있을 것입니다.

필자는 30년간의 공직 생활에서 상당 기간 해외 근무와 출장 여행으로 비교적 많은 나라를 살펴볼 기회가 있었습니다. 그중에서도 잘 사는 나라를 보면 너무나 부러웠습니다. 그 대표적인 나라가 스위스, 독일, 일본입니다. 이들 나라는 경제적 풍요와 아울러 문화적으로 세련되고 평화로운 나라들입니다. 우리는 여기에 더해 후손이 번창하는 나라, 미래가 있는 나라를 만들어야 합니다. 이를 위해 우리는 지혜를 모으고 합심하여 협력해야 할 때가 되었습니다.

이 책에서 다루는 범위는 역사, 정치, 경제, 사회, 문화 등 여러 부문에 걸쳐 있습니다. 70년 동안 살아오면서 보고 듣고 느끼고 생각한 것, 30년의 공직 생활과 10년의 민간 부문에서의 경험이 어우러진 것이므로 자연히 이야기의 범위가 넓어졌습니다. 한 인간으로서 너무 벅찬 과제일 뿐만 아니라 잘못하면 헛소리를 할 수 있다는 두려움도 있었습니다. 그러나 70년이든 80년이든 한 사람이 살아오면서 경험한 것은 제한적일 수밖에 없다는 것, 지나치게 전문화된 시대에 통합적인 시각에서 문제를 보는 것도 의미가 없지 않다는 것, 그리고 이야기는 쓰는 사람의 생각을 반영할 수밖에 없다는 관점에서 용기를 갖고 한번 시도해 보았습니다. 아울러 요즈음 세상 돌아가는 것을 보고 답답해하는 사람들과 그 심정을 공유하면서 희망의 씨를 찾아보고 싶은 강렬한 욕구도 억누를 수 없었습니다. 특히 무기력하고 실의에 빠져 있는 젊은이들에게 책임감을 일깨우고 용기를 북돋아 주고 싶은 생각도 간절했습니다.

그동안 이 책을 쓰는 데 많은 도움을 주신 분들에게 감사의 말씀을 드려야 하겠습니다. 건국 대통령 이승만 박사와 관련하여 귀중

한 증언을 해 주신 전 내무부 장관 이동호 님께 감사를 드립니다. 때맞추어 필요한 자료를 제공해 주시고 늘 진지한 토론에 참여해 주신 전 경남은행장 강신철 님, 전 코람코 자산신탁 사장 김진호 님, 일본과 관련한 조언을 많이 해주신 전 주일대사관 재무관 김의수 님, 다양한 경험과 지식을 바탕으로 좋은 의견을 주신 전 인천시 정무부시장 박동석 님, 전 한국수출입은행 수석부행장 김진호 님, 한국문인협회 청소년문화진흥위원 주기영 님, 그리고 중요한 자료를 입수하도록 주선해 주시고 기업인의 시각에서 조언을 아끼지 않은 초등학교 동기이자 전 삼성물산 상무이사 신동성 님, 세세한 자구 수정부터 전체적인 편제에 이르기까지 좋은 의견을 주신 전 대한항공 임원 양승주 님, 누락된 중요 사항을 지적하고 보완해주신 GS그룹 부회장 서경석 님에게 감사의 뜻을 표하고자 합니다.

적지 않은 분량의 원고를 다 읽고 오류 지적은 물론 책의 구성 체계에 대해서도 좋은 의견을 주신 전 고려대학교 의대 교수 황순재 님에게 각별히 감사드립니다.

아울러 이 책의 발행을 허락해주신 영림카디널의 양승윤 회장님과 변변치 못한 원고를 받아 군살을 빼고 다듬어 빛을 더해준 전남식 사장님, 김상태 부장님께 심심한 감사의 말씀을 드리고자 합니다.

끝으로 이 책이 완성되기까지 말없이 협조하고 지원해 준 평생의 반려 진영미 님에게 고마운 마음을 전합니다.

2016년 7월

서승일(徐承一)

차례

1.

감격과 격동, 그리고 성공의 시대

우리나라의 약 4천 년 단일 민족사에서 일제 35년을 제외하고는 다른 민족에 의해 정복된 왕조가 없었습니다. 남달리 끈질긴 생명력으로 지탱해 온 한국이 20세기 초에 일본에 병탄되는 비운을 겪었습니다. 한 세대 남짓한 기간 우리 한민족은 일제에 짓밟히면서 자존감의 상실과 역사 단절의 위기를 겪었습니다.

그러나 1945년 8월 제2차 세계대전에서 일본이 패망하자 우리는 해방을 맞이하게 되었습니다. 유감스럽게도 우리나라는 전승국가로서 독립을 쟁취하지는 못했습니다. 하지만 우리 국민의 확고한 독립 의지와 수많은 애국지사들의 투쟁과 헌신, 노력이 뒷받침되어 광복의 날을 맞이하게 되었던 것이며 고난이 많았던 만큼 감격 또한 컸습니다.

민족의 수난과 해방

일제의 침략에 의한 우리의 고난은 직접적으로 1905년 을사조약에서부터 시작된다고 할 수 있습니다. 그 이전에도 1895년 명성황후가 일본에 의해 시해되는 국가적 수치를 당했으나 이후 1904년 러일전쟁이 일어날 때까지는 상대적으로 자주성을 내세울 수 있었습니다.* 1897년 대한제국을 선포하고 고종이 황제로 즉위한 것이 그런 분위기를 말해 준다고 볼 수 있습니다. 그러나 1905년 러일전쟁에서 승리한 일본은 영국과 미국의 승인까지 받고 강제로 제2차 한일협약(을사조약)을 맺어 한국을 일본의 보호국으로 만들었습니다. 이 을사조약으로 한국은 외교권을 박탈당함으로써 실질적으로 주권을 잃어버린 거나 마찬가지가 됩니다.

나라가 주권을 잃는 지경에 이르자 고종의 시종무관 민영환, 좌의정 조병세를 비롯해 다수의 분사자(憤死者)가 나오고 민종식, 최익현 등 의병이 전국 각지에서 봉기했습니다. 고종은 1907년 6월 헤이그에 밀사를 보내 만국평화회의에서 을사조약이 무효임을 호소하려 했으나 뜻을 이루지 못하고 대표의 한 사람이었던 이준은 울분을 못 이겨 헤이그에서 병사합니다. 일본은 을사조약의 무효를 주장하는 고종 황제를 1907년 7월 강제로 퇴위시킵니다. 이에 격분한 국민은 연일 시위운동을 벌이고 도처에서 일본인을 습격했습니다.

---

* 한영우 지음,《다시찾는 우리역사》, 경세원, 2008, 489쪽

동해물과 백두산이 늘 푸르고 높게

1908년, 전명운과 장인환은 을사조약과 더불어 설치된 일본인 통감 밑에서 외교 고문을 지내고 미국에 돌아가 일본의 한국에 대한 통감 정치를 찬양하던 미국인 스티븐스를 사살합니다. 급기야 1909년, 안중근은 한국 침략의 원흉 이토 히로부미를 만주의 하얼빈 역에서 쓰러뜨렸습니다. 1910년에는 안타깝게도 강제로 한일합방조약이 맺어지고 식민지 한국의 광복을 위한 투쟁의 역사가 시작됩니다.

한일합방 이후 많은 애국지사들은 간도, 연해주와 미주로 망명해 해외 독립운동 기지를 설치하고 무력으로 독립을 쟁취하고자 노력했을 뿐만 아니라 외교적인 수단에 의한 독립운동도 전개했습니다. 기왕에 있어온 우리의 애국계몽운동, 언론 활동, 신교육 보급 노력은 일제의 야만적인 탄압을 받게 됩니다. 국민의 분노가 커지고 각성은 더욱 확대되면서 민족의 역량이 하나로 결집되었으며, 마침내 1919년 3월 1일에 민족의 독립 의지를 세계만방에 알리는 만세 운동이 일어납니다. 한국민이 일본의 식민지 정책을 잘 따라온다는 일제의 대외 선전이 거짓임을 폭로한 것입니다.* 이어서 같은 해 11월에는 중국 상해에 임시정부가 수립되어 민족운동의 통할 기구가 됩니다.

3·1운동 후 일제는 문화 정치를 표방하고 겉으로는 헌병 경찰 정치를 완화하는 듯하면서 경제적 약탈과 민족말살 정책을 추진해 나갑니다. 우리는 국산품 애용 운동(물산장려운동)을 펴나감과 동시

---

* 이기백 지음, 《한국사신론》, 일조각, 1999, 440쪽

에 소작쟁의, 노동쟁의를 벌여 일제에 항거했습니다. 1926년에는 6·10만세운동으로 항일 시위를 했습니다. 그해 한용운은 자신의 시 '님의 침묵'에서 '님은 갔지마는 나는 님을 보내지 아니하였습니다' 라고 절규하면서 나라 잃은 처절한 심정과 더불어 나라를 다시 찾 겠다는 결연한 의지를 다짐했습니다. 이상화 또한 자신의 시 '빼앗 긴 들에도 봄은 오는가?'에서 '그러나 지금은─들을 빼앗겨 봄조차 빼앗기겠네'라고 현재의 참담한 마음을 토로하며 장래의 국권회복 을 간절히 염원했습니다. 1929년 11월에는 광주학생운동으로 민족 차별 철폐, 약소민족 해방, 제국주의 타도를 외쳤습니다.

해외에서의 독립운동도 활발해 만주에서는 1920년에 홍범도가 봉오동 전투에서, 김좌진은 청산리 전투에서 빛나는 전과를 올렸으 며 나석주의 동양척식주식회사 폭탄투척 의거(1926년), 이봉창의 일 왕 암살기도 의거(1932년), 윤봉길의 상해 홍구공원 의거(1932년) 등 이 이어졌습니다.

일본은 1931년 만주사변 후 한국을 중국 침략을 위한 병참기지 로 만들고 식량 자원과 광산 자원을 약탈해갔습니다. 1937년에는 중일전쟁을 촉발하고 1941년에는 진주만 기습으로 태평양전쟁을 일으켰습니다. 일본은 국가 총동원을 실시하고 여러 가지 비상조치 를 취했던 바 한국에서는 더욱 어려움이 심했습니다. 그들은 내선 일체(內鮮一體)라는 기치를 내걸고 한민족 말살 정책을 폈습니다.

1940년에는 〈동아일보〉, 〈조선일보〉 및 〈문장〉 등 한글신문과 잡지를 폐간시키고 1942년 10월에는 민족운동을 일으켰다는 죄목으로 조선어학회 간부를 검거 투옥하고 고문했으며 그때 이윤재, 한징이 옥사했습니다. 일제는 일본어 상용을 강요했습니다. 한국사 연구도 위험시되어 진단학회의 활동도 정지되었습니다. 특히 한국의 대표적인 지식인들을 회유하고 협박해 황국 신민화 정책과 침략 전쟁의 동조 찬양에 앞장서게 함으로써 우리 민족에게 크나큰 상처를 주었습니다.* 일본식으로 성과 이름을 고치고 신사에도 참배하라고 강요하면서 한국 민족이라는 의식을 뿌리 뽑고 우리 민족의 존재조차 없애려고 했습니다.

식량 원조 및 노동력의 강제 동원이 실시되고 처녀들은 정신대라는 이름으로 동원되어 일선에서 위안부 노릇을 강요당하기도 했습니다. 군대도 처음에는 자원병제도로 하다가 나중에는 징병제도로 바뀌고 그에 따라 많은 한국인 희생자가 발생했습니다.

우리의 독립운동은 1941년 태평양전쟁의 발발과 더불어 상해임시정부를 구심점으로 더욱 굳게 단결하여 전개되었습니다. 태평양전쟁 개시 직후 대일 선전포고와 아울러 외교 활동을 강화했으며 여러 독립군도 임시정부하의 광복군으로 통합되어 전열을 정비하고 강화했습니다. 1942년에는 중국 정부와 광복군에 관한 협정을 맺음으로써 양군 간 긴밀한 협동 작전을 수행할 수 있었습니다. 한편 광복군은 1943년 영국과도 군사협정을 맺어 일부 병력이 인도와 버마 전선에 참전했으며, 또 일부 병력은 미국 전략정보처(OSS, CIA

---

* 한영우 지음, 《다시찾는 우리역사》, 경세원, 2008, 556쪽

의 전신)와 협력하면서 국내 진공까지도 준비했습니다.

1943년 6월에는 일본의 동맹국 중 하나인 이탈리아가 항복했는데 이는 연합국 측의 승리뿐만 아니라 한국의 해방이 가까워지고 있음을 알려주는 낭보였습니다. 바로 그해 12월에는 미국, 영국, 중국의 세 나라 수뇌가 이집트의 카이로에서 회합을 갖고 카이로 선언을 발표했는데, 그 선언문에 '한국인의 노예 상태에 유의하여 적당한 시기에 한국을 자유 독립시킬 것을 결정한다'고 했습니다. 당시 전 세계에 50여 개의 식민지가 있었음에도 불구하고 유독 한국을 특정해 전승국가들이 독립을 보장한다고 선언한 것은 특기할 만한 사건이라고 하지 않을 수 없습니다.

1945년 5월에는 독일이 항복했으며 끝까지 버티던 일본도 소련의 대일 참전과 미국의 원자폭탄 투하로 그해 8월 15일 무조건 항복함으로써 전쟁은 끝나고 우리 한국인은 몽매에도 그리던 광복의 날을 맞이하게 되었습니다. 길고 긴 우리 역사에서 처음 겪었던 35년간의 혹독한 식민 지배를 벗어나는 감격의 순간이었습니다.

여기서 우리가 잊지 말아야 할 것은, 앞에서 보아온 것처럼, 우리 국민의 광복 의지, 헌신과 노력, 그리고 애국지사들의 투쟁과 희생이 있었기에 해방을 맞이할 수 있었다는 점입니다. 제2차 세계대전의 전승국으로서 승리를 얻은 것은 아니라 해도 우리의 이와 같은 피나는 투쟁과 노력이 있었기에 해방은 더욱 감격적이고 환희에 찬 것이었다고 하겠습니다.

대한민국 정부 수립 선포식에서 취임 선서를 하는 초대 대통령 이승만.

'백성의 나라' 민주공화국 출범

해방 후 3년 뒤에는 대한민국 정부가 수립되었습니다. 반만년
역사 이래 전혀 경험도 없고 생소했던 자유민주주의에 입각한 민주
공화국 정부가 이 땅 위에 세워졌습니다. 온 세계가 거센 공산주의
바람에 휘둘릴 때 아시아 대륙의 맨 동쪽 끝에 있는 반도에서 어렵

게 자유민주주의를 지켜냈습니다. 공산주의 사상은 전 세계적으로 무슨 유행병처럼 번져 나갔는데 그것의 허구성을 간파한 선각자들이 막아낸 것입니다.

오늘날 공산주의는 실패한 사상이라는 것이 이미 증명되었습니다. 당시 지도자들의 통찰력과 지혜는 세월이 갈수록 더 빛이 나고 있습니다. 지정학적으로 보아도 우리나라는 북쪽과 서쪽을 소련과 중공이 인접해서 둘러싸고 있었기 때문에 그들의 영향을 받기가 쉬웠습니다. 우리와 협력할 수 없는 일본은 동쪽과 남쪽을 둘러싸고 있었지요. 이렇게 어려운 상황에서 자유민주주의와 시장경제주의를 기본으로 하는 나라가 세워졌습니다. 하늘은 대한민국을 도왔습니다.

이 땅 위에 우리 국민들에 의해 자유민주주의 헌법이 제정되고 그에 따라 민주공화국 정부가 수립되었던 것입니다. 이것은 반만년 우리 역사에 처음 민주주의 혁명이 일어난 것을 의미합니다. 다시 말해 왕정만을 해온 우리나라에서 민주공화국으로 바뀌는 정치혁명이 일어난 것입니다. 하나의 기적이 일어난 것이라고 해도 지나친 말이 아닙니다. 정말로 너무나 감격스러운 일이었습니다.

그러나 유사 이래 처음 시도해보는 제도가 그렇게 쉽게 정착될 수는 없었습니다. 준비 없이 새로운 제도를 갑자기 시행하려고 하니 내부적 갈등뿐만 아니라 주변 국가의 직간접적인 방해가 매우 심했습니다. 갓 이식해 놓은 민주주의라는 나무를 송두리째 뽑아 버리려는 폭거가 발생했습니다. 정부 수립 후 2년도 안 된 1950년 6월 공산 진영의 맹주인 소련의 지원을 받아 북한 공산군이 남으로 쳐

동해물과 백두산이 늘 푸르고 높게

6·25 전쟁으로 폐허가 된 서울. 여자와 아이들이 쓸 만한 물건을 찾아 잔해를 뒤지고 있다.

내려온 것입니다. 어렵게 만든 나라가 바람 앞의 등불과 같았습니다. 그러나 하늘은 우리를 버리지 않았습니다.

우리 정부는 군사적으로나 재정적으로 아무 준비도 없는 상황에서 미국을 비롯한 자유 진영의 여러 나라들로부터 협조를 이끌어냈습니다. 그리고 이들 나라는 물심양면으로 우리를 도와주었습니다. 북진통일의 꿈을 실현하지는 못했으나 3년에 걸친 전쟁은 멎었습니다. 그 다음에는 전후 복구에 온 힘을 쏟아야 했습니다. 그렇다면 아무 기반도 없는 신생독립국가가 어떻게 이런 국제적 인정과 지원을 얻어냈을까요? 이 시대는 국민의 문맹률이 78% 수준으로 민주주의에 관한 훈련은 거의 안 되어 있던 상황이었습니다. 그런데 자유민주주의에 입각한 나라를 세우고 국가적 위기를 슬기롭게 극복했습니다. 그리고 미국을 설득해 한미상호방위조약이라는 안전보장 장치도 마련했습니다. 또 물질적으로도 잘살기 위한 계획을 세웠습니다. 참으로 놀라운 일들이 이 땅에서 벌어졌습니다.

사실 전후의 나라 경제는 피폐해질 대로 피폐해져 있었고 국민 생활은 비참했습니다. 하루 세 끼 밥 먹기조차 어려운 상황이었지요. 국민이 헐벗고 굶주리는 형편에 뭔지도 모르는 민주주의가 될 리가 없었습니다. 일제시대에 공업지역으로 이용된 북한은 남한보다 형편이 나았고 군사적으로는 압도적으로 우세했습니다. 늘 남쪽을 위협하고 뒤집어엎을 기회만 노렸지요. 이런 여건하에 우리는 경제적으로 부흥도 해야 하고 침략도 막아내야 했고, 민주주의도 실현해야 했습니다.

1960년에는 이상에 불타는 젊은 학생들에 의해 4·19혁명이 일어났습니다. 권력 구조를 내각책임제로 하여 헌법이 개정되고 새로운 정부가 구성되었습니다. 그러나 민주주의에 대한 훈련 부족과 당시 지도자들의 무능으로 신정부는 1년도 못 되어 1961년 5월 16일 군사혁명에 의해 무너졌습니다.

군사혁명정부는 내부의 끊임없는 저항과 외부의 냉대 속에서도 당초의 예상과는 달리 급속한 경제 발전을 이룩해 나갔습니다. 보릿고개가 없어지고 집 안에 TV, 냉장고, 전자레인지, 전기세탁기가 들어왔습니다. 질퍽거리던 도로가 말끔히 포장되고 현대식 주택과 아파트가 들어섭니다. 농경지도 정리되고 산이 푸르러집니다. 꿈에도 생각 못 한 국산 자가용 차를 집집마다 갖게 되었습니다.

급기야 올림픽을 유치해 1988년도에 성공적으로 치러냈습니다. 자유 진영은 물론이고 공산주의 국가까지 모두 서울올림픽에 참가했습니다. 올림픽 역사상 최대 규모였습니다. 서울을 방문한 동구권 정보기관원들이 서울올림픽 시설이 세계 최고라는 등 서울의 놀라운 발전상을 본국에 보고했다고 합니다. 결과적으로 서울올림픽이 동구권의 공산주의 포기에 공헌하게 되었습니다. 세계사적 관점에서 볼 때 우리 대한민국이 공산주의 진영의 붕괴에 영향을 미쳤다는 점이 얼마나 놀랍습니까? 세계사의 흐름을 바꾸는 데 우리나라가 큰 기여를 한 것입니다. 감격스러울 뿐입니다.

한편 민주화에도 커다란 신장을 가져왔습니다. 유사 이래 처음 준비 없이 자유민주주의 정치 체제를 도입했으니 낯설기만 했습니다. 한동안 끊임없이 혼란을 겪을 수밖에 없었다고 생각합니다. 그러나 국민의 생활수준이 향상되고 국민의 자각이 확대된 바탕 위에서 1980년대 후반에 좀 더 민주적으로 헌법이 개정되고 1990년대 후반에는 여야가 바뀌는 정권 교체까지 경험했습니다. 아직 갈 길은 머나 이렇게 한 발자국씩 점점 세련된 민주주의로 발전해 나가고 있습니다. 이 또한 어찌 감격스러운 일이 아니겠습니까?

'잘살아보세' 성공 신화의 생활 혁명

먹고 입고 사는 우리의 생활상이 얼마나 달라졌는지 돌이켜보면

해외로 수출되는 국산 자동차. 6.25전쟁의 참화를 딛고 대한민국은 눈부신 경제 발전을 이룩했다.

가히 혁명적이라 할 만합니다. 1950~60년대의 국민 생활은 동족 상잔의 전화와 혼란 속에서 처참했습니다. 전쟁 기간(1950~1953년)이야 그렇다 치더라도 전후의 국민 생활 역시 쉽게 개선될 수 없었습니다.

우리의 식생활은 하루에 밥 세끼 먹기도 어려웠습니다. 쓰레기통에서 복어 알을 주워 먹고 죽는 사람, 미군 부대에 땅굴을 파고 들어가 먹을 것을 훔치는 사람, 도시락도 못 싸오는 어린 학생들, 미국이 구호물자로 준 우유를 끓여 먹고 배탈이 나던 일, 기생충병으로 핏기 없던 아이들 얼굴, 논밭 뙈기라도 조금 있는 사람 집에 가서 부엌일을 해주고 밥 한 그릇 얻어와 자식들 먹이던 어머니들, 이런 것들이 50~60년 전 우리의 식생활 수준이었습니다.

동해물과 백두산이 늘 푸르고 높게

그러나 지금은 어떻습니까? 먹을 것이 너무 많아 소아건 어른이건 비만 걱정을 하면서 소위 다이어트라는 것을 합니다. 먹을 것 걱정 없고 운동도 적당히 잘 해서 그런지 젊은 사람들의 체격이 서구 수준에 비해 큰 손색이 없게 되었습니다.

사람 먹을 것이 풍족해지니 애완동물 먹이도 따로 생산해 판매되고 있습니다. 과거에 우리나라 사람들이 미국에 가서 개 그림이 있는 개 먹이 통조림통을 보고는 사람이 먹는 보신탕 통조림인 줄 알았다는 이야기가 있습니다. 이제 우리도 그 개 먹이용 통조림까지도 만들어 파는 세상에 살고 있습니다. 감격하지 않을 수가 없습니다.

의복은 어떠했습니까? 전에는 자주 빨아 입을 옷도 없고 몸도 자주 씻을 형편이 안 되니 사람들의 행색이 대부분 초라했습니다. 옷 속에는 이가 들끓었습니다. 이와 관련한 일화를 하나 소개하겠습니다. 역시 50~60년 전 이야기입니다. 당시 겨울철에 중앙부처의 모 사무관이 오버코트를 사무실 양지 바른 쪽 옷걸이에 걸어 놓았는데, 옷 속에 있던 이들이 떼 지어 코트 밖으로 하얗게 기어 나왔다는군요. 그 사무관뿐만 아니라 다른 사람들의 코트에서도 역시 이가 나왔다고 합니다. 그러나 그 사무관의 오버코트에서 가장 많이 나왔기 때문에 늘 랭킹 1위였답니다. 그 사무관은 나중에 장관도 되고 국가 경제 발전을 위해 많은 일을 했습니다. 아는 사람들끼리 모이면 그때 이야기를 하면서 모두 웃습니다.

이와 같이 의복이 부족하고 보잘것없었을 뿐만 아니라 양말, 신발 등 생활필수품이 모두 모자랐습니다. 옷, 양말도 해지면 꿰매어 입고 신었습니다. 신발은 고무신을 주로 신었고 시골에서는 짚신도 신었습니다.

그러나 지금은 어떻습니까?

옷이라는 것이 추위를 막고 살갗을 보호하고, 부끄러운 부분을 가리는 데 목적이 있는 것으로 생각하지 않습니다. 멋, 기능성, 편리성 등을 더 중요하게 생각합니다. 유행 따라 더 멋있게 입으려다 보니 모양과 색깔 등에 따라 다양하게 여러 벌의 옷을 구매합니다. 의생활에서 옷을 조화롭고 멋있게 입는 것에 관심이 생겨서 이제는 '코디'라는 말이 자연스럽게 쓰이고 있습니다.

스포츠, 레저 등의 발달로 멋과 기능을 고려한 의류 및 장비 또한 다양하게 생산되어 애용되고 있습니다. 다량의 고가 상품들도 쏟아져 나오고 있습니다. 의복이 놀랍게 변화하고 발전하면서 신발의 종류도 많아지고 고급화되었습니다. 옛날식으로 발을 보호하는 데 목적이 있는 것이 아니라 패션 품목으로 인식되어 있습니다. 이렇게 의복과 신발이 패션화, 고급화되었을 뿐만 아니라 고품격의 액세서리로 치장을 하니 사람들이 모두 세련되어 보이고 윤택해 보입니다. 사람들의 때깔이 완전히 달라졌습니다.

1970년대만 해도 해외에 나가 보면 일본인들은 매우 깨끗하고 윤기가 흘러 보였습니다. 거기에 비해 우리 한국인은 초라해 보였지요. 그러나 지금은 오히려 그 반대가 되었습니다. 우리 젊은이들의 체격과 때깔이 일본인들보다 훨씬 낫습니다. 양국의 운동선수를 비교해 보아도 우리 쪽 젊은이들이 더 잘 생기고 체격도 더 좋아 보입니다. 이러한 엄청난 변화를 보면서 감격하지 않을 수 없습니다.

주거 공간의 변화를 살펴보지요. 과거 반세기 전에는 시골집의 대부분이 초가집이었고 냉난방, 화장실 등의 편리성에 부족함이 많았습니다. 대도시에서는 기와집 등 조금 더 고급화된 집이 있었으나 가옥 구조의 편리성이나 효율성 면에서는 현재의 아파트나 대형 다가구 주택 등에 비교할 바가 아니었습니다. 요즈음 많은 사람들이 살고 있는 아파트를 보면 참으로 많은 것을 느낍니다. 언제 저렇게 초고층 현대식 아파트를 지을 수 있는 기술을 배워서 이토록 훌륭한 건물을 지었을까?

과거에는 나무로 기둥 박고 대들보, 서까래 올리고 토벽 붙이고 초가지붕 올리고 창호지 바른 여닫이 창문 달고 구들을 놓아 방바닥을 깐 어둠침침한 가옥에서 생활했습니다. 변소는 본채와는 뚝 떨어진 곳에 설치되고 큰 독을 묻어 오물 수거 통으로 썼지요. 배설물을 퍼다 밭에 거름으로 사용하기 위한 고려를 많이 했던 것으로 생각됩니다. 난방은 아궁이에 불을 때서 했는데 엄동설한에는 외풍이 심해서 고생이 많았습니다.

그런데 요즈음 고층 아파트를 보면 건물의 높이와 규모도 엄청나거니와 그 안에 전기, 수도, 가스, 채광, 승강기, 쓰레기, 오물 처리 등 거의 완벽하게 시설을 해서 짓고 있습니다. 참으로 놀라지 않을 수 없습니다. 지하철을 타고 한강을 건너다 전후좌우로 펼쳐지는 장관을 바라보면서 새삼 놀라곤 합니다. 한강 변 양쪽에 높이 솟

한강의 기적으로 몰라보게 발전한 대한민국.

아오른 대형 아파트군이 우리의 시야를 압도합니다.

게다가 멋지게 강 위에 걸쳐 있는 현대적 교량들, 좌우의 강변 도로와 그 위를 달리는 자동차들, 물 위를 미끄러지듯 떠다니는 유람선, 요트, 깨끗하게 잘 정리된 고수부지, 그 위에서 산책하거나 조깅하는 사람들…. 야! 이게 정말 한강의 기적이로구나! 이 기적이 나라 전체에 퍼져나갔지! 한국 경제의 기적이 바로 이거야! 가슴 벅차오르는 감동을 주체할 수가 없습니다. 우리 세대 사람들은 정말 보람 있는 시대를 살았구나! 나라의 경제 발전을 위해 각자의 위치에서 열심히 일했고, 많은 성과를 거둔 점에 대해 대부분 큰 자부심을 느끼리라고 믿습니다.

또 한강 변과 같은 경관은 규모와 형태의 차이는 있어도 전국 어디에서나 볼 수 있는 보편적인 것이 되었습니다. 지방 중소 도시에 가도 고층 아파트가 즐비합니다. 체육시설, 문화시설도 훌륭합니다. 그러나 시골의 경치에 대해 조경학적 고려가 부족해 고층 건물이 오히려 아름다운 주위 경관을 해치는 경우도 생기고 있습니다. 모든 일이 한 번에 완벽하게 될 수는 없습니다. 하여튼 잘못되거나 부족한 부분은 고치고 보완해 나가기로 하고 우리의 성취에 대해 자부심을 가져도 지나치지 않다고 생각합니다.

우리 주변의 생활환경도 몰라보게 달라졌습니다.

우리나라는 산이 많은 나라입니다. 지금 그 산을 둘러보면 헐벗은 산이 없습니다. 50∼60년 전으로 되돌아가 생각하면 벌건 민둥산만 눈앞에 떠오릅니다. 그때 당시 비행기 타고 외국 여행이라도 한 사람들의 말을 들어보면 더 실감이 납니다. 일본 상공을 지날 때 비행기에서 아래를 내려다보면 일본 땅은 나무가 많아 푸른색이었고 우리나라 상공에 들어오면 반대로 벌건 색이었다고 합니다.

그러나 우리는 산림녹화의 기치를 들고 푸른 산 만들기를 시작했습니다. 벌목을 단속하고 석탄 생산을 늘리고 연탄을 만들어 사용했습니다. 연탄 보급이 확대되자 연탄가스에 목숨을 잃는 사람들이 많이 생겨났습니다. 이들에 관한 이야기는 반갑지 않은 단골 뉴스이기도 했습니다. 그런 어려움을 겪는 한편 우리는 조림과 육림에 힘을 써서 반세기가 지난 오늘날 우리 국토는 푸른 숲으로 우거지게 된 것입니다. 참으로 가슴 뿌듯한 일입니다. 그러나 아직도 헐벗은 북한 땅을 생각하면 마음 아픕니다.

아울러 우리는 전국의 강이나 하천에 제방을 쌓고 고수부지도 개발하고 정리했습니다. 홍수 위험을 막을 수 있을 뿐만 아니라 주민들의 쉼터로도 잘 활용되고 아이들의 운동장으로도 사용되고 있습니다. 오염 방지에도 노력해서 물고기와 새들이 서식하고 있으니 자연과 인간이 어우러져 공존하고 있다고 하겠습니다. 들도 경지정리, 관개시설 등에 힘을 써서 잘 정리되고 풍수해나 한발이 있어도 큰 문제없이 넘어가고 있습니다.

교통은 비약적으로 발전해 세상을 확 바꾸어 놓았습니다. 전국에 거미줄처럼 고속도로망이 펼쳐져 있고, 시골의 농로까지도 다 포장되어 있습니다. 총알처럼 빠르다고 해서 '탄환 열차'라고 불리는 KTX까지 놓았습니다. 세계 최고 수준의 지하철도 우리의 자랑입니다. 항공교통망도 확충되어 국내 어디든 빠르게 날아갈 수 있습니다. 큰 강이나 주요 섬에는 거대한 현대적 교량이 건설되어 위용을 자랑합니다. 산 높고 험한 지역에는 긴 터널을 뚫었습니다. 전국이 완전히 1일 생활권이 된 지 이미 오래입니다. 대도시, 중소 도시를 막론하고 고속도로로 연결되어 있고 지방도로 또한 잘 포장되어 큰 도로에 비해 이용에 불편이 없습니다.

전국에 자동차가 넘쳐나고 있습니다. 이제는 오히려 교통 체증이 문제되고 있습니다. 가만히 생각해 보면 기가 막힐 일 아닙니까? 과거 할리우드 영화 속에서나 보던 장면들이 우리의 현실이 되었습니다.

건국 후 대한민국 초기와 비교해 보겠습니다. 과거에는 큰 길이라야 비포장 자동차 길, 소위 신작로라는 것이 고작이었습니다. 길폭이 좁아 마주 오는 차와는 속도를 줄여 조심스럽게 비켜가거나 한쪽이 후진해서 여유 공간을 만들어주어 다른 편에서 오는 차가 지나가도록 해 주는 상황이었습니다. 도로포장이 안 돼 있어서 늘 자갈을 까는 일에 노력이 동원되기도 했습니다. 어쩌다 뽀얀 먼지를 일으키며 외제 승용차 한 대라도 지나가면 신기한 생각에 그 먼지 다 뒤집어쓰고 아이들이 뒤쫓아 달려갔지요. 시간도 잘 지키지 않으면서 하루에 두세 번 지나가던 버스를 안 놓치려고 노심초사하기도 했습니다. 그 시절 시골에서 생활해 본 사람들은 기억이 생생할 것입니다. 아마도 그때 사람들 중 자기 차를 사서 직접 운전하고 다니는 때가 오리라고 상상해 본 사람은 별로 없었을 것입니다. 그런데 어떻게 이렇게 천지개벽 같은 일이 일어났는지 꿈만 같습니다.

통신 분야에서도 그야말로 대혁명이 일어났습니다. 옛날 반세기 이전에는 시골 동네의 거의 모든 집에 전화기가 없었다고 기억합니다. 요즈음은 도시나 농어촌을 막론하고 모든 사람이 휴대전화 하나는 가지고 있습니다. 그 휴대전화기도 국산이 제일 고급에 들 정도로 발전해 있습니다. 먼 외국에 있는 사람과도 얼굴을 보면서 자기 집에서 통화를 합니다. 우리 기술로 만든 기계로 말입니다. 꿈인지 생시인지 알 수 없을 정도로 발전했습니다. 정말 경이롭습니다.

교육 분야의 성장은 말 그대로 괄목할 만하지요. 이미 이야기한 바와 같이 건국 초기에는 문맹률이 78%나 되었습니다. 국민 교육에 대해 어느 누구보다 열성이었던 이승만 대통령 때부터 힘써온 결과 이제는 문맹률이 문제가 아니라 교육 과잉이 문제가 되고 있습니다. 전국의 청소년이 거의 모두 고등학교에 들어가고 고등학교 졸업자의 80% 이상이 대학에 들어갑니다. 세계에서 가장 높은 대학 진학률일 것 같습니다. 이들 고학력자를 사회가 어떻게 흡수해야 할지 고민거리가 되었습니다. 우리나라 사람들은 많은 문제점을 알고 있습니다만 세계 최강대국의 대통령은 한국의 교육 상황을 오히려 부러워하고 있습니다.

의료 분야의 경우 내부적으로는 불만도 많고 제도 개선과 관련해 격렬한 논쟁도 있습니다. 그러나 실제로는 웬만한 선진국보다는 우리의 의료 행정이나 의료 기술 수준이 훨씬 더 우수합니다. 영국과 캐나다 사람들 말에 의하면 그 나라에서는 병원에 예약하고 몇 달씩 기다리다가 죽는 형국이라고 합니다. 의사들에 대한 처우가 안 좋아서 유능한 의사는 미국으로 다 간다고 하니, 자연히 자국의 의료 기술 수준은 뒤떨어질 수밖에 없을 것입니다.

평균 기대수명 역시 놀라울 정도로 늘어났습니다. 2013년에 OECD가 발표한 건강지표를 보면 한국인 남자 평균 기대수명은 77.7세, 여자는 84.5세, 남녀 포함한 전체 평균으로는 81.1세입니다. 1950년에는 남자 평균 수명이 51.1세, 여자는 53.7세였다고 하니 그때보다 요즈음 사람들은 30년 정도를 더 살게 되었습니다. 나라별로 보면 우리나라 사람이 일본, 프랑스, 스웨덴 사람보다는 조금 짧게 살고, 독일인과 미국인보다는 오히려 조금 더 오래 산다고 합니다. 참으로 놀라운 성과이고 변화입니다.

요즈음 60대 사람들은 본인은 물론 다른 사람들도 노인이라고 생각하지 않는 분위기입니다. 반세기 이전에는 환갑 지난 사람은 대단한 노인네로 취급받았습니다. 그러나 지금은 인간 100세 시대가 되었다고 하면서 노년을 어떻게 살아가야 하느냐가 큰 사회적 이슈로 되었습니다. 장수가 과연 축복이냐고 의문을 제기하는 이야기들도 많이 나오고 있습니다. 무병장수는 당연히 축복입니다. 모든 인간이 옛날부터 희구해 온 바입니다. 그러한 축복이 우리에게도 내려진 것입니다.

우리가 외국에 나갔을 때 보고 느끼는 점도 격세지감을 갖게 합니다. 외국 공항에 도착해 짐을 찾아 나오면서 카트에 우리 대기업체의 광고가 붙은 것을 볼 수 있습니다. 벌써 오래전부터 있던 일이긴 하나 매우 기분 좋은 일입니다. 공항을 나와 시내로 들어가면서 빌딩 옥상에 설치된 우리 기업들의 대형 광고판이 눈길을 사로잡습니다. 길에는 우리가 만들어 수출한 자동차가 굴러다닙니다. 호텔 객실 안에 들어가면 한국산 TV, 냉장고가 놓여 있습니다. 유명 관광지에는 한국 관광객이 넘쳐납니다. 외국 유명 축구팀의 유니폼에 우리 대기업의 로고(logo)가 붙어있습니다. 국제경기가 열리는 운동장 주위를 우리 기업의 광고판이 둘러싸고 있습니다. 그 운동장에서 우리나라 출신 선수들이 뛰고 있습니다. 참으로 감개무량하지요. 언제 이렇게 세계적인 나라가 되었는지 그저 가슴 벅찰 뿐입니다.

이러한 요인이나 힘들이 결집되어 총체적으로 나타난 결과는 실로 엄청납니다. 우리나라는 이제 1인당 국민소득이 2만 달러가 넘고 세계 8위의 무역 규모를 자랑하는 부국이 되었습니다. OECD에 가입도 했고 다른 개발도상국에 원조를 주는 나라가 되었습니다. 외국의 젊은이들이 한국어를 배우고 싶어 하고 한국을 찾아오고 싶어 합니다. 우리는 하계올림픽, 월드컵 축구 대회를 이미 개최했고 2018년에는 동계올림픽까지 개최할 예정입니다. 우리는 UN 사무총장과 세계은행(WB) 총재도 배출한 민족입니다. 야구, 축구, 골프, 빙상 등 세계 체육계를 주름잡는 스타를 탄생시켰습니다. 미술에서 새로운 분야를 개척한 천재 미술가를 배출하기도 했지요. 음악에서 세계적인 연주가도 나왔습니다. 예능 분야에서 한류를 창조하고 세계를 들썩이게 하는 스타들도 배출되었습니다. 유럽 유명 오페라단이나 교향악단에서 활동하고 있는 재능 있고 젊은 음악인도 많습니다. 자동차 수출뿐만 아니라 최첨단 기술이 요구되는 전투기까지 수출하는 국가가 되었습니다.

이렇게 하나하나 짚어보니 우리 한국은 정말로 대단한 나라이고 우리 한국 민족은 뛰어난 민족이라는 생각을 새삼 하지 않을 수 없습니다. 일본 식민지에서 해방되어 나라의 기틀을 제대로 잡기도 전에 전쟁의 참화를 겪었고, 너무나도 가난하고 보잘것없었던 나라에서 세계의 지도적인 국가의 하나로 우뚝 설 수 있었다는 것이 좀처럼 믿어지지가 않습니다. 가슴속에서 끓어오르는 희열, 감동을 주체할 수가 없습니다.

근래 참으로 반가운 현상이 나타나고 있습니다. 여수, 광양, 천안, 아산, 당진, 구미 등… 서울보다 행복한 지방도시들이 생겨나고

있습니다. 이들 지방도시가 소득 수준이나 생활 인프라 면에서 서울을 능가하게 되었습니다. 또 이들 생기 넘치는 지방도시엔 아이들 울음소리가 끊이질 않는다고도 합니다. 옛날에는 생각하지도 못했던 초고층 빌딩에, 고가의 수입차 행렬이 이어지고 마치 천지개벽이 된 것 같다는군요. 대기업 생산직 고졸 사원의 연봉이 너무 높아(9,500만 원) 중소기업의 입장도 고려해야 할 상황입니다. 최고의 문화예술 공연시설도 갖추고 있습니다. 골프 연습장엔 근무를 교대한 공장 근로자들이 북적거리고 있다고도 합니다. 고속도로, KTX 등 편리한 교통 시설과 잘 연결되어 있고 훨씬 질 좋은 아파트가 서울의 반값에 못 미친다고 하니 그럴 법도 합니다.

이런 현상들이 농업 분야에까지 생겨난다면 더욱 좋겠습니다. 대도시 못지않게 시골도 잘 사는 나라가 바로 선진국입니다. 일단 외형적으로는 선진국 수준에 곧 다다를 것 같습니다. 어찌 됐든 이 또한 감격스러운 일이 아닐 수 없습니다.

게다가 요즈음에는 또 외국에 이민 갔던 동포들이 한국이 더 살기 좋다며 돌아오고 있습니다. 반세기 이전 불안한 안보 상황과 지독한 경제적 궁핍을 벗어나기 위해 많은 사람들이 잘사는 나라로 이민을 했습니다. 머리 좋고 공부 잘한다는 사람들도 외국 유학을 많이 갔습니다. 그리고 거기서 다수의 사람들이 정착했지요.

그러나 이제는 상황이 달라졌습니다. 초강대국이었던 미국조차 경제 사정이 좋지 않은 데다 그 나라의 주류 사회에 끼어 정붙이고 살기도 쉽지는 않았겠지요. 마음 편하기야 자기 나라에서 같은 동포끼리 사는 게 훨씬 낫지 않겠습니까? 그나마 역이민을 결정하고 돌아오는 사람들은 경제적으로 상당히 성공한 사람들일 거라고 짐작됩니다. 귀국해서 주택 마련, 소득 보장 등 여러 가지 생활 여건을 갖추려면 적지 않은 비용이 들게 될 것입니다. 따라서 웬만큼 부자가 아니면 역이민이 어려울 것으로 생각됩니다.

이러한 현상을 보면서 한 가지 생각나는 것은 우리 인간이 앞날을 예측하기가 매우 어렵다는 거지요. 따라서 자식들한테도 이게 좋으니 이걸 해 봐라, 저건 나쁘니 하지 말라고 하기가 참으로 두려운 일이라는 것입니다. 젊을 때 머리 좋고 공부 잘하고 용기 있고 여러 가지 면에서 뛰어나다고 해서 미국에 간 사람들이 많았습니다. 그러나 지금에 와서는 그 사람들의 선택이 꼭 옳았느냐 하는 의문이 생기게 됩니다. 물론 이민 가서 뜻한 바대로 성공한 사람들은 잘 판단했다고 할 수 있겠지요. 그러나 그렇지 못한 사람들은 후회도 많이 할 거라고 짐작됩니다.

현재 국내에서 우리 주위를 둘러보면 학벌이 크게 좋지도 않고 집안이 넉넉하지도 않았는데 각 방면에서 성공하고 여러 가지 사회 활동과 큰 기여를 하고 있는 사람들이 많습니다. 이런 현상을 보면서 우리의 후대 아이들한테 부모가 지나친 관심을 갖고 몰아붙이는 식의 교육을 하는 것이 과연 좋은 방법일까 의문을 갖게 됩니다.

이미 언급한 바와 같이 우리나라는 놀랍게도, 지방이 잘 살게 되고 고졸 생산직 사원의 연봉이 대폭 증가하고 있으며 다양한 직업의 생성으로 새로운 가능성이 확대되고 있습니다. 이런 상황에서 부모는 정직하고 부지런하게 사는 모습을 행동으로 보여주면 충분하지 구태여 자기 기준과 사고의 틀에 맞추어 아이들 교육을 강요할 필요는 없다고 생각합니다. 그리고 부모가 자식들의 소질과 능력을 발굴하고 지원해주는 선에서 관심을 갖고 기다리면 아이들은 잘 발전해 나갈 거라고 믿습니다.

어찌 됐든 옛날에는 '찢어지게 가난한 나라, 언제 또 무슨 참혹한 일이 벌어질지 모르던 나라, 장래가 보이지 않던 나라'였는데 이제 잘 사는 나라가 되어 떠났던 사람들이 다시 찾아온다니 참으로 감격스러운 일이 아닐 수 없습니다.

일제로부터 해방 후 지난 70년은 우리에게 정치적으로 민주주의 혁명이 일어났으며 경제적으로는 기적이 일어난 감격의 시대였습니다. 다른 선진국에서 수백 년에 걸쳐 이룩한 것을 불과 두 세대 남짓한 기간에 달성했습니다. 수많은 위기의 파고를 넘어 짧은 기간에 잘 사는 나라가 된 것이지요. 전체적으로 보아 성공적인 역사를 만들어냈다고 자부해도 지나친 말은 아닐 것입니다.

2.

우리는 지금 대한민국의 주인으로
살고 있는가?

준비 없이 새 출발한 나라가 단기간에 많은 것을 이루려고 서두르다 보니 그동안 여러 가지 무리가 따랐습니다. 성과가 워낙 높다 보니 부작용의 골 또한 깊은 것은 아니었는지 모르겠습니다. 그냥 두고 볼 수 없는 일들이 숱하게 벌어지고 있습니다.

무엇보다 법질서가 제대로 잡히지 않았습니다. 배금주의가 팽배하고 윤리 의식이 타락했습니다. 공동체의식의 실종 현상도 나타나고 있습니다. 국민 교육의 방향도 비뚤어지고 있습니다. 부의 불평등 심화로 계층 간의 위화감은 날로 커져가고 있습니다. 아직도 이념 대립을 끝내지 못하고 있습니다. 통일 및 안보관이 확고하지 않습니다. 국가와 사회의 초석인 가정이 무너지는 소리가 들려오고 있습니다.

동해물과 백두산이 늘 푸르고 높게

이대로 가다가는 무언가 큰일이 벌어질 것 같은 예감이 듭니다. 언제부터인가 국가 존립 자체가 위태로울 거라는 두려움이 사람들의 마음속에 자리 잡기 시작했습니다. 19세기 말 20세기 초 구한말과 같은 위기감이 든다든가, 나라에 큰 변고가 있지 않겠는가 하고 걱정하는 소리가 노골적으로 언론에 등장하고 있습니다. 그동안 감격스러울 정도로 경제적·정치적 성과를 이룩했는데도 말입니다.

정치 경제의 기적을 이루었으나 정신문화는 '바닥'

우리는 대한민국을 건국하자마자 6·25전쟁을 겪고 그 잿더미에서 기적과 같이 일어나는 과정을 지켜보았습니다. 세계은행의 발표에 의하면 전 세계 229개 국가 중 우리나라는 2012년도 GDP 기준으로 전체 국민소득 순위 15위, 1인당 국민소득 순위 34위가 되었습니다. 1인당 국민소득 금액은 2만 3,679달러가 되었지요. 1인당 국민소득에서 1, 2, 3위를 차지한 룩셈부르크, 카타르, 노르웨이의 소득 수준이 10만 달러 전후임을 감안할 때 우리가 가야 할 길은 아직 멉니다.

그러나 제2차 세계대전 이후 독립한 신생국가 중 우리나라만큼 발전한 나라는 별로 없습니다. 남의 나라에 원조도 해주는 나라로 성장했습니다. 사람으로 치면 이제 막 성인이 된 19~20세의 젊은이 수준에 와 있지 않나 생각합니다. 사람이 커서 성인이 되면 예의와 염치도 알고 품위와 인격을 갖출 뿐만 아니라 제 앞가림을 스스로 할 수 있어야 합니다. 그렇지 못하면 그 사람은 사회로부터 정상적인 사람으로 대우를 받지 못합니다. 지금 현재 우리나라의 제반 상황을 보면 몸은 어른이 다 되었는데 생각은 사춘기 학생 수준에 머물러 있는 것처럼 느껴집니다.

그동안 열심히 일해서 경제적 부를 쌓기는 했으나 그 과정에서 배금주의 사상만 팽배해지고, 인간의 삶에 진실로 중요한 정직성, 신뢰성, 준법의식, 직업의식, 공동체의식 등은 함양되지 못했습니다. 대수롭지 않게 거짓말 잘 하고, 아니면 그만이라는 식이니 서로 믿지 못하는 사회가 되었습니다.

법을 만드는 국회의원이 법을 어기고 폭언과 욕설도 모자라 육박전까지 불사하는 나라, 심지어 국민 세금으로 지은 의사당 건물을 부수고 기물을 파괴하는 국회의원이 있는 나라, 법을 집행하는 경찰관이 따귀 맞는 나라, 대법원 판결도 못 따르겠다고 하는 사람들이 사는 나라, 교사가 학부모한테 폭행당하는 나라, 논문 표절과 성적 조작 등 부정행위를 가르치는 대학이 있는 나라, 교회를 상속하고 사고팔기도 하는 나라, 법과 공중도덕을 지키면 결국 자기 스스로에게 이익이 되는 것을 모르는 사람들이 사는 나라, 자기 직업의 소중함을 모르고 호칭 높이기에 급급한 사람들이 사는 나라, 전국이 1일 생활권으로 한 동네가 되었는데도 지역이나 따지고 코앞의 집단 이익에만 몰두하는 나라, 한풀이에 집착하는 사람들이 사는 나라, 조상 대대로 살아온 자기 나라의 역사를 학대하는 나라.

세월호 참사는 우리 안에 숨겨진 문제점을 고스란히 드러낸 사고였다.

이쯤 되면 막가는 나라 정도로 들릴 것입니다. 정말 창피해서 얼굴 들기 민망한 지경입니다.

2014년의 세월호 참사와 2015년의 메르스 사태는 우리의 민낯을 적나라하게 드러낸 사건이라고 봅니다. 현재 우리나라 모습의 축소판이라고도 할 수 있지요. 우리나라는 정직성, 신뢰성, 법의식, 질서의식, 책임의식, 공동체의식 등 정신적인 면에서 많은 문제를 안고 있습니다. 헌법상 자유민주주의 국가를 세운 지 두 세대가 더 지났는데도 아직 국민 모두가 주인의식이 결여되어 있고 준법의식도 박약합니다. 권리와 의무, 권한과 책임에 대한 개념이 자리 잡히지 않아 혼란스럽기 그지없습니다. 가급적 빠른 시일 내에 자유민주주의의 기본을 인식하고 제대로 정신 무장이 되어야 하겠습니다.

우리나라보다 더한 고난의 역사를 가진 이스라엘은 사실상 세계를 좌지우지하는 나라가 되었습니다. 우리가 그들보다 고생을 덜해서 아직 뭘 모르기 때문에 이 수준밖에 안 되는가? 전통적인 계급 사회에서 지배계급이 자기들 계급 이익만 챙기고 사회 전체를 잘 이끌어오지 못했기 때문인가? 아니면 일제의 식민 교육의 영향이 뿌리 뽑히지 않아서 그런가? 승자 없이 정전 상태에 들어간 6·25전쟁의 상처와 계속된 남북 대치 상황이 빚어낸 결과인가? 단기간에 물질적 성취를 얻으려고 하다 보니 정신적 측면이 소홀해 그런 것인가? 더 근본적인 다른 원인이 있는 것은 아닌가 생각해 보아야 하겠습니다.

거짓말 잘 하는 사회, 법 안 지키는 사회

인간 사회에서 가장 기본적인 덕목이 정직성이라고 해도 지나친 말은 아닐 것입니다. 그런데 우리나라 사람에게는 바로 이 정직성이 결여되어 있습니다. 서로 정직하지 않다고 생각하니 처음 만나는 사람에게는 마음을 열지 않습니다. 우선은 믿을 수 없는 사람이라고 보기 때문에 마음을 열지 않고 여러 번 만나서 대화를 나누고 바른 사람이라고 확인된 뒤에야 서로 신뢰하는 사이가 될 수 있습니다.

서구 선진국 사람들은 우리와 정반대입니다. 우선 사람을 만나면 믿어주고 추후에 법규나 신의에 반하는 행동을 하면 그에 상응한 엄정한 제재를 가하는 식의 인간관계, 사회관계가 자리 잡았다

동해물과 백두산이 늘 푸르고 높게

고 하겠습니다. 그러면 소위 선진국이라고 하는 다른 나라는 사람들끼리 서로 믿고 사는데 왜 우리는 기본적으로는 불신하고 아는 사람끼리만 신뢰하는 사회가 되었을까요? 그 이유를 알기가 쉽지 않으나 여러 가지 각도에서 생각해 볼 수는 있습니다.

우리나라는 최근세에 일본의 식민지 노릇을 했고 해방 후 좌우의 극심한 대결을 경험했습니다. 급기야 동족 간에 죽이고 죽는 6·25전쟁을 겪었습니다. 따지고 보면 그 시대는 국민이 정상적인 생활을 할 수 없었던 때였습니다. 물질적으로 궁핍하고 정신적으로 피폐한 좌절의 시대였다고 할 수 있습니다. 외부의 침략자는 물론이거니와 내부의 공동체 구성원도 첨예하게 분열되어 있었으니 어떻게 서로에게 정직하고 신뢰를 주면서 살 수 있었겠습니까? 이해가 되는 측면도 있습니다. 즉 식민지인으로서의 열등의식과 내전을 겪은 국민으로서의 상호 불신감과 증오심이 복합적으로 작용하면서 정직하고 밝은 사회를 만드는 데 치명적인 장애물 노릇을 한 게 아닐까 하고 생각합니다.

1950~60년대 어렵던 시절, 모두 다 그렇지는 않았겠지만 집안 어른이나 학교 선생님조차도 "고지식해서는 못 산다. 적당히 얼렁뚱땅하고 넘어갈 줄도 알아야 한다. 콩 심은 데 콩 나고 팥 심은 데 팥 나는 식으로는 평생 빌어먹기 쉽다"라는 말씀들을 하신 것으로 기억합니다. 생각해 보면 얼마나 가슴 절절한 이야기입니까? 목구멍에 풀칠이라도 하고 목숨을 부지하려면 적당히 거짓말하는 방법을 알아야 한다는 이야기였습니다.

그러나 정전 후 60년이 더 지난 지금까지도 이러한 사고방식은 여전한 것 같습니다. 관공서의 인허가나 회사 취직, 계약 관계 등에서 증명서나 확인서 또는 그 사본 등을 붙이라고 하고 '원본대조필' 도장을 찍기도 합니다. 우리 대부분이 거짓말하는 사람들이라고 전제하기 때문이지요. 비상 구급차가 사이렌을 울리면서 급히 가겠다고 해도 길을 비켜주지 않습니다. 왜냐하면, 비상 구급차에 중환자도 없으면서 멀쩡한 사람들이 앉아 빨리 가겠다고 얌체 짓 하는 것으로 보기 때문입니다.

지금 학교는 거짓말하는 사람들을 길러내고 있습니다. 교수가 논문을 표절하고, 제자들 취직 때문에 할 수 없다며 학생들의 성적도 조작해 줍니다. 박사 학위 받는 사람들 중에는 남에게 돈을 주어 논문을 쓰게 하고 학위를 얻는 사람도 있다고 하지요. 소위 학생들의 커닝이 예사롭게 행해지고 있습니다. 심하게 말하면 학생이나 교수 모두 거짓말쟁이 집단이 아닌가 하는 의구심이 듭니다. 이렇게 학교라는 데가 젊은 학생들을 푹푹 썩혀서 사회에 내보낸다고 하니 정말로 큰일이 아닐 수 없습니다. 물론 정직하고 원칙을 지키는 학생과 교수가 더 많으리라고 믿습니다만 언론을 통하여 접하는 대학의 현실은 어둡게만 보입니다.

요즈음 한국이 좀 잘 산다고 해서 외국에서 유학 온 학생도 제법 많은 것 같습니다. 그 사람들까지도 거짓말쟁이로 만드는 교육을 하고 있거나 그들에게 나쁜 국가 이미지를 심어주는 것은 아닌지 우려스럽습니다. 장기적으로 보아 크게 손해나는 일은 하지 말아야 할 텐데 걱정입니다.

시간적으로 더 거슬러 올라가 일제시대 이전의 사회와 관련지어 생각해 보지요. 우리 사회는 전통적으로 농경사회이고 계급사회였습니다. 역사적으로 볼 때 지배계급은 가렴주구가 심했고 불공정했던 것으로 미루어 짐작해 볼 수 있습니다. 그러하니 지배계급에 붙어먹고 사는 사람들이나 소작인들은 적당히 거짓말해서 자기 몫을 챙기려는 생각도 많이 했을 것입니다.

또 우리 사회는 원래 유교사회이면서 덕치를 정치의 기본으로 삼았습니다. 사실 덕치(德治)라는 것은 매우 이상적이나 정확하게 이해하기도 힘들고 법치(法治)에 비해서는 구체성이 많이 떨어진다고 생각합니다. 덕치는 다스리는 자의 도리이지 다스림을 받는 자의 도리는 아니었습니다. 그렇다 보니 치자와 피치자 간의 관계뿐만 아니라 피치자 상호 간에도 애매모호한 부분이 많고 거기에 거짓과 억지가 많이 끼어들 수밖에 없지 않았나 생각됩니다.

그리고 우리나라 사람들은 선서나 서약을 단순한 통과의례 정도로 생각하는 경향이 있습니다. 물론 현대의 선서나 서약은 우리의 전통이 아니고 서양에서 들어온 것으로 생각됩니다. 외국의 의례나 관습을 본 뜰 때는 나름대로 그 기본 취지와 형식을 감안해서 본뜻이 퇴색되지 않도록 해야 합니다. 그러나 선진 외국에서 한다니까 생각 없이 들여와 뜻도 모르고 시늉만 내다 보니 웃음거리가 되는 게 아닌가 생각합니다.

미국의 대통령 취임 선서를 보면 성경에 손을 얹고 하느님(신)께

선서를 합니다. 하느님에 대한 약속이고 기원입니다. 그런데 우리나라는 사람 앞에서 사람에 대해 선서를 하지요. 그래서 그런지 우리나라의 전 대통령 중 한 분은 헌법을 준수하겠다고 선서를 했음에도 불구하고 "그놈의 헌법 때문에…"라고 지극히 반(反)헌법적인 언사를 썼습니다. 자기가 약속한 말을 거짓말로 만들었습니다. 국가 지도자의 이러한 언행 하나하나가 국민 모두에게 큰 영향을 미칩니다.

이뿐만 아니라 정치인들과 종교인들의 거짓말과 위선적 행동도 너무나 많습니다. 실질적으로는 사회의 지도층에 있는 사람들이 거짓말하는 사회 분위기를 조장하는 셈입니다. 법을 만들거나 고쳐서 국회의 과도한 특권이나 혜택을 줄이겠다고 그럴 듯하게 발표해 놓고는 조금 시간이 지나면 모르는 척 넘어가려고 합니다. 목사가 교회 재산 다툼으로 재판을 받고 있습니다.

이러한 거짓말과 위선적 행동이 쌓이고 쌓여서 국민들의 의식도 거짓말에 익숙해지고 거짓말하는 것을 대수롭지 않게 생각하는 듯싶습니다. 사람의 건강에 유해한 부정 식품이 많이 나오는 것도 그 때문이라 여겨집니다. 함량과 비율 등을 속이고 불량 상품도 잘 만들어 팝니다. 가짜 명품을 만들어 폭리를 취하려고 합니다. 허위 광고가 판을 치고 있습니다. 일일이 다 이야기하자면 한이 없을 것 같습니다. 이러다가 어떻게 될까 걱정이 앞섭니다.

최근에 일본 매체의 하나인 〈비즈니스 저널〉이 한국인의 정직성에 관하여 보도를 했습니다.* 그 보도의 요지는 '한국인이 숨 쉬는 것처럼 거짓말을 한다. 한국인의 사기·위증·무고죄는 인구 규모를 감안하면 일본보다 165배나 많다. 한국은 세계 제1의 사기 대국이자 부패 대국이다'라는 것입니다. 참으로 우리의 가슴을 후벼 파는 이야기입니다. 그렇다고 먼저 분노하고 흥분할 필요는 없습니다. 냉정하게 우리 자신을 가다듬고 무엇이, 왜 그들로 하여금 이런 평가를 하게 했는지 성찰이 있어야 할 것입니다.

우리는 지금 21세기를 살고 있습니다. 6·25전쟁은 완전히 끝나지 않은 채 아직도 휴전하의 긴장 상태가 유지되고 있습니다. 그러나 지난 반세기 동안 우리의 피나는 노력으로 남북 간 격차를 크게 벌렸으며 남한이 국력 면에서 압도적 우위를 점하게 되었습니다. 그리고 우리 사회는 농경사회를 벗어나 산업사회, 정보화사회가 되었고 법 앞에 모든 사람이 평등한 사회가 되었습니다. 전 세계를 상대로 상품 교역을 하고 투자 사업도 영위합니다. 금융, 교육, 의료, 관광, 통신 등 서비스산업도 빠른 속도로 국제화되고 있습니다.

이와 같은 여건하에서 가장 큰 무기는 우리나라 사람들이 모두 정직해서 국내외의 신뢰를 얻는 일일 것입니다. 아직까지는 잘 버텨왔으나 현재 사회 곳곳에서 나타나는 현상을 보면 앞날을 심히 우려하지 않을 수 없습니다. 한국 사람들은 정직한 사람들이고 부지런하고 친절한 사람들이라는 인식이 세계 사람들의 마음속에 각인되어야 할 텐데 말입니다. 그래야 세계 사람들이 우리가 생산하

---

* 김대중, 〈우리는 정녕 여기까지인가?〉, 조선일보, 2016. 6. 21.

는 물건이나 서비스의 품질을 믿고, 계약 내용을 믿고 정당한 가격을 지불하면서 거래가 더욱 활발하게 될 것입니다. 그렇게 되면 결국 우리의 이익이 되는 것입니다.

우리나라 사람들은 법과 규칙을 지킬 줄 모릅니다. 법이나 규칙은 원래 국민의 자유와 권리를 보장하기 위한 것이고 모든 사람들이 지킬 것을 전제로 하고 만들어집니다. 그 법규를 사회 구성원 모두가 지킬 때 사회의 안녕과 개인의 자유, 권리 및 편익이 함께 보장됩니다. 따라서 법은 공정하게 만들어져야 하고 그 사회 구성원은 다 같이 그 법을 지켜야 합니다.

만일 법이 공정하게 만들어지지 않았거나 일부 계층이 지키지 않는다면 그 법은 사회규범으로서 작동을 하지 못하고 오히려 사회 혼란만 일으킬 것입니다. 법이 불공정하게 만들어졌다면 비교적 쉽게 고칠 수가 있습니다. 그러나 법에 대한 의식 수준이 낮아 법을 지키지 않는 것은 그 준법의식을 높이기가 매우 어렵습니다. 현재, 우리나라의 경우 법규는 오히려 현실보다 앞서가는 경우가 많기 때문에 준법의식이 따라주지 못하고 있습니다.

이미 이야기한 바와 같이, 역사적으로 우리는 법과 친숙하지 못한 사람들입니다. 왕조시대에는 덕치가 중심이었습니다. 일제 식민지 시대에 통용된 법은 우리가 만든 민주적인 법이 아니었습니다. 결국 근대적인 법이라는 것은 해방과 더불어 도입되었으나 훈련받지 못한 국민이 법을 존중하고 지키는 데는 매우 서툴렀습니다. 게다가 극도로 어려운 경제 사정 때문에 하루 세끼 밥 먹기도 힘든 일

동해물과 백두산이 늘 푸르고 높게

반 국민이 무슨 법이고 질서에 관심을 두었겠습니까? 지금도 그렇지만 법을 만들고 지키는 데 모범을 보여야 할 사람들이 오히려 법을 안 지켰습니다. 정치인, 공무원, 법관 등 다 마찬가지였습니다.

국민의 법의식이 낮은 단계에서 자유민주주의 헌법과 그에 기초한 법률을 만들어 놓고 시행하려니 어려움도 많았을 것입니다. 하여튼 국가의 지도자인 정치인들은 늘 불법 데모에 앞장서고 부정선거를 하고, 뇌물 받아 감옥 가고, 마치 법을 어기고 교도소에 갔다 오는 것을 훈장처럼 생각했습니다. 요즈음 듣는 이야기로는 지난 22년 동안 국회가 법정 개원 일자도 못 지키고 있다고 합니다. 자기네가 법을 만들어 놓고 그 법을 안 지키고 있다니 이를 어찌하면 좋겠습니까? 금번 20대 국회도 마찬가지라고 합니다. 공무원들 사이에는 오래전부터 지금까지 이권이나 청탁 등과 관련한 뇌물 수수 등 범법 행위가 끊이지 않고 있습니다.

법관의 경우에는 선발 당시부터 문제가 있었습니다. 사법시험 합격자 중 대학 재학 중에 합격한 사람은 많지 않았습니다. 많은 합격자들이 병역을 기피하면서 사법시험을 준비했고 합격하면 법무관으로 군복무를 마치고 제대 후 판·검사에 임용되는 시스템이었습니다. 엄격하게 말하면 병역법을 위반하지 않을 수 없는 제도적 장치였고 그 위법을 대수롭지 않게 생각하는 분위기였습니다. 그리고 법률 교과서 위주의 필기시험 합격자를 법관으로 뽑았기 때문에 인격적인 측면이나 세상 경험 등과 관련해서는 고려가 안 되었던 셈입니다. 따라서 지금 일부 자격 미달 판사들의 엉뚱한 판결이

나 품위를 잃은 언행은 이러한 제도적 미비에서 연유한다고 할 수도 있습니다.

지도자이며 지식인 계층에 속해 있는 사람들의 법의식이 이럴진대 일반 국민은 어떻겠습니까? 법을 지키는 사람만 손해 보고 돈 없는 사람만 불이익을 당한다고 생각하는 형국입니다. 옛날 지중해의 조그만 도시국가 로마는 아프리카 북부, 소아시아, 발칸 반도, 갈리아(지금의 프랑스), 브리타니아(지금의 잉글랜드) 등을 아우르는 그 당시 세계적인 대제국을 건설했습니다. 그렇게 할 수 있었던 이유 중 하나가 공정한 법률을 만들고 엄정한 법 집행에 따라 시민의 신뢰를 얻었기 때문입니다. 결국 모든 국민이 다 같이 법을 지키는 것이 자신에게 어떻게, 얼마나 유리한지를 알게 될 때 법을 지키는 사회가 될 것입니다. 그런 각도에서 국민 모두가 법치주의의 실현에 대해 진지하게 고민하고 반성해야 하겠습니다.

연고만능주의, 사회 분열을 초래

우리나라 사람들은 인연을 지나치게 중시합니다. 인연이 중요하지 않다는 것은 아니지만 지나치게 의미를 부여하고 중시해서 국가와 사회 발전에 해악을 끼치고 있는 것이 문제입니다. 인연이라고 하면 지연, 혈연, 학연을 많이 따집니다. 우리나라에서는 사회의 이동성이 별로 크지 않았던 농경 사회가 오래도록 지속되었습니다.

동해물과 백두산이 늘 푸르고 높게

사실상 5·16군사혁명 이전까지는 농업 사회였다고 해도 틀린 말은 아닙니다. 이와 같은 농업 사회는 정체된 사회로서 사람들은 일정 지역에서 같은 혈족끼리 오래 살게 됩니다. 그에 따라 지역적으로 혈연적으로 강한 유대 관계가 형성될 수밖에 없었을 것입니다.

게다가 과거에 불교와 유교의 가르침이 크게 영향을 끼쳤을 것으로도 생각됩니다. 물론 불교와 유교에서도 인연과 의리의 중요성만을 과도하게 강조했을 리는 없겠으나 정체된 농경 사회의 분위기와 어울려 그것의 가치가 필요 이상 존중되고 평가되었던 게 아닌가 생각합니다. 나아가 과거 일제가 민족 분열책으로 이러한 감정들을 부추기고 이용했던 것은 아닌지 의구심도 갖게 됩니다. 그들이 지어낸 말은 아니지만 일제가 8도 사람의 성격을 마치 큰 차이가 있는 것처럼 떠들어 댔던 것은 아닌지? 그러면서 각 도민 간에 이간질이나 하고 분열시켜 민족적 에너지가 뭉쳐서 발산되지 못하도록 고등 술책을 썼던 것은 아닌지? 특히 지역감정과 관련해서는 별생각이 다 듭니다.

해방 후 이념적으로 좌우가 갈리고 혼란 상태를 겪는 와중에 6·25전쟁이 터져 같은 민족끼리 죽이고 빼앗고 하다 보니 무슨 연고라도 있어서 믿음이 가는 사람끼리 뭉쳐야 된다는 의식이 작용했을 것 같습니다. 또 옛날부터 우리나라 사람들은 모르는 사람은 믿지 않는 관습을 갖고 있었기 때문에 아는 사람을 찾다 보면 연고를 따를 수밖에 없었던 게 아닌가 하는 생각도 듭니다. 그리고 오랜 세월 하루 세끼 입에 풀칠하기도 어려운 가난 속에서 살다 보니 법이고 체면이고 따질 겨를 없이 자기 주위 사람부터 챙겨야 한다는 강박감 속에서 생겨난 감정인지도 모르겠습니다. 특히 대통령 선거와 같은 중요한 국가 지도자를 뽑는 과정에서 정치인들이 연고(특히 지역 연고)를 정략적으로 이용했기 때문에 우리의 지역감정의 골이 더욱 깊어졌다고 할 수 있겠습니다.

이제는 **지역감정 문제를 국민이나 정치인이나 너무나도 당연하게 받아들이고 있습니다.** 지역 정서라는 용어가 탄생되어 쓰이고 있는데 그것은 어떻게 할 수 없는 것, 이미 주어진 것으로 보는 경향이 있습니다. 오히려 법보다 앞서는 것이 지역 정서라는 생각이 굳어진 것 같습니다. 그러나 이러한 경향은 국가 전체적으로 볼 때 참으로 바람직하지 않습니다. 공직에서나 기업에서나 "나는 ××지역 출신이라 안 돼." "고향이 좋아야 뭘 해 먹지" 하는 자조적이고 체념 어린 말이 자주 쓰였습니다. 종전의 정부에서는 "대학을 좋은 데 못 나와서 안 돼." "○○대학을 갔어야 했는데"라고 쓴웃음 짓는 경우도 많았습니다. 심지어 대학은 ○○대학을 못 나왔으니 그 대학과 인연을 맺기 위해서는 그 대학의 대학원이라도 가보자고 해서 다닌 사람도 있었습니다.

대한민국에서는 한두 다리 건너면 다 아는 사람들이라고 하는데 유독 지연과 학연은 그 *끈끈함*의 정도가 도를 넘고 있다는 느낌을 갖게 됩니다. 과거 민주화 시대 이후에 대통령이 된 분들의 경우 이러한 연고를 잘 활용해 대통령이 되긴 했습니다. 그러나 자기 지역 사람이나 챙기고 자기 자식들만 믿고 일하다가 감옥 보내고 자

동해물과 백두산이 늘 푸르고 높게

신도 역시 부정하고 무능한 대통령이 되었습니다. 그리고 국민들한 테는 큰 좌절감과 상처만 남겨주었습니다. 오죽하면 자기네들이 밀 어준 대통령이 너무 기대에 어긋나니 대통령을 만든 지역민들이 자 기들 스스로 부끄러워서 투표를 잘못한 손가락을 잘라야 하겠다는 말까지 했겠습니까?

과거에 소위 3김(김영삼, 김대중, 김종필)이 대통령이 되겠다고 겨 룰 때입니다. 필자 나름대로 당시 우리나라에서 대통령감으로는 누 가 가장 적합할까를 따져본 적이 있습니다. 대통령이 될 수 있는 사 람이 아니라 대통령이 되면 잘할 사람이 누구인가를 헤아려 본 것 입니다. 상세한 인사 정보는 없지만 기본적 자질은 이미 알려진 몇 분들에 대해서 생각을 해봤습니다. 이분들 중에 국무총리를 지낸 강영훈 선생이 단연 최고의 후보로 머리에 떠올랐습니다. 필자는 개인적으로 그분을 알지 못했고 가까이서 얼굴 한 번 본 적이 없었 습니다.

그럼 우선 대통령이라는 직이 어떤 일을 하는 자리인지 생각해 보기로 하겠습니다. 대통령은 헌법을 준수하고 국가를 대표합니다. 국가를 보위함과 아울러 우리나라의 평화적 통일, 국민의 자유와 복리의 증진 및 민족문화의 창달에 노력해야 합니다. 실로 막중한 임무라고 하지 않을 수 없습니다. 한 나라를 경영하는 데 요구되는 폭넓은 국내외적 경험과 지식을 갖추어야 하고 인품이 고매해서 국 민의 신뢰를 받을 수 있는 인물이어야 합니다.

강영훈 전 총리는 그런 각도에서 부족함이 없어 보였습니다. 그는 5·16군사혁명 때 육군사관학교 교장이었는데 육사 생도의 혁명 지지 시가행진을 반대했기 때문에 반혁명 분자 1호로 구금되었습니다. 이것은 강 총리의 자유민주주의에 대한 신념과 헌법 수호 의지를 잘 나타내 주는 행동이었습니다. 미국에서 정치학 박사 학위(서던캘리포니아 대학)를 했으니 학문적으로 누구에게도 손색이 없었고 국제적인 감각이 형성되었을 것입니다. 삼성장군 출신이니 군을 잘 압니다. 국군통수권자인 대통령이 군을 잘 안다는 것은 매우 큰 장점입니다. 나중에 주영 대사도 하고 국무총리를 했으니 외교 분야에서 일선 경험도 쌓고 국정 전반을 통할할 수 있는 경륜도 생겼을 것입니다. 게다가 청렴합니다. 총리직에서 물러난 후 지하철을 타고 다닌다는 이야기도 신문지상에 보도되었던 것으로 기억합니다. 나라를 대표하는 자리에 있는 분은 신언서판이 매우 중요한데 강 총리께서는 그 점에서도 누구 못지않게 훌륭했습니다. 총리실에서 강 총리를 보좌한 경험이 있던 공무원들의 이야기를 들으니 이구동성으로 능력과 인품을 칭송했습니다. 사람에 대한 평가는 측근 사람들에게서 나오게 되어 있습니다. 강 총리는 그런 점에서 흠이 없어 보였습니다. 마지막으로 그는 지방색이 강한 영남 출신도 호남 출신도 아니라는 것이 장점으로 보였습니다. 다만 한 가지 아쉬움은 연세가 다소 많았다는 것뿐이었으나 그것보다도 우리나라 현실에서 그런 분이 대통령이 된다는 것은 그 당시에도 불가능했고 현재도 불가능하다는 것입니다.

국민이 사람을 알아보고 자금도 모아주고 조직을 만들어주기도

동해물과 백두산이 늘 푸르고 높게

해야 하는데 우리나라에는 그런 분위기가 조성되어 있지 않으니 이런 분들이 설 땅이 없습니다. 또 덕이라도 보려고 맹목적으로 밀어주는 출신 도민이 있어야 하는데 이분은 평안북도 출신입니다. 인물은 아까우나 현실이 뒷받침되지 않으니 대통령이 될 수가 없었습니다. 지난 일을 놓고 만일을 가정해보아야 부질없는 일이지만 어찌 됐든 경륜과 인품 있는 지도자를 옹립할 수 없는 분위기는 그때나 지금이나 국가적으로 손실이 될 수밖에 없다고 생각됩니다. 우리 국민의 의식 수준이 선진국 수준에 올라와 있었다면 충분히 후보가 되고 대통령도 되고 국민 전체에게도 더 이익이 되지 않았을까 생각하면서 지금도 아쉬운 마음을 떨칠 수가 없습니다.

지난 2004년 소치 동계 올림픽에서 우리나라의 우수 선수가 갑자기 러시아에 귀화해서 러시아기를 달고 뛰는 모습을 보고 국민들은 의아해했습니다. 아니나 다를까, 선수 선발과 관련한 불공정 행위로 인하여 발생된 문제라는 게 세상에 알려졌습니다. 실력보다는 학교 후배라는 인연을 앞세워 선수 선발을 하다 빚어진 일이지요. 러시아에 귀화한 안현수 선수는 원래 자신의 실력을 제대로 알고 자신감이 있는 선수였는데 학연을 둘러싼 파벌 싸움 때문에 한국 대표 선수에서 빠졌던 모양입니다. 조국의 처사에 실망한 나머지 자기의 실력을 알아주는 러시아에 귀화해 대표 선수가 되었고 빅토르 안이라는 이름으로 소치 동계 올림픽에서 금메달을 세 개씩이나 러시아에 안겨주었습니다. 반대로 우리나라는 당초 목표했던 10위 이내에도 들지 못했습니다. 공정하고 떳떳하게 행동하지 않으면 반드시 이와 같은 문제가 생기게 마련입니다.

이와는 달리, 지난 2002년 월드컵 때에는 기대 밖의 좋은 성과를 거두었습니다. 우리나라가 월드컵 사상 처음 4위를 했는데 이렇게 좋은 결과가 나온 것은 이런 저런 인연 안 따지고 실력에 따라 선수를 선발하고 상황에 맞게 선수 기용을 잘해서 그랬던 것으로 생각합니다. 다시 말해, 히딩크 감독이 객관적으로 판단해서 실력 있는 선수를 잘 뽑고 잘 활용했기 때문에 팀 전체가 최대한의 능력을 발휘할 수 있었고 그것이 좋은 결과를 가져왔던 것으로 평가할 수 있을 것입니다.

실력보다 인연을 우선해서 일을 한다는 것은 부정부패의 개입을 약속하는 거나 마찬가지입니다. 실력이 안 되거나 모자라는 사람이 어떤 중요한 자리에 뽑혔다면 뽑힌 사람은 고맙다고, 뽑아준 사람은 덕을 보여줬다고 생각하기 때문에 뇌물이나 기타 부정행위가 끼어들게 마련입니다. 당연히 결과는 좋지 않게 나오면서 관여했던 사람들 모두 불명예스럽게 되고 심한 경우에는 처벌까지도 받게 됩니다. 공공 부문에 대한 평가이긴 하나 국제투명성기구(Transparency International)가 발표한 2013년도 부패인식지수 순위에서 우리나라가 전 세계 대상 국가 117개국 중 46위였는데 문제는 최근 더 나빠지고 있다는 것입니다. 실력보다 인연, 합리보다 의리를 더 중시하는 사회 풍토가 이러한 결과를 낳게 하고 있다고 생각합니다.

민간 분야 역시 그 연장선상에서 판단해도 큰 무리는 없을 것으로 추측됩니다. 국제화된 사회에서는 특히 신뢰가 자산인데 부패 국가의 오명을 쓰고 어떻게 신뢰를 얻으며 국제사회의 일원으로 떳 떳하게 살아갈지 염려되는 바 큽니다. 그뿐만 아니라 우리 국민 내 부에서도 인연에 의한 그룹에 끼지 못하는 사람들은 소외감을 느끼 고 끼리끼리 무리 짓는 사람들에 대해 배타적이 될 수밖에 없을 것 입니다. 어느 면으로는 인연을 만들어 무리 짓지 못하는 것이 어리 석고 무능한 것처럼 보이는 세태가 되기도 했습니다. 이런 분위기 에서 사회 통합이 이루어지기는 요원합니다.

땅에 떨어진 공직 사회의 권위

우리나라의 공직 사회 전반은 현재 만신창이가 된 상태입니다.

입법부는 국민이 선출한 국회의원들로 구성됩니다. 잘해 줄 것 으로 기대했으나 국민의 눈으로 보기에 국회의원들은 뭐하러 국회 에 들어갔는지 모를 지경입니다. 입법 활동을 시의적절하게 하지 않습니다. 법정 국회 개원 일자도 안 지킵니다. 나라 살림을 할 계 획인 예산안도 제때제때 통과시키지도 않고 자기 생색내기용 지역 구 예산 챙기기에만 급급합니다. 국민은 눈을 감고 있는 것으로 생 각하는지 자기네들 세비 인상이나 연금 인상 등에만 관심을 갖습니 다. 길거리에 돗자리 펴놓고 큰절 하면서 표를 구걸하던 사람들이 많은 특권이나 누리고 해외여행이나 즐기려고 합니다. 국가와 국민을 위하는 것이 판단 기준이 되어야 하는데 지역구 사업 챙기기와 당리당략이 우선적인 기준입니다.

누가 국회의원 보고 지역구 사업하라고 했습니까? 헌법에 있습니까? 지방자치단체장이나 지방의회가 왜 필요합니까? 헌법에 국회의원은 국가 이익을 우선해 양심에 따라 직무를 행하라고 했습니다. 그러나 국가 전체적 효율성보다 국가 예산 찢어서 자기 지역구에 배정해 놓고 생색을 내는 게 국회의원의 임무처럼 되었습니다. 이렇게 된 데는 유권자의 책임 또한 큽니다. 나랏일을 제대로 할 사람을 뽑기보다는 자기 지역에 떡 하나 더 갖다 줄 사람을 뽑았습니다.

국회의원들은 법을 만드는 사람들인데 앞장서서 법을 어기고 있으며 나아가 불법 행동, 위법행위를 부추기기도 합니다. 공공기물 파손, 공무집행 방해도 서슴지 않습니다. 국회의원의 본분이 무엇인지 기본 공부가 되어 있지 않은 것으로 볼 수밖에 없습니다. 선거 부정, 뇌물 수수 등으로 징역살이하고 벌금형 받는 의원들이 많습니다. 그에 따라 당선 무효가 되는 사람, 의원직을 상실하는 사람들 때문에 시도 때도 없이 재선거, 보궐선거를 하고 있습니다. 이런 상황에서 권한만 확대하려고 합니다.

필자의 기억으로는 입법부의 통법부화 현상이나 행정의 전문화 현상(행정 국가화 현상)은 1960년대의 헌법 및 행정학 교과서에서도 나오던 개념입니다. 이 이야기는 국회의원들이 국가 행정에 전문적 소양이 없는 딜레탕트(아마추어)들이므로 특단의 노력을 하지 않는 한 입법 활동을 제대로 못하여 국회는 국민의 이익을 바르게 대변하지 못하고 단순히 법을 의례적으로 통과시키는 기관의 역할밖에 못 한다는 뜻이었다고 생각합니다. 그때보다 반세기가 더 지난 지금, 행정은 더욱 전문화·복잡화되어 있을 것입니다. 근래에는 정보 통신 기술의 혁명적 발달로 인터넷이 널리 보급되어 중간에 대변 기관 없이 직접 국민과 정부가 소통할 수 있는 세상이 되기도 했습니다. 아울러 국민의 의사를 모으고, 전달하고, 감시하는 역할을 제대로 하는지는 모르겠으나 시민 단체도 많이 생겼습니다. 그들의 정체가 과연 무엇인지 분명치 않으나 국회가 제 역할을 옳게 못해주니 이런 단체들이 생겨나는 것은 아닌가 싶기도 합니다. 한편 세상은 더욱 복잡다기화하고 인구 구조도 지역별·연령별로 큰 변화가 일어나고 있으며 새로운 직종과 직업이 생겨나고 있습니다.

이런 변화에 효율적으로 대처할 수 있는 의회나 정당 제도가 갖춰져야 할 텐데 그런 방향에서는 진지한 고민과 검토가 없습니다. 오히려 외적인 국회 기능 확대와 국회의원 이익 챙기기에만 더 열중하고 있는 것으로 보입니다. 자기네들이 만든 법도 안 지키고 지역 이익이나 특수 집단의 이익을 위하여 과잉 입법이나 졸속 입법을 하면서 생색이나 내려 하고 국민 전체의 복리와 균형 있는 국정 운영은 관심 밖에 있는 것 같습니다. 또 국정 감사를 한다고 엉뚱한 사람들을 불러다 놓고 책임 추궁이나 하고, 걸핏하면 특검이나 하자 하고, 국민의 입장에서 보기에 참으로 안타까운 일이 많습니다.

더욱 한심한 것은 아주 간단한 민주주의 원칙도 모른다는 점입니다. 민주주의 원칙은 다수의 의견을 존중하는 것입니다. 현실 문제에 있어서 만장일치가 잘 안 되기 때문에 다수결을 하는 것이 아니겠습니까? 그런데 국민의 다수결로 다수당을 만들어 주었는데 소수의 지지를 받은 정당 측에 발목 잡혀 나랏일을 제대로 못 하고 있습니다. 국회선진화법이라는 게 도대체 무엇하는 법입니까? 소수 의견을 무시하라는 것은 아니지만 협상하고 설득해서 타협이 안 되면 당연히 표결로 결정을 하고 때 놓치지 말고 일을 추진해야 옳지 않습니까? 기상천외한 국회선진화법 같은 것은 한국 국회의원의 수준을 적나라하게 보여주는 것이라고 생각합니다.

이 나라에 다수결의 원칙을 모르는 사람은 없을 것입니다. 그러나 원칙은 지켜져야 한다는 기본을 모르는 사람들이 사회 지도층에 널려 있으니 참으로 답답한 일입니다.

사법부는 어떤가요? 판사들은 어느 분야의 공직자보다도 고매한 인격을 갖추어야 할 사람들입니다. 또 법률 지식 이전에 도덕성과 인품을 먼저 갖추어야 할 사람들이기도 합니다. 법관 임용 제도에 분명히 문제가 있는 것 같습니다. 요즈음 왜 그렇게 기본적인 예의도 없고 막 나가는 판사들 이야기가 많이 나오는지 우려스럽습니다.

법원은 민주국가에서 국민을 보호하는 마지막 보루입니다. 거기서 일하는 법관은 명예스럽고 국민의 존경을 받아야 할 사람들입니다. 그런데 재판정에서조차 상스러운 말이나 하고 균형 감각을 잃은 태도를 보이고 있습니다. 건전한 상식으로는 이해가 안 되는 판결도 종종 나오고 있습니다. 법과 양심보다 시류에 편승한다거나 어떤 이념에 경도된 사고를 하는 판사들이 있는 것으로 보입니다.

동해물과 백두산이 늘 푸르고 높게

지나친 온정주의라든가 엄정하지 못한 판결로 법을 무용지물로 만드는 경향도 있는 것 같습니다.

법을 있으나 마나 한 것으로 만들면 사회는 혼란스러울 수밖에 없습니다. 법과 양심에 따라 엄정한 판단을 해야 하는 것이 법관의 본분입니다. 앞으로는 무전유죄, 유전무죄라는 말이 안 나와야 하겠습니다. 막 나가는 판사 이야기도 나와서는 안 됩니다. 솜방망이 판결로 사회질서가 어지러워졌다는 말도 안 나와야 합니다. 마지막 보루가 무너지면 어떻게 되겠습니까? 대한민국의 민주주의가 무너지는 것이 됩니다. 민주주의가 무너지면 주인인 국민이 주인답게 살 수 없는 세상이 될 것입니다.

행정부 공직자에 대해서 이야기해 보기로 하겠습니다. 대통령은 행정부의 수반이나 국가의 원수이기도 합니다. 편의상 행정부 공무원으로 분류하겠습니다. 우리나라의 건국 초기나 고도 경제성장기까지의 대통령은 경륜과 철학이 있고 통찰력을 갖춘 훌륭한 분들이었다고 생각합니다. 그분들이 직무 수행을 잘했는지 여부는 아직 공통된 역사적 평가가 나지 않았으나 개인적인 비리는 없었던 분들이라고 알려져 있습니다.

그러나 그 이후 대통령들은 문제가 많았습니다. 전두환, 노태우 대통령은 본인들이 직접 구속 수감되는 불명예도 겪었고 거액의 뇌물을 받기도 했습니다. 이후 민주화 투사인 김영삼 대통령은 외환 위기를 초래한 대통령으로, 또 아들 관리를 잘 못해서 교도소 신세를 지게 한 대통령으로 기록되었습니다. 같은 민주화 투사인 김대중 대통령도 측근과 아들 관리를 잘 못해서 역시 교도소 신세를 지게 했습니다. 노무현 대통령은 자살이라는 극단적인 방법을 선택해서 국민에게 충격을 주었을 뿐만 아니라 금품 수수와 관련해 자유롭지 못한 것으로 알려져 있습니다. 이명박 대통령도 친인척 비리와 아울러 재산 관계 면에서 의혹이 많은 것으로 이야기된 바 있습니다.

이렇게 행정부의 수반인 대통령들에게조차 깨끗한 이미지가 없으니 국민이 대통령과 정부와 나라를 어떻게 생각하겠습니까? 특히 1997년 외환위기 이후 1998년 2월에 정권 교체가 되면서 고위 공직자들이 구속되는 사태가 많이 발생했습니다. 전직 부총리, 경제수석, 장관, 청장, 국장 등 일일이 다 이야기할 수 없을 정도로 많은 고위 공직자들이 구속되고 재판을 받았습니다. 심지어 검찰총장과 법무부 장관을 하던 사람도 구속되었습니다. 그중에는 무죄로 판명된 사람도 많았습니다. 그러나 일반 국민은 구속될 때의 사건은 잘 기억하지만 무죄 판결을 받은 결과는 보도도 크게 안 될 뿐만 아니라 별로 관심을 두지 않습니다. **결국 국민은 고위 공직자는 거의 모두 썩은 사람들이라는 인상을 갖게 되었습니다.**

지난 2000년 인사청문회법이 제정되어 대통령이 총리, 장관을 임명할 때는 국회의 인사청문회를 거치게 되어 있습니다. 청문회 제도를 도입한 것은 하나의 발전이었고 해야 할 일이었습니다. 그러나 실제로 이 청문회 제도가 운영되는 것을 보면서 역량이 아직 모자라는 데 의욕만 앞서서 감당 못할 제도를 너무 일찍 도입한 것은 아닌지 의구심을 갖게 되었습니다. 그렇다고 다시 되돌릴 수는 없는 일이고 배워가면서, 문제가 있는 것은 고쳐가면서 제도를 정착시킬 수밖에 없다고 생각합니다.

우리나라에는 지금까지도 법치주의가 뿌리를 내리지 못하고 있습니다. 다시 말해 법과 원칙이 지켜지는 맑고 깨끗한 사회가 되지 못하고 있습니다. 모두가 진흙탕 사회 속에서 살아왔고 또 살고 있는데 총리와 장관 청문회 때에는 흙탕물 안 묻고 아주 깨끗한 사람을 뽑으려 하니 마땅한 사람이 좀처럼 보이질 않습니다. 총리나 장관 후보자라는 사람들이 청문회에 나왔다가 때 묻고 더러운 사람들이라는 인식만 국민에게 심어주고 있습니다. 결국 사회 지도층에 대한 총체적 불신감만 증폭시켜 주고 있는 셈입니다. 이런 식으로 하면 현 정부도 한 발자국 더 나가기 어렵고 다음 정부도 어느 당이 집권하든 국가 운영이 제대로 되기 어려울 것입니다.

현재 일각에서는 청문회 제도를 누가 하자고 해서 한 거냐며 책임 추궁까지 하는 의견들도 있는 것 같습니다. 누가 하자고 했고 누가 하지 말자고 했는가가 중요한 게 아닙니다. 일류 선진국 같으면 현 청문회 운영 방식을 그대로 적용해도 문제될 게 없다고 생각합니다. 아직 정치적·사회적 후진성을 탈피하지 못한 우리나라이기 때문에 논란이 되고 있는 것이지요. 우리나라의 정치와 사회의 발전을 위해서는 청문회 제도를 잘 운영해야 합니다. 그런데 청문회 제도를 하자니 너무나 현실에 안 맞는 운영으로 나랏일에 진척이 없습니다. 그야말로 딜레마입니다.

국민 입장에서는 청문회에 선 총리·장관 후보자나 질문하는 국회의원이나 다 같은 사람들로 보이니 실망이 더 큽니다. 오히려 추궁하고 따지고 드는 국회의원들이 더 때 묻고 부정한 사람들로 보이니까 더 큰일입니다. 이 총체적 불신 사회를 어떻게 정화시켜야 할까요? 상식 있는 국민이라면 가슴이 답답함을 느끼지 않을 수 없을 것입니다.

중앙정부의 고위직 공무원뿐만 아니라 지방자치단체의 부정부패 행위, 시·군·구 공무원들의 부정행위도 끊이질 않습니다. 이 외에 경찰 공무원, 세무 공무원 등의 부정행위 또한 뉴스에 심심찮게 올라옵니다. 경찰이 시민한테 따귀 맞고 정부 공식 발표보다 괴담을 더 믿으려는 사람들이 사는 사회는 결국 공무원들이 스스로 초래한 부분이 크다는 것을 명심해야 할 때입니다. 결국 나라 운영에 영이 안 서다 보니 정부가 정당하게 하는 일조차 방해하는 세력들이 나타나 지연시키거나 차질을 빚게 하고 있습니다. 공직자들의 위상이 너무 떨어져 국가 경영이 제대로 되겠는가 걱정하는 소리들이 많습니다.

자신들의 역사를 학대하는 사람들

우리는 늘 말해 왔듯이 반만년의 역사를 가지고 있습니다. 아시아 대륙의 맨 오른쪽 끝에 자리 잡고 있는 그리 크지 않은 반도 국가로서 많은 고난과 역경을 이겨내고 오늘에 이르렀습니다. 같은

동해물과 백두산이 늘 푸르고 높게

기간에 전 세계에는 여러 나라, 여러 민족이 생성했다가 물거품처럼 사라졌습니다. 그러나 우리나라는 불굴의 의지와 생명력으로 모든 어려움을 이겨냈습니다. 그래서 21세기 초에는 세계의 많은 나라들이 부러워하는 부강한 국가, 대한민국으로 우뚝 서게 되었습니다. 결과적으로 또 대체적으로 우리 대한민국 국민은 자부심을 가져도 되는 상황에 와 있습니다. 아마도 대부분의 우리나라 사람들은 그렇게 느끼고 있을 것입니다. 특히 근현대에 와서 우리는 고난도 컸지만 보람도 많았습니다. 반만년 우리 역사에서 자유민주주의에 입각한 민주공화국을 처음 수립했고, 세계 10위권의 경제 강국도 만들었습니다.

그런데 왜 우리는 역사 이야기만 나오면 시끄러워질까요? 또 끝없이 자학의 소리를 쏟아 내는 사람들이 많은 것은 무슨 이유일까요? 해방 직후의 혼란상을 넘어서 자유민주주의 국가를 수립하고 6·25전쟁을 치렀으며, 4·19혁명과 5·16군사혁명 등 굵직한 사건들을 거치면서 민주화와 산업화의 대 역사를 일궈낸 대한민국입니다. 자유와 인간의 존엄을 지키고자 피 흘려 싸워서 이 나라를 지켰고 잘살아보자는 일념으로 정부와 국민 모두 열심히 일한 결과 고도 경제성장을 실현하고 아시아의 네 마리 용 중 하나로 인정받았지요. 이제는 보릿고개라는 말이 역사 속의 어휘가 되었고 집집마다 자가용 자동차를 타고 다니는 나라가 되었습니다. 젊은이들 체격이 좋아져서 서구 국가 젊은이에 못지않습니다. 오히려 비만이 걱정되어 다이어트를 하는 상황이 되었습니다. 원조를 받던 나라에서 원조를 해주는 나라가 되었습니다. 이 정도 되었으면 모든 국민이 다 같이 자부심도 갖고 더 밝은 미래를 위해 합심해서 노력해야 하지 않겠습니까?

한때 상당수의 사람들이 빠져들었던 공산주의는 어떻게 되었습니까? 이미 실패한 사상이 되지 않았습니까? 그리고 공산주의를 택했던 북한의 실상은 어떻습니까? 능력에 따라 일하고 필요한 만큼 받을 수 있는 사회가 되었습니까? 그 반대로 하루 밥 세끼 먹기도 힘든 곳이 되었습니다. 세상은 교통과 통신의 발달로 자꾸 좁아지는데 우리 식대로 하자고 하면서 쇄국주의를 풀지 못하고 있습니다. 정권 유지가 더 급선무이기 때문입니다. 이래저래 살기가 어려우니 죽음을 무릅쓰고 탈북하는 사람들이 늘고 있습니다.

이 시점에서 우리는 한 번 정확히 판단해서 정리하고 넘어가야 할 일이 있습니다. 믿고 싶지 않으나 우리 대한민국의 건국과 6·25동란에 관해 아직도 엉뚱한 소리를 하고 특히 어린 학생들을 오도하는 사람들이 있다고 합니다. 대한민국의 건국을 부정하고 6·25전쟁 때 남쪽에서 북쪽으로 침략했다고 주장합니다. 깜짝 놀랄 일입니다.

차분히 하나씩 짚어보기로 하겠습니다. 우선 **대한민국의 건국을 부정하는 논리에 의문을 제기합니다.**

■ 전 세계적인 체제 경쟁에서 자유민주주의와 시장경제주의 체제가 이미 승리했는데도 불구하고 남한이 자유민주주의와 시장경제 체제를 선택했던 것이 잘못이었다고 할 수 있는지?

■ 남북이 추구하는 가치 체계와 살아가는 방식이 천양지차로 다른데 우선 통일이 중요하니 남쪽이 양보해서 북쪽에 통합되었어야 옳았는지? 왜 북쪽이 양보해 남쪽에 통합하지 않은 것은 나무라지 않는지?

■ 남쪽이 북쪽으로 통합되었을 경우 명실공히 독립국가로서 자유롭고 부강한 나라가 되었을 것인지? 과거 소련의 위성국가의 운명을 보면 짐작할 수 있는 일이 아닌지?

■ 남쪽에서 국제사회의 협조를 얻어 통일 한국을 세우려고 한 것은 통일 노력이 아니었는지? 이승만 대통령의 북진 통일 정책은 통일 정책이 아니었는지?

■ 그 통일 노력에 참여하지 않은 북한 정권은 분단 고착화의 책임이 없는지?

■ 남쪽이 친일파 정권이었다고 한다면 북쪽은 친일파 정권이 아니었다고 확신할 수 있는지? 북한 정권에도 친일파가 많이 있었다고 하는데 그것을 눈감아 주는 것은 아닌지?

■ 대한민국 임시정부가 사용한 국호와 국기를 계승하였으며 1948년 정부를 수립한 지 4개월 후 UN의 승인을 받고 곧이어 50여 개 주요 국가의 승인을 받은 대한민국 정부인데 무슨 근거로 남쪽 정권은 정통성이 없고 북쪽 정권은 정통성이 있다고 하는지?

■ 시대 상황을 꿰뚫어 보는 통찰력과 당시 아무나 갖지 못했던 국제적 안목과 식견으로 일흔이 넘도록 독립운동을 해온 애국자 초대 대통령 이승만을 어떻게 친일파이고 분단 고착화의 원흉이

라고 하는지?

- 우리나라가 전승 국가로 대우받는 처지도 아니었고 미·소 등 강대국에 의해 주도되던 국제 정세를 우리 의도대로 좌지우지할 수 있었다고 생각하는지?

6·25전쟁이 남쪽에서 북쪽을 침략한 것이라는 주장에도 질문을 던져봅니다.

- 북한을 공업 지역으로 개발한 일제의 식민지 정책과 중·소의 군사적 지원으로 해방 직후 남북한 간에는 경제력이나 군사력 면에서 북쪽이 월등하게 우세했는데도 이런 상황에서 남쪽이 북쪽으로 먼저 공격을 할 수 있었겠는지?
- 자체 국방력이 전무하다시피 했던 남쪽이 외국과의 상호방위조약과 같은 국제적 보장 장치도 없는 상황에서 먼저 북쪽에 싸움을 걸 수 있었겠는지?
- 남쪽이 북쪽으로 침략했다면 왜 개전 초부터 아래로 밀려 낙동강 방어선까지 후퇴할 수밖에 없었는지?
- 이미 소련 등 관련국의 외교 문서나 관련자의 증언에서 북쪽이 남쪽으로 침략할 계획을 세워 실행한 사실이 밝혀졌는데도 왜 그걸 의도적으로 무시하려고 하는지?

여기까지 써 내려오니 갑자기 가슴이 답답해짐을 느낍니다. 70 평

동해물과 백두산이 늘 푸르고 높게

생 살면서 보고 듣고 배우고 생각했던 것들이 요즈음 일부 사람들에게 잘못 인식되어 사회 전체가 쓸데없는 소모전을 하고 있다고 생각하니 안타깝기 그지없습니다.

그러나 한편 어차피 겪을 일이라면 정리를 하고 넘어가는 것이 좋겠다는 생각도 듭니다. 하루빨리 무엇이 옳고 무엇이 그릇된 것인지, 국가와 사회의 발전을 위해서도 어떻게 생각하는 것이 더 유익한지 정리하고 미래를 건설하는 데 통합된 국민의 힘을 쏟아야 하겠습니다.

기왕에 오랫동안 신념으로 가졌던 생각이라 바꾸기 어려울지 모르나 이미 이념이나 체제 경쟁에서 승패가 갈라졌는데 그것을 붙들고 있지 말고 이제는 바른 선택을 해야 할 것입니다. 앞으로 우리의 아들, 딸, 손자, 손녀들이 쓸데없는 싸움을 하지 않고 잘 살아야 하기 때문에 그렇습니다.

차제에 군사정변이라거나 민주 질서를 파괴했다고 해서 논란이 되고 있는 5·16군사혁명과 우리의 경제 발전에 대해서도 정리해 봐야 하겠습니다. 1961년 5월 16일에 군사혁명이 일어났습니다. 혁명 정부는 발 빠르게 1962년부터 경제개발계획을 세워 착실히 추진했습니다. 고속도로가 뚫리고, 제철회사, 석유화학회사, 조선회사 등 큰 회사들이 생기고 수출이 크게 늘면서 고도성장을 했습니다. 당초 군사정부라고 해서 큰 기대를 갖지 않았는데 하나하나 가시적 성과가 나타나는 것을 보면서 국민은 정부에 대한 신뢰를 갖게 되었습니다.

아울러, 새마을 운동으로 농촌과 도시의 생활환경을 바꿔나갔을 뿐만 아니라 근면, 자조, 협동하는 정신 혁명도 유도해 나갔습니다. 일제 치하에서 시달리고 6·25전쟁을 겪으며 무너져 내린 국민의 사기는 많이 회복되었습니다. 드디어 1973년을 전환점으로 해서 남쪽의 경제력이 북쪽을 능가하게 되었습니다. 원래 일제는 북한을 공업지역으로 활용했기 때문에 발전소, 비료공장 등 산업 시설이 북한 지역에 많이 남아 있었습니다. 그런 여건하에서 공산주의의 집단적 인력 동원 체제를 가동해서 초창기 경제 발전에 상당한 성과가 있었던 것으로 이해됩니다.

그런데 아무것도 가진 것 없던 남한에서 빠른 경제성장을 하면서 혁명 정부는 10년 남짓한 기간에 북한을 따라잡은 것이었습니다. 이후 격차는 더욱 크게 벌어지면서 2004년도 기준으로 남한의 1인당 국민소득은 북한의 16배, 전체 소득 규모로는 33배가 되었습니다. 이미 언급한 바와 같이 우리 대한민국은 많은 나라가 부러워하는 나라, 원조를 받던 나라에서 원조를 해주는 나라로 비상했습니다.

그러면 이 시점에서 한번 짚어봐야 할 것이 있습니다. 우리의 경제가 짧은 기간에 기적적으로 발전했으며 국가적 위상이 놀랄 만큼 높아진 것을 인정하지 않는 사람들이 있습니다. 누구나 할 수 있는 일이고 독재적 방법을 동원해서 했는데 뭘 그렇게 훌륭하다고 평가해 줄 수 있느냐는 생각인 것 같습니다.

과연 그게 올바른 생각인지 의문입니다. 6·25전쟁 후 너무나 피폐하고 혼란한 사회에서 민주주의가 제대로 꽃필 수가 있었다고 생각하는지? 이러한 국가적 위기 상황에서는 강력한 정부, 일관성 있고 신뢰받는 리더십이 필요했다는 생각은 안 드는지? 미국 같은 민주주의 선진국에서도 국가 위기 시에는 4선 대통령까지 나왔는데, 우리는 우리의 실정을 잘 몰랐을 뿐만 아니라 민주주의에 대한 이해도 제대로 하지 못했던 것은 아닌지? 4·19혁명 이후 민주당 정부와 당시의 지도자들에게 혼란을 수습하고 정국을 안정시켜 나갈 역량과 비전이 있었다고 생각하는지? 민주주의 나라가 되었다고 법과 질서를 무시하고 무절제한 욕구와 과격한 행동으로 국가와 사회를 혼란케 한 일부 국민에게 1차적 책임은 없었는지? 4·19혁명 이후 민주당 정부 치하에서 하루가 멀게 터져 나오는 위기설과 사회적 혼란 상황을 보면서 많은 국민들이 불안해하는 가운데 5·16군사혁명이 터지자 올 것이 왔다면서 내심 안도한 국민이 많았다는 사실은 모르는지? 10월유신이 민주주의 발전에는 역행했으나 경제발전 측면에서는 기여한 바가 없는지? 제3~5공화국 시절 부모 형제나 가까운 친척 중에 박해를 당해서 지나치게 감정적 판단을 하고 있는 사람들이 있는 것은 아닌지?

5·16군사혁명이 일어난 후 반세기가 더 지났습니다. 그동안의 경제 발전은 이미 국내외에서 기적으로 평가되고 있습니다. 그 당시 군사정부는 수천 년 대물림해온 가난을 몰아내는 게 목표였습니다. 국민들은 모두 잘살아보고 싶은 소망이 가장 절실했습니다. 민주주의라는 이념보다도 우선 지긋지긋한 가난의 굴레를 벗어나는

게 더 큰 목표였고 꿈이었습니다.

민주주의도 경제적 풍요를 갖다 주지 못 하면 아무 의미가 없습니다. 하루 밥 세끼도 못 먹는 상황에서는 법이고 도덕이고 체면이고 자존심이고 아무것도 통하지 않습니다. 혁명 정부는 바로 그것, 가난을 몰아내는 일을 해낸 것입니다. 민주주의는 쉽게 말해 국민이 주인이라는 사상입니다. 주인인 국민이 가장 원하는 것을 해주는 게 가장 민주주의적인 것이라고 할 수 있습니다. 오히려 비민주적이라고 매도당한 군사정부가 주인인 국민이 가장 원하는 것을 해주었으니 가장 민주주의적인 정부였다고 할 수 있는 측면도 있습니다.

하여튼 대한민국 정부가 수립된 지 환갑을 지나 칠순에 가까워 오고 5·16군사혁명이 일어난 지 반세기가 지난 이 시점까지도 생각을 정리하지 못하고 선배들이 한 일에 대해 무조건 폄하하고 무시하는 사람들이 있다는 게 잘 믿어지지 않습니다. 그런 사람들이 아직도 정계, 교육계, 문화계, 종교계에서 활동하고 있습니다. 이런 국민은 국가에 무엇이 중요한지, 자신들의 행동이 어떤 결과를 가져올지 잘 이해를 못하고 있는 것으로 보입니다.

아직 갈 길은 멉니다. 그러나 많은 다른 나라 사람들의 부러움을 살 정도의 발전을 했음에도 불구하고, 그 성과에는 관심이 없고 과정에서 어려웠던 점만 부각시키면서 자학적 언동을 서슴지 않는 사람들이 꽤 있습니다. 이들은 우리의 자랑스러운 역사를 부정하려는 사람들입니다. 사람이나 나라나 자중자애하는 자세가 필요하다고 생각합니다. 자신을 학대하는 자에게는 밝은 미래가 오지 않습

동해물과 백두산이 늘 푸르고 높게

니다. 참으로 안타깝습니다.

여전한 '약소국 콤플렉스'

60여 년 전 필자가 청소년이었던 시절, 집안 어른이나 학교 선생님들이 우리나라는 약소국가 중 하나라고 가르치신 걸로 기억합니다. 워낙 인구도 많고 땅도 넓은 나라들에 둘러싸여 있을 뿐만 아니라 늘 그들로부터 고난과 시달림을 당했으니 그런 생각을 했을 것입니다. 그러나 그런 가운데에서도 다른 나라에 흡수당하지 않고 수천 년간 사실상 독립국가로 존속해 올 수 있었던 것 또한 놀라운 일이 아닐 수 없습니다. 지혜도 있었고 용기와 끈기도 있는 민족이라고 하지 않을 수 없습니다. 다만 근세에 전 세계적으로 제국주의가 횡행할 시기에 불행히 일본의 식민지가 되고 그들의 악랄한 지배를 받음으로 해서 너무나 깊은 상처를 받았고 따라서 그 치유가 매우 어렵게 된 것 같습니다. 그 후유증으로 아직까지도 우리나라 사람끼리 뭉치지 못하고 실익 없는 싸움이나 하고 국가적 에너지를 낭비하고 있으니 안타깝기 그지없습니다.

그러면 **해방 후 70년 세월이 지난 지금 우리나라가 과연 약소국가인가 한번 냉철하게 따져 볼 필요가 있습니다. 그리고 늘 이렇게 약소국 콤플렉스를 벗어나지 못하고 같은 민족끼리 화합하지 못하며 질시와 반목으로 허송세월을 해야 하는지도 살펴봐야 하겠습니다.**

이미 언급한 바와 같이 우리나라는 경제적으로 전 세계의 10위권 (2012년 GDP 기준 15위)에 자리 잡을 만큼 커졌습니다. 인구도 남한만 4천9백만 명(남북한 합치면 7천4백만 명)이 넘는 나라가 되었습니다. 국토의 넓이가 남한만은 10만 ㎢이고 남북한 합친 면적으로는 22만 2천 ㎢로 넓지는 않으나 과거 세계를 주름잡은 영국의 국토 면적 24만 4천 ㎢에 근접합니다. 남북한 합친 인구 규모 면에서는 독일, 프랑스에 상당하는 정도의 나라가 되었고 남한만의 인구는 전 세계 25위로 영국(22위), 이탈리아(23위), 미얀마(24위) 다음입니다. 중국, 러시아, 일본 같은 큰 나라 사이에 끼어 있어서 상대적으로 작아 보이지 실제 전 세계적으로는 작은 나라가 아닙니다. 전 세계에는 220개가 넘는 나라가 있고 그중에서 인구가 5천만 명이 넘는 나라는 그렇게 많지 않습니다. 우리나라가 미국, 중국, 일본, 러시아 정도의 큰 나라는 아니라고 하더라도 현재 상황에서 약소국가라고 불리는 것은 적절치 않다고 생각합니다. 우리 국민들이 단합해서 힘을 모으면 세계의 중요한 지도적 국가의 하나가 될 수 있습니다. 그런데 가슴 아프게도 우리의 축적된 역량을 생산적이고 발전적으로 쓰지 못하고 있습니다.

국제적으로는 미국, 일본, 중국, 러시아와의 관계를 어떻게 설정하고 운용해 나가느냐가 중요한 문제입니다. 지리적으로 붙어 있거나 가깝게 위치해 있으니 운명적으로 이들 국가들과의 관계는 피하려 해도 피할 수가 없습니다. 우리나라가 제대로 나라 구실을 못하고 있었던 과거의 불행했던 역사에 지나치게 집착하다 보면 앞으로 닥쳐올 거센 풍랑을 적절히 헤쳐 나가지 못할 것입니다. 특히 일본과의 관계에서 정부나 민간이나 대응하는 모습을 보면 답답한 마음을 금할 수 없습니다. 우리가 지나치게 감정적이 아닌가 생각합니다. 나라의 체통을 지키면서 의연하게 대처했으면 좋겠습니다. 독도 영유권, 동해 표기, 위안부, 징용자 배상, 침략에 대한 사과, 역사 교과서 문제 등 어느 것 하나 쉬운 게 없습니다. 일본인들의 부족한 점과 좁은 생각을 지적해서 고치도록 노력은 하되 우선 대화하고 가능한 범위 내에서 납득할 수 있는 방법을 찾아야 할 것 같다는 생각이 듭니다.

무엇보다도 시급한 것은 우리의 역량을 길러야 한다는 것입니다. 대한민국의 정체성을 확실하게 하고, 경제력과 군사력을 더 확충해서 G7 반열에 올라가야 하겠습니다. 인구부터 남한만이라도 7천만 명 수준에 올라가야 합니다. 그런데 실제로는 해묵은 좌우익 싸움에다 젊은 사람들은 결혼도 미루고 아이도 안 낳고, 정치인들은 정책 경쟁이 아닌 정권 투쟁을 하고, 노조는 근로조건 개선이 아닌 정치투쟁이나 하고, 기업인들은 교도소를 제집 드나들듯이 하고 있습니다. 대외 관계에서는 지나치게 감정적이며 충동적인 모습을 보이고 있습니다. 상대방도 자국 이익을 생각하고 나름대로의 입장을 가지고 있습니다. 우리의 힘이 주위 강대국들을 제압할 수 있는 형편도 아닌데 과거의 피해 의식에서 다분히 감정적인 외교 자세를 보이는 건 아닌지 염려스럽기도 합니다.

다시 **대일 관계 문제로 돌아가 몇 가지 생각해 보기로 하겠습니**

다. 최근 법원이 일제시대에 징용했던 한국인 근로자들에게 일본 기업이 배상하도록 판결했습니다. 이에 대해 일본 기업들이 내심 상당히 당황하는 것처럼 반응했습니다. 법원에서 협정서나 관련 법률을 잘 따져서 판단했으리라고는 믿고 싶으나 왜 진작 못 하고 이제 와서 배상 이야기가 나오는지, 또 과거 50년 전에 맺은 한일협정과는 어떻게 되는 건지 의구심을 갖지 않을 수 없습니다. 요즘은 하도 상식을 벗어나는 판사들 이야기가 언론에 자주 등장하니 올바른 판단을 하고 있는지 의문스런 생각이 듭니다.

일본군 위안부 문제는 24년 동안이나 끌어오다가 지난 2015년 12월 28일 한일 양국 간에 합의 타결되었습니다. 이 합의안에서는 ①위안부 문제에 대한 일본군의 관여를 인정하고, ②일본 정부는 그 책임을 통감한다는 점을 명확히 했으며, ③이에 대한 사죄와 반성을 일본 총리가 공개적 공식적으로 분명하게 표명하면서 ④피해자의 명예와 존엄 회복 및 마음의 상처를 치유하기 위해 한국 측 재단에 일본 정부가 100억 원 수준의 금액을 출연한다는 것을 골자로 하고 있습니다.

이번 타결안에 대해서 전보다 많은 진보가 있었다는 측과 너무 미흡하다는 측으로 평가가 엇갈립니다. 위안부 문제는 그 성격상 한일 양국 간 주요 외교 현안의 하나였을 뿐만 아니라 보편적 인권 문제로 글로벌 이슈이며 반면교사로서의 역사성, 그리고 피해자 개인의 존엄과 명예 회복이라는 복합적 성격을 띤 매우 어렵고 중대한 문제였습니다.

이러한 문제를 비교적 냉정한 입장에서 종합적으로 깊이 있게 볼 수 있는 곳은 그래도 우리 정부입니다. 나름대로 고민하고 우리의 요구를 관철하기 위해 많은 노력을 했으리라고 생각됩니다. 그러나 상대가 있는 국가 간의 협상에서 우리 측 주장이 다 받아들여질 수는 없습니다.

불만족스러운 부분은 앞으로 우리나라가 다시는 비극의 역사를 되풀이해서 쓰지 않겠다는 각오와 결의로 채워야 하겠습니다. 19세기와 20세기 초 약육강식의 시대에 구심점 없이 사분오열되어 힘을 기르지 못하고 남의 나라의 식민지가 되었던 결과가 아직까지도 국가적·민족적 고통과 수치로 남아있습니다. 앞으로 단결해 힘을 기르는 수밖에 없습니다.

역사 교과서 문제는 어떻게 보아야 할까요? 일본 사람들은 기본 인식에 있어서 한국을 식민지화한 데 대한 죄의식이 없는 것처럼 보입니다. 20세기 초 세계열강의 패권 싸움에서 한국이 오히려 일본의 식민지가 되어 혜택을 봤다고 생각하는 듯합니다. 일본 근대화의 아버지로 존경받는 후쿠자와 유키치 같은 사람도 백인 국가인 러시아가 한국을 지배할 가능성이 큰데 그것보다는 같은 황인종 국가인 일본이 지배하는 것이 한국에 도움이 된다고 하면서 정한론의 명분으로 삼았습니다.

그러나 우리는 피해자 입장에서 일본의 반성과 사과를 끊임없이 요구했습니다. 일본은 한동안 협조적인 모습을 보이다가 최근 북한의 핵무기 개발 및 중국의 부상에 따라 급격히 우경화하면서 본디의 모습으로 돌아가고 있습니다. 우리의 요구대로 자기들의 잘못을 인정하고 사과할 것 같지도 않습니다. 더구나 한중일 공동역사 교과서를 만든다는 것은 애초에 불가능한 것이었다고 생각됩니다. 앞으로 교통과 통신이 더 발달하고 왕래와 교류가 빈번해지면서 문화적·인종적 혼합이 이루어지고 한마을 같은 분위기가 조성되기 전에는 어려울 것 같습니다. 인내를 갖고 힘을 기르면서 설득하고 깨닫도록 해야 할 장기 과제가 아닌가 생각합니다.

독도 분쟁도 좀 더 냉정하게 대응했어야 하지 않았나 생각합니다. 이 문제는 양국의 정부 부처나 전문가들이 꾸준히 연구해 오고 있는 사안입니다. 즉 이와 같은 외교, 안보 문제는 정부 관계 기관이나 연구 기관 등에서 오랜 기간 광범하게 정보와 자료도 입수하고 분석해서 종합적인 판단하에 대책을 세워 추진해 나아가야 할 사항들입니다. 일반 국민은 정보의 제약성으로 상황을 치밀하면서도 크게 보고 판단하기가 어렵다는 말입니다. 독도는 우리 땅이라고 노래 만들어 부르고 외국 신문에 광고 내고, 뉴스의 초점으로 자꾸 부각시키면 해결책이 있는지, 그렇게 하는 것이 유리한지 잘 따져보고 행동했어야 합니다.

민간이 많은 돈을 들여 대외적인 홍보 활동까지 하는 애국심만은 고맙고 칭찬해야 할 일입니다. 그러나 그 효과가 어떻게 나타날지에 대해서는 미리 신중히 생각하고 정부 관계 기관이나 전문가들의 자문을 받았어야 했다고 봅니다. 사실은 그 열정과 성의를 가졌다면 연구하는 학자나 전문 기관에 연구비를 모아 주는 것이 실질

동해물과 백두산이 늘 푸르고 높게

적으로 더 유익하지 않았을까 생각합니다.

일제 침략에 대한 사과를 요구하는 문제도 생각해 보기로 하지요. 우리는 기회 있을 때마다 일본의 사과에 진정성이 있는지 없는지, 그리고 자구 하나에도 예민하게 반응해 왔습니다. 그런데 우리는 수시로 일본의 사회 지도층 인사로부터 한국 침략을 당연시하거나 오히려 혜택을 준 것으로 주장하는 이야기를 듣습니다. 소위 망언이라는 것입니다. 사실상 이런 말들이 일본의 속내라고 생각됩니다.

일본과 수교 관계를 맺은 지 반세기가 지났습니다. 아직 우리가 요구하는 만큼 충분한 사과와 반성이 없습니다. 우리나라 국민과 정부에 대해 저들이 얕잡아보는 측면도 있고 제국주의 시대에 어차피 누가 침탈해도 했을 것을 같은 황인종인 자기네들이 했으니 오히려 더 좋지 않았느냐고 생각하는 것 같습니다.

여기서 우리가 고려해야 할 사항은 일본의 사회 체제가 제국주의 시대와 근본적으로 달라진 게 있느냐 하는 점입니다. 신(神)이라고 생각하던 천황이 그대로 존재하고 있습니다. 과문한 탓에 잘은 모르겠으나 21세기의 전 세계 다른 나라에 천황(天皇: 직역하면 The Emperor of Heaven)이라는 호칭을 쓰는 나라는 없을 텐데 유독 일본은 그대로 쓰고 있습니다.

일본에서는 옛날 제국주의 시대에 지배계급이었던 사람들의 후손들이 그대로 지배계급입니다. 그때 총리와 대신을 하던 사람들의 자손이 그대로 총리와 대신을 하고 있습니다. 현재의 일본 총리는 1급 전범의 외손자입니다. 일반 국민들은 원래 무사들에게 복종하는 것으로 길들여진 사람들이라 고분고분하게 정부가 하는 일을 잘 따르는 편입니다. 이런 상황에서 일본 정부가 진실로 사과를 하겠느냐 하는 의구심이 듭니다.

일본은 언제라도 틈만 생기면 옛날 군국주의 일본으로 돌아갈 수 있다고 생각됩니다. 우리에게 방법은 우리 국민이 단결하고 스스로 강해지는 것밖에 다른 도리가 없습니다. 구차하게 사과에 너무 집착하지 말고 우리 스스로를 채찍질하고 부강한 문화 국가가 되는 방향으로 배전의 노력을 해야 할 것으로 생각합니다.

장기적으로 한일 관계가 원만해져야 하겠으나 근래의 관계 악화가 심해져서 걱정된다는 이야기도 많습니다. 우리는 늘 생각하고 있는 독일 수준의 사과를 일본이 안 했다면서 그들의 뻔뻔함과 협량함을 매도합니다. 그러나 한편 우리 쪽에도 문제가 많다는 견해도 나옵니다. "우리 한국이 갖고 있는 문제점은 우리의 주장이나 의견이 합리적이지 못하고 충동적이며, 그래서 국제사회의 신뢰를 받지 못하고 있다"는 것입니다.

일본과 같은 전범국이면서도 독일이 성실한 참회를 한 것은 그 상대방이 강대국인 미국, 영국, 프랑스라는 측면이 크며, 일본이 독일과 다르게 행동하는 것은 그 상대가 한국이기 때문이라는 말도 있습니다. 따라서 일본 문제를 근본적으로 해결하는 방법은 우리가 더 합리적이고 신뢰받는 나라, 즉 영국과 프랑스 같은 나라가 되는 길뿐이라는 거지요. 필자 개인의 생각으로는 이 주장에 상당 부분 공감합니다.

나라나 개인이나 평판 또는 이미지가 매우 중요합니다. 안타깝지만 우리나라는 아직 약소국 콤플렉스, 식민지 콤플렉스를 벗어나지 못하고 있는 것으로 보입니다. 사람으로 치면 이순의 나이를 훨씬 지났는데도 말입니다. 일본인들이 한국에 끼친 해악과 충격이 너무나 컸던 때문이기도 하겠지만 우리 자신을 위해서도 하루빨리 치유해야 할 상처이기도 합니다. 그러한 열등 콤플렉스를 갖고 있으면 부지불식간에 그대로 말과 행동으로 옮겨지고 상대방이나 주위 사람들은 다 알아차리게 됩니다. 상대하기 어려운 사람들, 대화가 안 통하는 사람들로 치부되겠지요.

아베의 독설…우리는 아직도 식민 노예?

우리나라는 약소국이 아니므로 약소국 콤플렉스를 벗어나야 하고 이미 식민지 상태를 벗어난 지도 오래되었으므로 식민지 콤플렉스도 털어내야 합니다. 그러나 가슴속에 깊이 새기고 잊지 말아야 할 이야기가 있습니다. 일본 총리대신을 지냈고 마지막 조선 총독을 지낸 아베 노부유키(1875~1953)는 제2차 세계대전에서 일본이 패한 후 한반도를 떠나면서 이런 말을 했습니다.

"우리는 비록 전쟁에 패했지만 조선이 승리한 것은 아니다. 장담하건대 조선인이 제정신을 차리고 옛 영광을 되찾으려면 100년이 더 걸릴 것이다. 우리 일본은 조선인에게 총과 대포보다 더 무서운 식민 교육을 심어 놨다. 조선인들은 서로 이간질하며 노예적 삶을 살 것이다. 그리고 나 아베 노부유키는 다시 돌아온다." 또 일본에 주둔하고 있던 미국의 맥아더 사령부가 종전 후 아베 총독을 심문할 때 그는 "일본의 식민 정책은 한국인에게 이득이 되는 정책이었다. 한국인은 아직도 자신을 다스릴 능력이 없기 때문에 독립된 정부 형태가 되면 당파 싸움으로 다시 붕괴할 것"이라며 남북 공동 정부 수립을 적극 반대했습니다. 이 이야기를 처음 듣고 충격을 받지 않을 사람은 별로 없겠지요. 그런데 요즈음 우리 사회가 돌아가는 상황을 보면서 일제가 의도하고 예견했던 대로 되는 것이 아닌가 하고 섬뜩한 느낌을 갖게 됩니다.

그러면 아베 노부유키가 대포와 총보다도 더 무섭다고 말한 일제의 식민 교육은 무엇일까요? 필자 나름대로의 생각을 정리해보도록 하겠습니다.

첫째로, 한국인들에 대해서는 원천적으로 교육받을 기회를 최소한으로 줄이고 군수공업에 노동자로 참여해서 일하는 데 필요한 정도의 일본어나 기술을 가르친 것입니다. 그리고 제2차 세계대전 말기에는 한글 교육을 못 하게 하고 일본어의 상용을 강요했습니다. 한국인을 우민화해서 식민지 정책에 순응하는 사람으로 기르고자 한 것이지요. 나아가 민족정신을 말살하려는 교육 방침이었습니다.

둘째로는, 일제의 한국에 대한 식민지 침략과 지배를 정당화하고자 식민사관을 유포하고 주입시키려고 한 것입니다. 1890년대 초 청일전쟁을 앞두고 일제의 대륙 침략 기운이 높아지면서 도쿄 제국 대학 학자들에 의해 조선사 연구가 시작되고 만선사관(滿鮮史觀)이라는 것이 조작되었습니다. 만선사관이란 만주가 한반도 역사의 일부가 아니라 그 반대로 한반도의 역사가 만주사의 일부라고 하여 만주사에 대한 한국사의 종속을 강요하는 것입니다.

또한 진구황후(神功皇后)의 신라 정벌설, 임나일본부설 등을 주장하고 이를 계승한 일선동조론(日鮮同祖論)을 만들어 식민지 침략을 정당화하고 민족말살 정책의 논리적 근거로 삼았습니다. 즉 고대에 일본이 한반도를 지배했고 일본과 조선은 같은 할아버지의 자손이므로 조선이 일본에 흡수되는 것은 당연하다는 논리였습니다.

그리고 조선은 봉건제 사회가 없었으므로 자력으로 근대화를 이룰 수 없는 낙후되고 정체된 후진 사회이고 이를 근대적 사회로 개발시켜주는 것이 일본의 식민지 지배라고 주장한 것입니다. 이와 같은 상황에서 우리 한국인의 자주성과 자존심은 완전히 짓밟히고 자기도 모르는 사이에 무력감과 자기 비하에 빠졌던 것은 아닌지 짐작해 볼 수 있겠습니다.

셋째로, 한국 사회를 이끌어 갈 지도자를 양성하지 않았습니다. 상업, 공업, 농업 등 산업계를 이끌어갈 인재가 양성되지 못하도록 교육 정책을 폈고, 고위 관리를 키우지도 않았습니다. 특별히 사범학교를 우대해서 우수한 한국 학생들이 주로 초등학교 교사의 길로 나아가도록 유도하면서 사회 전체가 요구하는 여러 산업 분야에서는 리더가 나오지 못하도록 음흉한 술책을 썼던 것입니다. 한국 사람은 그저 일본인이 시키는 대로 따라하면 되는 잔심부름꾼이면 된다고 생각하고 그런 사람으로 키웠습니다. 심하게 말하면 노예 교육을 시킨 거지요. 해방 후 정부를 구성하고 운영함에 있어서나 산업계를 이끌어 나가는 데 있어서, 인재 부족으로 얼마나 어려움이 많았을까 짐작이 갑니다.

넷째로, 한국 사람들끼리 서로 단합이 안 되고 미워하도록 고등술책을 썼던 것 같기도 합니다. 필자의 중학교 시절에 국어 선생님이 우리나라 8도인의 성격에 대해 설명을 해주셨습니다. 그리고는 이것이 일본인들에 의해서 민족 분열책으로 이용된 면이 있다는 말씀도 하셨습니다. 이러한 것들이 지금의 지역감정으로 연결된 것은 아닌지 의문입니다.

또 술도 저급화해서 일반 백성이 많이 먹도록 했다는 주장도 있습니다. 저급주인 약주, 탁주, 소주만 생산 판매해서 일반인이 많이 먹고 알코올에 중독되게 했다는 이야기입니다. 그래서 결과적으로 양반 사회와 갈등을 극대화시키고 저급 문화를 퍼뜨려 저급 국민으로 만들려 했다는 것입니다. 이미 국제화된 서울 시내에서조차 아직까지 대로변에 술 먹고 토한 것을 많이 봅니다. 술 먹고 드잡이하는 것도 종종 보입니다. 그때마다 일본인의 간교한 술책의 효과가 지금까지도 남아 있는 게 아닌가 생각하면서 입맛이 쓴 것을 느낍니다. 이외에도 여러 가지 드러나지 않는 교묘한 술책들이 있었을 것으로 짐작됩니다.

위에서 언급한 바와 같은 식민지 교육의 결과 한국인들은 부지불식간에 무식한 사람, 의타적이고 자립 능력이 없는 사람, 단합할 줄 모르는 사람, 자기 비하적인 사람들이 된 것은 아닌지 의구심을 갖게 됩니다. 오래전 일이기는 하나 상당 기간 일제를 경험한 당시의 어른들의 대화 중에 '조선인은 할 수 없어', '일본놈들도 이렇게는 안 했어', '엽전들이 별 수 있겠어'라는 자기 비하적이고 체념 어린 말이 종종 흘러나왔던 것을 기억합니다. 한 세대 넘게 교묘한 방법으로 노예 교육을 받은 거나 마찬가지이니 그 영향이 엄청나게 깊게 뿌리박혔던 게 아닌가 생각합니다.

만일 일제가 조선 사람들에게도 산업계나 국가 경영 분야에서 지도층이 될 만한 교육을 하고, 상당한 자율적인 권한을 주어 조선인을 위한 정책을 직접 시행할 수 있도록 했다면 상황이 어떻게 되었을까요? 역사에서 '만일'을 이야기해봐야 아무 소용없는 일이긴 합니다만, 해방 직후 우리 사회가 그렇게 큰 혼란에 빠지지는 않았을 것으로 짐작됩니다.

같은 식민 국가라도 영국의 경우에는 현지인들을 고급 관리나 중요한 자리에 등용해서 썼기 때문에 일본보다는 훨씬 부드러웠다고 하지요. 인도의 독립 후에도 영국과 인도의 관계에서 큰 어려움이 없었습니다. 그런 면에 비추어 보면 일본의 지배가 엄청나게 가혹했고 비열했던 것으로 보지 않을 수 없습니다.

다시 요약해서 말하면, 일제는 다양한 교육 기회를 봉쇄했으며, 조선은 옛날에 만주의 일부분이었고 고대에도 일본의 지배를 받았던 나라라면서 식민지 지배를 정당화했습니다. 그러면서 한국인을 멸시하고 자존심을 짓밟아 놓았습니다. 지도층이 형성되지 않도록 싹을 자르고 명령에 복종만 하는 수동적 인간, 열등 인간들로 만들려고 했습니다. 바로 수동적이고 자존감이 없는 인간이 노예라고 보고 아베 노부유키는 그런 조선인을 양성해 놓았다고 큰소리 친 것으로 짐작됩니다. 어찌 됐든 이렇게 그들의 식민지 정책이 악랄하고 음흉했기 때문에 우리나라는 큰 타격을 입었습니다.

해방 후 70년의 세월이 흘렀어도 우리에게는 존경받는 정치가도, 산업계의 지도자도 생기지 않았고 종교계나 교육계 등에서도 국민의 신망이 높은 지도자가 많이 나오지 못했습니다. 실제로는 훌륭한 지도자가 나오지 않은 게 아니라 국민이 눈 감고 보지 않으려고 한 면도 있습니다. 조금만 눈을 돌려 긍정의 마음으로 찾아보면 훌륭한 지도자들이 여러 분 계셨다고 모두 인정할 것입니다.

그러나 부정적 사고, 비합리적인 사고, 자기 비하적인 사고에 찌든 우리는 우리 역사와 그 역사를 이끌어 온 지도자들에 대하여 제대로 평가를 못 하고 있습니다. 사람이나 세상일이나 100% 완벽한 경우가 어디 있습니까? 그럼에도 조그마한 흠이라도 하나 있으면 나머지 정상적인 것도 다 부정해 버리는 식의 아주 인색한 평가를 해온 것이 우리들입니다. 그리고 상황과 여건에 대한 고려는 하지 않고 목표만 보고 판단하려 드는 경향도 있었습니다. 결국, 작은 '과(過)'로 훨씬 더 큰 '공(功)'을 덮어버리는 우매한 짓을 해온 것이지요. 이는 우리들 자신에게 전혀 득이 되지 않는 태도입니다.

그동안 우리나라에는 여러 사람의 대통령이 나왔습니다. 그러나 하나같이 모두 전임자를 부정했습니다. 자기가 우월하다는 점을

동해물과 백두산이 늘 푸르고 높게

부각시키기 위해 이전의 대통령을 무시해 버리는 행태였지요. 그렇게 한다고 자기가 우월해지겠습니까? 요즈음은 오히려 속 좁고 치사한 사람으로 평가되고 있습니다. 종교계에 존경받는 몇 분이 계셨으나 모두 타계하셨습니다. 지금은 누구 하나 인격과 덕망 그리고 경륜을 갖춘 지도자가 없습니다.

장기적이고 대국적인 견지에서 능력 있는 지도자를 뽑아 힘을 모을 줄 모르고, 이해 당사자 간에 상대방을 존중할 줄도 모르고, 합리적인 선에서 타협해서 공동의 선을 추구해 나갈 능력도 없고, 치졸한 감정에 사로잡혀 헐뜯고 훼방 놓고, 남 잘되는 것에 배 아파하고, 억지와 생떼가 횡행하는 지금 우리의 사회 상황이 마치 아베 노부유키가 의도했던 사회, 바로 이간질이나 하고 자조와 자립의 능력이 없는 노예들이 사는 사회와 같아진 것은 아닌지 안타까운 심정을 금할 수 없습니다. 이런 상황이 장기화되면 결과적으로 아베 노부유키의 희망대로 되는 게 아닌가 두렵습니다.

예로부터 일본은 다른 나라를 침략한 전례가 많습니다. 임진왜란을 일으킨 도요토미 히데요시(豊臣秀吉)는 과대망상증 환자였다고는 하나 그의 대외 전략의 기본 구상은 아주 야심찬 것이었습니다. 즉 중국 황제를 중심으로 한 중화 세계 질서에 도전함과 동시에 이를 대신해 일본 천황을 중심으로 한 체제를 구축하려고 했던 거지요. 쉽게 말해 명나라를 정복하는 날 자기네 천황을 북경으로 옮겨 놓고, 동아시아 세계에 군림토록 하겠다는 것이었습니다. 그와 같은 구상에서 임진왜란을 일으키고 명나라를 정복하고자 하니 조선은 길을 안내하라고 하면서 침략했던 것입니다.

또 19세기 제국주의 시대에 메이지 유신의 정신적 지주인 요시다 쇼인(吉田松陰)은 진구황후와 히데요시를 국위를 드높인 사람으로 칭송하면서 한국을 정복하는 것뿐만 아니라 유구, 만주, 지나를 넘어 인도까지 침략의 마수를 뻗칠 것을 주장했습니다.

지금 일본은 급격히 우경화하면서 외국으로 나가 전쟁할 수 있는 나라가 되었습니다. 자원이 없는 나라이므로 언제 또 침략 근성이 발현될지 모르므로 정작 위험한 나라는 중국이 아니고 일본이라는 이야기도 있습니다. 지금 일본이 보이고 있는 태도나 역사적 맥락에서 볼 때 일본이라는 나라는 대륙으로 뻗어 나가려는 야욕이 있기 때문에 항상 경계하지 않으면 안 될 상대입니다.

그러면 중국은 믿을 수 있는 나라입니까? 한마디로 말해서 아니라고 생각합니다. 중국은 한국을 19세기 말까지 자기네의 속국이었던 나라로 볼 것입니다. 우리나라와 관계가 깊어진다면 우리 한국을 독립된 나라로 대우하기보다는 어쩔 수 없어서 다시 돌아온 과거의 속국으로 생각하고 횡포를 부리지나 않을까 염려스럽습니다.

이제 다시 동북아 정세는 요동치고 있습니다. 19세기의 동북아로 다시 돌아갔다는 이야기도 나옵니다. 상황은 이렇게 엄중한데 갈가리 찢겨진 내부 분열상을 보면서 참담한 생각을 하지 않을 수 없습니다. 오죽하면 나라가 망할 것 같다는 예감이 든다면서 한탄하는 이야기가 여기저기서 나오겠습니까? 가슴 아픈 이야기입니다. 나라가 위기 상황이고 어려울 때는 정부를 믿고 합심 단결하는

동해물과 백두산이 늘 푸르고 높게

것이 순리 아닌가요? 우리 역사에서 다 경험해 본 바인데 또다시 과오를 되풀이하지 않았으면 좋겠습니다.

중국은 한국 수출의 제1시장이자 세계 최대의 시장이 되었습니다. 경제적으로 중국을 중요하게 생각하지 않을 수 없습니다. 다시 말해 우리의 대중국 의존도가 엄청나게 커졌다는 말입니다. 중국은 인구나 국토 면적에서 한국과는 비교가 안 되게 큰 나라입니다. 게다가 개혁·개방 이후 고속 성장을 해오면서 경제력 면에서 미국 다음의 경제 대국으로 올라섰습니다. 그동안 숨죽여 오다가 이제는 때가 왔다고 생각하면서 힘을 과시하는 행동도 서슴지 않습니다. 우리가 발전의 속도를 늦추고 뒤떨어지게 되면 중국은 우리를 변방의 하찮은 소국으로 보지 않겠는가 생각합니다.

이와 같이 대외 상황이 점점 어려워지는 판에 북한은 전향적이고 건설적인 방향으로 국가 운영을 하지 않고 있습니다. 3대 세습에 국민의 대다수가 제대로 먹지도 입지도 못하는데 핵무기와 미사일 개발에 큰돈을 쏟아붓고 있습니다. 빈곤과 공포와 고립 속에 언제 어떻게 될지 모르는 예측 불가능의 나라가 된 것 같습니다.

그러면 그동안 명실공히 세계 최강대국으로서 세계의 경찰 노릇을 해온 미국은 어떻습니까? 미국은 우리나라와 상호안보조약을 맺고 있는 나라이기도 합니다. 6·25전쟁 당시 UN을 움직여 자국을 비롯해서 16개국이 참전해 공산주의의 침략으로부터 대한민국을 구해냈습니다. 그리고 한국이 정치·경제적으로 발전할 수 있도록 큰 도움을 주었습니다. 그 결과 공산주의 실험 과정에서 엄청난 고

생을 한 소련 및 그 위성국가와는 달리 우리나라는 자유민주주의와 시장경제 체제를 바탕으로 경제성장과 민주 발전을 크게 이루어 세계인의 부러움을 사게 되었습니다.

그러나 미국도 과거 제국주의 시대에 가쓰라–태프트 밀약(1905. 7.)을 맺어 미국이 필리핀을 점령하는 대가로 일본에게 한국을 지배하도록 했습니다. 그때에는 안타깝게도 우리나라가 나라 구실을 못했고 국제적으로 인정을 받지도 못했습니다. 우리에게 힘이 있었다면 다른 나라가 어떻게 우리의 운명을 자기들 멋대로 흥정했겠습니까? 남을 탓하기 전에 우리 자신부터 들여다보는 노력이 필요합니다. 그 시절 우리나라의 상황이 얼마나 풍전등화와 같았는지 알아보기로 하지요.

1895년 10월 8일 일본은 우리의 국모인 명성황후를 시해하는 만행을 저질렀습니다. 이유는 명성황후가 러시아를 끌어들이고 일본에 항거한다는 것이었습니다. 정상적인 국가 관계에서는 상상할 수도 없는 일이었습니다. 국민은 분노했고 의병도 일어났으며 국제적인 비난도 크게 일었습니다. 황후를 잃은 고종은 자기 자신의 생명에 대한 위험을 예감하고 미국 공사관 쪽으로 피신하려 했으나 계획이 사전에 발각되어 실패하고, 1896년 2월 11일 러시아 공사관으로 모셔지게 됩니다. 조선의 국왕이 '아관파천'을 한 것입니다. 즉 우리 조선의 상징이자 최고 통치자인 임금이 러시아의 공사관으로 피난을 간 것입니다. 국가의 위신과 체면에 많은 손상을 입었습니다. 그러나 러시아의 일본에 대한 견제로 이후 일 년 동안 국왕은

동해물과 백두산이 늘 푸르고 높게

운신의 폭을 넓힐 수 있었습니다.

이때 일본의 국모 시해 만행과 일본이 주도한 갑오경장 이후의 급진적인 제도 개혁에 일반 국민들은 크게 반발하고 반일 감정이 팽배하게 되었습니다. 아울러 국가의 자주 독립과 고종의 위상을 높여야 할 필요가 있으므로 제도를 복고적으로 수정하고 고종을 황제로 격상해야 한다는 여론이 관료와 유생들 사이에 비등했습니다. 이런 분위기에서 고종은 1897년 10월 12일 황제 즉위식을 거행하고 국호를 '대한(大韓)'으로 바꾸었습니다. 이어서 1899년 8월 17일에는 헌법이라고 할 수 있는 대한국국제(大韓國國制)를 발표하고 국가의 자주성을 실질적으로 뒷받침할 수 있는 물질적 바탕으로서 국방력, 재정력 그리고 상공업을 육성하기 위해 노력했습니다.

이즈음 일본은 한국에 대한 독립적 지배권을 확보하기 위해 가장 강력한 경쟁자인 러시아의 침투를 막는 데 총력을 기울였습니다. 급기야 1902년 1월에는 영국과 동맹을 맺어 우리나라에 대한 특수 권익을 영국으로부터 인정받았습니다. 그 반대급부로 영국은 일본으로 하여금 러시아를 견제케 하면서 청에 대한 지배권을 보장받았지요. 영일동맹에 의해 입지가 강화된 일본은 러시아를 무력으로 제압할 것을 결심합니다. 그리고는 먼저 외교교섭으로 러시아 측에 한국에 대한 일본의 내정간섭을 인정할 것과 만주에 대한 경제침투의 허용을 요구했습니다. 그러나 이러한 요구가 받아들여지지 않자 일본은 1904년 2월 곧바로 러시아와의 전쟁에 돌입하게 됩니다.

러시아와 전쟁 중에도 일본은 우리나라에 대한 일본 군대와 경찰의 지배권을 강화하면서 내정간섭을 위하여 외국인 고문을 두는 등 한국에 대한 지배 체제를 하나씩 다져나갑니다. 러일전쟁은 세계 여러 나라의 예상을 뒤엎고 일본의 승리로 끝나게 됩니다. 일본이 승전하자 이미 영일동맹으로 영국으로부터 인정받은 일본의 한국 침략은 미국으로부터도 승인받게 됩니다. 이미 이야기한 바와 같이 미국 국무장관 태프트(Taft)와 일본외상 가쓰라 다로(桂太郞)에 의해 가쓰라-태프트 밀약이 이루어진 것입니다.

이러한 내용들을 모두 총괄해 러시아와 일본 간에 포츠머스 조약(1905. 9.)이 체결되고 한국 내 일본의 특수 이익과 한국에 대한 일본의 보호, 지도, 감리 등을 러시아로부터 인정받습니다. 이렇게 해서 일본의 한국 지배는 결과적으로 영국을 필두로 미국, 러시아 등 세계열강의 승인을 받게 된 것입니다.

그러면 한국이 일본의 지배하에 떨어지는 이 상황과 관련해 우리가 누구를 원망하고 누구에게 책임을 지라고 요구할 수 있는지 생각해 보아야 합니다. 아무리 생각해도 원인은 우리 자신에게 있었다고 생각합니다. 우리가 세상 돌아가는 물정도 모르고 힘이 없었으니 그렇게 당할 수밖에 없었습니다. 누구를 탓하고 원망하는 식의 역사 해석은 우리의 미래를 개척해 나가는 데 전혀 도움이 되지 않을 것으로 여겨집니다.

그 당시 제국주의 시대에 자국의 이익이 관계되는 한 세계열강은 식민지를 하나라도 더 얻으려고 혈안이 되어 있었습니다. 우리나라가 그들과 같은 반열에 있었다면 우리도 마찬가지였을 것입니다. 그러나 우리나라에는 일본의 식민지가 된 것에 대해 가쓰라-태프트 밀약을 들먹이며 특별히 미국의 책임만 더 물으려고 하는 분위기도 있는 것 같습니다. 과거에 공산주의를 했거나 북한 정권과 관련 있는 사람들은 미국이 무조건 밉기 때문에 그런 말을 하는지 모르겠으나 정상적인 대한민국 국민이라면 그렇게 말할 수는 없을 것입니다.

일본의 한국 지배는 영국이 먼저 인정해 주고, 미국은 러일전쟁이 일본의 승리로 사실상 종결된 후 인정해 준 것입니다. 청일전쟁, 러일전쟁의 승리로 아시아의 패자가 된 일본과 국제적으로 인정받지 못한 대한제국을 놓고 제3자 입장에서 어느 쪽에 무게를 두겠습니까? 미국 입장에서야 오히려 아시아에서 중국은 영국이, 한국은 일본이 맡도록 하고 자기네들은 관심 지역인 필리핀을 장악하고 싶었겠지요. 열강의 지역 분할 지배의 효율성 면에서도 그렇게 원했을 것으로 추론해 볼 수 있지 않을까 생각합니다.

지금 미국에서는 금년(2016년) 말에 있을 대통령 선거에 나갈 후보를 선출하는 과정에 있습니다. 후보에 따라서는 한·미 동맹 관계에 직접 영향을 줄 견해, 미국의 고립주의로의 선회 등 우리의 안보와 대외 경제 상황에 큰 충격이 올 수 있는 이야기들을 하고 있습니다. 우리는 이러한 이야기들이 언제라도 현실이 될 수 있다는 인식하에 철저하게 대비해야 하겠습니다. 미국도 국가 이익에 따라 하시라도 변할 수 있는 나라 중의 하나입니다.

국제사회에는 실제로 법이 없습니다. 국가 이익과 그것을 위한 힘이 우선입니다. 1960년대 필자가 법과대학에 들어가 그 당시 존경받던 국제법 학자인 이한기 교수로부터 그의 첫 강의 시간에 들은 이야기가 지금도 귀에 쟁쟁합니다. 이 교수는 3·1운동의 34인에 들어가는 캐나다인 선교사 스코필드(Frank W. Schofield) 박사의 말씀을 인용했습니다. 이 교수가 스코필드 박사를 만났을 때 그는 이 교수에게 무슨 과목을 가르치느냐고 물었다고 합니다. 이 교수가 국제법을 가르친다고 대답하니까 스코필드 박사는 "당신은 있지도 않은 것을 강의하고 있군요(You are lecturing what does not exist)"라고 했다고 합니다.

나중에 알게 되었지만 이 말은 이승만 박사가 프린스턴 대학에서 '미국의 영향을 받은 중립론(Neutrality as influenced by the United States)'이라는 논문으로 국제정치학 박사 학위를 받고 윌슨(Woodrow Wilson)* 총장이 베푼 축하 리셉션에서 한 말과 같습니다. 이 박사는 이 리셉션에서 윌슨 총장에게 존재하지도 않는 법인 국제법을 가르치고 자기에게서 돈(등록금)을 받았으니 그 돈을 돌려달라고 뼈 있는 유머를 해서 좌중을 웃겼다고 합니다. 이 박사의 이 말이 다시 스코필드의 말이 되어 이 교수에게 전해지고, 이 교수가 다시 우리 학생들에게 전해주게 되었던 것은 아닌가 하고 상상해 봅니다.

일반적으로 국제법은 국제관습법이나 조약을 말하는 데 통일적

---

* 1856년 미국 버지니아 주에서 출생하고 1924년 2월 미국 워싱턴 DC에서 사망. 1913년부터 1921년까지 미국 제28대 대통령을 역임한 정치가이자 학자. 1902년부터 1910년까지 프린스턴 대학교 총장을 지냄.

동해물과 백두산이 늘 푸르고 높게

인 입법 기관도 없고 국제재판소의 강제 관할권도 없고 국제법 침해에 대한 공정한 제재가 어려운 문제 등 국내법과는 매우 다른 측면이 있습니다. 국가 간 또는 당사국 간 합의에 의해 효력이 발생하기 때문에 결국 국제 관계에서는 힘이 법이라는 것이 예나 지금이나 변함이 없다고 생각됩니다. 국제법이 있어 제대로 작동하면 지구 상에 전쟁이 없거나 아주 적을 텐데 끊임없이 전쟁이 계속되고 있는 것만 봐도 국제법이 없을 뿐만 아니라 형식상 있다고 해도 항상 힘에 의해 바뀌고 무시되고 있다는 것을 알 수 있습니다.

국제사회에서는 실질적인 힘이 가장 중요합니다. 힘없는 나라, 힘없는 정부는 존립할 수 없습니다. 여기서 우리는 반드시 기억해야 할 사항이 하나 있다는 것을 지적하고자 합니다.

대한제국 정부는 러일전쟁이 터질 것을 예상하고 1904년 1월, 즉 러일전쟁 발발 직전에 국외중립을 선언했습니다. 그러나 어느 나라가 관심을 기울였겠습니까? 힘이 없는 나라는 아무리 소리쳐도 공허한 메아리만 되돌아올 뿐입니다.

다른 나라한테 무시당하지 않고 짓밟히지 않으려면 힘을 쌓아야 합니다. 경제력과 군사력은 물론 정신력과 문화력까지 힘을 공고하게 쌓아야 합니다. 이러한 관점에서 우리의 외교·안보와 관련한 문제에 대해서는 정부를 중심으로 국론을 통일하고 실질적인 힘을 길러야 합니다. 누구를 원망하고 증오만 하면 발전할 수도 없고 위기도 극복할 수 없습니다. 원망하고 증오만 하는 사람들은 열등 콤플렉스에 싸여 있는 사람들이기 때문에 정상적인 상황 판단도 안 되고 올바르게 행동할 수가 없습니다.

이제는 그동안 우리 국민 모두가 노력한 결과 힘도 제법 길러지고 국제적 위상도 달라졌습니다. 단결하고 항상 경계하면서 우리의 운명을 스스로 잘 지켜야 하겠지요. 국제 관계에서 세계적인 힘의 이동을 냉정하게 잘 파악해서 무엇이 국익에 합당한가를 판단하고 대처해 나아가야 하겠습니다.

그런데 지금 중국이 경제성장을 많이 하고 우리의 대중국 수출 의존도가 제일 크다고 해서 그쪽에 일방적으로 경도되는 의견이 있는 것 같습니다. 또 일본과의 문제를 지나치게 감정적으로만 대응하려는 사람들도 많아 보입니다.

제2차 세계대전 이후 지금까지 우리나라를 잘 도와주고 힘이 되어준 미국에 대해서는 고맙게 생각해야 할 부분이 큼에도 불구하고 국토 분단의 책임자로만 몰아붙이는 사람들도 있는 것 같습니다. 남한에 UN의 승인을 받은 유일한 합법 정부를 세우고 6·25전쟁 때 공산 침략을 저지한 것이 분단을 초래한 것이고 그 책임자가 미국이라는 생각이지요. 더 거슬러 올라가 가쓰라−태프트 밀약까지 들먹이며 미국이 일본의 한국 지배를 인정했고 그것이 궁극적으로 남북 분단을 초래했다고도 합니다.

이미 앞에서 설명한 바와 같이 이들 주장은 지나치게 편향된 생각이라고 하지 않을 수 없습니다. 19세기 후반기와 20세기 초, 그리고 해방 이후의 시대적 상황이나 국제 정세, 우리나라가 처했던 현실 등에 대해서는 고려하지 않고 남 탓만 해서는 곤란합니다. 사실

동해물과 백두산이 늘 푸르고 높게

근현대에 미국만큼 우리나라를 도와준 나라가 어디 또 있습니까? 고마운 것을 알아야지 과거에 섭섭했던 것만 들추어내고 매사 부정적으로 생각하면 앞으로 우리의 운명을 개척해 나가는 데 지장이 많을 것입니다. 이 지구 상의 모든 나라는 예외 없이 자국의 이익을 더 우선하지 자선 사업가가 아닙니다. 그런 전제에서 문제를 바라봐야 할 것입니다.

역사적으로도 세상의 모든 나라들은 서로 적이 되어 싸우기도 하고 때로는 친구가 되어 돕기도 하면서 살아왔습니다. 그 시대 상황과 처한 현실에 따라 무엇이 국가의 이익이냐를 고려해 판단하고 행동했다고 볼 수 있습니다. 미국과 일본은 20세기 초에는 이해관계를 같이 했습니다. 그러나 제2차 세계대전에서는 서로 직접 전쟁 당사국이 되었고 일본이 패한 후에는 다시 동맹국이 되었습니다.

유럽 국가를 보아도 독일, 프랑스, 영국, 이탈리아, 네덜란드, 스페인 등등 모두 피비린내 나는 싸움을 한 과거를 갖고 있습니다. 그래도 자신들의 이익을 위해서 유럽연합(EU)을 결성하고 한 나라처럼 살아오고 있습니다. 그러다가 최근(2016. 6. 23.) 영국은 국민 투표를 실시하고 유럽연합을 탈퇴하기로 결정했습니다. 유럽연합은 다른 나라들의 탈퇴가 잇따르지 않을까 걱정하는 것 같습니다. 앞으로 유럽연합의 운명이 어떻게 될지는 알기 어려우나 각 나라마다 자국 이익을 기준으로 하여 탈퇴하든 잔류하든 또는 해체하든 결정하리라고 생각됩니다. 우리도 눈을 크게 뜨고 진실로 우리의 이익이 무엇인지, 미래의 우리의 안전과 행복을 위한 길은 무엇인가를 냉정하게 생각하고 행동해야 합니다.

다시 반복하거니와, 현재의 대한민국은 약소국가가 아닙니다. 그렇다고 강대국가도 아닙니다. 앞으로 우리가 하기에 따라 강대국 반열에 올라갈 수도 있고 그렇지 못할 수도 있습니다. 우선은 약소국 콤플렉스를 떨쳐 버리고 매사 침착하고 냉정하게 사고하며 의연하게 대처해 나가는 자세가 필요하다고 생각합니다. 근래 전·현직 일본 총리가 한국인을 멸시하는 듯한 발언을 했습니다. 한 사람은 한국민의 민도가 낮다고 했고 또 한 사람은 한국민이 어리석다고 했습니다. 분노하고 속상해하기 전에 우리 스스로를 돌아보는 자세도 필요하다고 생각합니다. 그래야만 그 사람들도 우리를 가볍게 보지 않을 것입니다.

3.

발목 잡는 '박제(剝製)'의 교육

종래 우리나라에는 100년 대계를 고려하는 교육관도 교육 정책도 없었다고 생각합니다. 학교 교육은 대학 입시 위주의 교육이었고 교육 정책도 대학 입시 제도 개혁(?)에만 매달렸습니다. 학생 자신은 물론이고 학부모도 자식이 일류 대학 나와 좋은 직장에 들어가는 것이 목표였습니다. 좋은 직장이라면 통상 넥타이 매고 남에게 굽실거리지 않는 곳이었지요.

대학은 반드시 나와야 하는 것으로 생각하고 아이들의 적성, 소질보다는 대학 졸업자라는 간판부터 우선 따고 보자는 식이었습니다. 이들은 졸업 후 명색이 대학 졸업자인데 아무 데나 취직할 수 없다는 생각에서 공직, 공기업, 대기업 등 인기 직장에만 취직하려고 합니다. 그러나 그런 직장에서 그 수많은 대학 졸업생을 어떻게

다 소화시킬 수 있겠습니까? 오히려 중소기업은 구인난을 겪고 있는 형편인데 젊은이들이 오질 않습니다. 이렇게 된 데에는 허세와 간판 따기 좋아하는 우리의 사회 분위기가 큰 몫을 했습니다. 그리고 자본주의 사회의 윤리적 직업관이 자리를 잡지 못해 그런 것으로 볼 수도 있습니다.

철학도 없고 방향도 없다

이런 상황에서 좋은 대학(커트라인 높은 서울과 지방의 몇 개 대학)을 나와 국가 공인 자격을 취득한 전문직 종사자, 공직, 공기업 그리고 대기업 등에 들어간 사람들만 승리자이고 성공한 사람들로 인정받았습니다. 따라서 우리 사회에서는 소수의 사람만 성공한 사람이고 압도적 다수의 사람들은-다소 강한 표현이나-실패자 또는 낙오자로 치부하는 경향도 나타나게 되었지요. 이와 같이 대다수의 사람들이 실패자 또는 낙오자라고 생각하게 되면 그 사회는 편안해질 수가 없습니다. 사회에 대한 불만과 원망만 늘고 엉뚱한 방향으로 사회에 해악을 끼치는 행동들이 나타나게 됩니다. 여기서 우리는 올바른 직업관을 심어주어야 할 필요성을 절감하게 됩니다.

모든 분야에서 사회가 필요로 하는 직업은 모두 다 귀한 것이라는 믿음을 갖게 아이들을 가르쳐야 했습니다. 사람은 누구나 한두 가지 이상의 재능을 갖고 태어났으며 그 재능을 발견해서 연마해

동해물과 백두산이 늘 푸르고 높게

나가면 그것이 진정한 성공을 가져오고 인생의 보람으로 귀결된다는 사고를 갖게 했어야 했는데 그렇지 못했습니다. 중·고등학교 시절부터 교사와 학부모가 학생들의 소질과 능력을 발굴하고 올바른 직업관을 심어주는 교육을 못한 것은 결과적으로 큰 사회적 낭비를 가져왔습니다.

가정교육이 너무 소홀했었다는 점 역시 지적하지 않을 수 없습니다. 1960년대 이후 고도성장기를 거치면서 핵가족화 현상이 나타났습니다. 자연스럽게 전통적 가정교육은 사라졌습니다. 할아버지, 할머니와 같이 사는 가정이 대폭 줄어들었습니다. 자녀들에 대한 아버지의 역할도 기대할 수가 없게 되었습니다. 조부모와는 떨어져 살고 아버지는 직장 일에 몰두하느라고 주말조차 아이들과 시간을 보낼 수 없는 상황이었습니다. 그렇게 되니 가족의 의미와 가치, 전통적 예의범절 등을 아이들에게 가르치기 어려웠습니다. 아버지로부터 세상 살아가는 일에 관해 교육받을 기회도 없었습니다.

어머니가 자녀들에 대한 교육자의 역할을 해야 했습니다. 아무래도 한 가정에서 어머니 혼자 집안 살림에 아이들 교육까지 모두 감당한다는 것은 매우 어려운 일이었습니다. 실제로 아이들은 방과 후 학원에 가거나 과외 수업을 받느라고 어머니한테 교육받을 시간도 매우 부족했을 것입니다. 어째 됐든 짧은 기간에 압축 성장을 하는 과정에서 직장이 최우선이었으니 아버지들은 어찌할 수가 없었습니다. 결혼 전에 데이트 상대를 사무실 근처 다방으로 나오라고 해놓고 퇴근이 안 되어 2~3시간씩 기다리게 했었다는 어떤 공무원, 신랑인데도 결혼식 날 이발을 못 하고 예식장에 들어갔었다는 어떤 종합상사 직원의 이야기가 그 당시 상황을 잘 말해주고 있습니다.

그러한 상황에 더해 우리의 교육관도 가정교육을 소홀히 만들 수밖에 없었습니다. 아이들로 하여금 자유롭게 놀고 생각할 여유는 주지 않고 공부, 공부 하면서 너무 몰아붙였습니다. 아이들은 학교 수업 후에도 영어 학원이나 수학 학원에 가고 음악 학원, 미술 학원, 태권도 도장, 주산 암산 학원 등으로 가야 했습니다. 물론 모든 아이들이 다 그렇지는 않았겠지만 일반적인 경향이 그랬고 현재도 크게 달라지지 않았다고 봅니다. 이런 상황에서 부모와 같이 식사하고 대화를 할 수 있는 시간이 있을 수 있었겠습니까?

유대인은 '가정은 가장 중요한 성소이자 배움의 장이다' 또 '아버지의 권위는 자녀들의 정신적 기둥'이라고 믿고 있다고 합니다.* 노벨상 수상자 다섯 명 중 한 명 이상을 배출하는 민족, 세계경제와 여론을 이끌어 나가면서 막후에서 엄청난 영향력을 행사하고 있는 민족이니만큼 앞으로 많은 관심을 갖고 배워야 하지 않겠는가 하고 생각합니다. 물론 그들이 다 잘하는 것은 아닐 것이므로 취사선택을 잘해서 바른 것만 배워야 할 것입니다.

아울러 사회생활 속에서 어른들이 젊은 학생들을 가르칠 수 없게 된 상황도 짚고 넘어가야 하겠습니다. 요즈음 자녀를 하나나 둘

---

* 홍익희 지음, 《유대인 창의성의 비밀》, 행성B잎새, 2013, 143쪽

만 갖다 보니 너무 귀하게 여겨 그런 것 같기도 하나 학부모들은 다른 사람이 자기 자식에게 훈계하거나 나무라는 것을 용납하지 않습니다. 예의 없고 삐뚤어지는 자식이 되는 것은 생각 않고 자기 아이 기죽인다고 하면서 오히려 훈계하는 어른을 나무라는 분위기가 되었습니다. 아이들도 다른 어른이 훈계하면 들을 생각은 안 하고 당신이 뭔데 참견하느냐는 식의 태도를 보입니다. 아이들에게 교복은 왜 입힙니까? 교복은 학생임을 분명히 알리고 어디서든 어른들한테 교육을 받을 사람들이라는 것을 나타내주는 징표이기도 합니다. 사회적 시스템에 의해서도 선량한 시민이 되기 위한 교육이 이루어져야 합니다.

이런 가운데 웃지 못할 일도 있습니다. 우리 사회에서는 대학생을 학생이라고 해서 지나치게 관대하게 보거나 어리다고 보는 경향이 있습니다. 대학생은 대부분 성인입니다. 자신의 의사와 판단에 따라 결정하고 행동하며 대한민국 국민으로서 의무와 책임을 지고 권리를 주장할 수 있는 존재입니다. 정당한 행위에 대해서는 법의 보호를 받지만 정당하지 못한 행위에 대해서는 법에 따라 응분의 책임을 져야 합니다.

우리 사회 엘리트 교육의 난맥상은 어떠한지 한번 살펴보기로 하지요. 통상 우리나라에서 엘리트라는 것은 학과 공부 열심히 해서 일류 고등학교와 일류 대학 나온 사람들을 지칭해 왔습니다. 그런데 이들 공부 잘하는 학생들 중 졸업 후 국가와 사회에 봉사하고 헌신하며 희생한 사람들은 별로 많지 않았습니다. 대부분 국가기관이나 좋은 직장에 취직하든가 국가 공인 자격을 취득해 개인적 안락과 영달을 누렸으며 상당수는 사회적 물의를 야기하고 비난의 대상이 되기도 했습니다. 국민의 의무를 이행하지도 않고 양지만 찾아다닌 사람들도 많았습니다.

사정이 이렇다 보니 엘리트가 국민들로부터 인정을 받지 못했습니다. 특히 고등학교의 경우 집안 배경이 좋은 아이들은 일류 고등학교에 들어가고 소위 명문 대학을 나와 대접받는 직장에 취직해 편안하게 잘 산다고 생각해서 일반 국민들의 질시와 비판의 대상이 되었습니다. 이러한 경향이 결과적으로 고교 하향 평준화를 초래하고 나아가 잘하는 사람, 능력 있는 사람의 발전까지도 가로막는 상황에 처하게 되었습니다.

정부는 나름대로 평준화의 폐해를 감안해 특수 분야의 인재를 양성하고자 특수 목적 고등학교를 설립토록 했으나 아직 안정화되지 못한 채 당초 설립 목적대로 운영이 되고 있는 것 같지 않습니다. 이 시점에서 우리가 취해야 할 엘리트 교육은 어떤 방향으로 초점을 맞추어야 할 것인가에 대해 정리할 필요가 있다고 생각합니다.

필자의 생각으로는 엘리트 교육은 반드시 필요하고, 엘리트 교육이 필요한 분야는 우리 국가와 사회의 존립과 유지 발전에 직접 책임이 있는 분야라고 생각됩니다. 정치, 경제, 외교, 안보, 군사, 과학기술 등 국가 경영의 핵심 분야에서 일할 우수한 인재들이 발굴되고 이들에게 수준 높은 교육을 받게 해서 졸업 후에는 이들이 우리나라와 사회의 구심점 역할을 할 수 있도록 해야 하겠습니다.

이들은 국민의 의무를 이행해야 하고 도덕적 흠이 있어서는 안 됩니다. 또 이들은 국가와 사회에 봉사하고 희생하는 것을 사명으로 교육받아야 하며 개인적 이익만을 추구하는 인간형이 되어서는 안 됩니다. 그렇게 해서 모든 국민의 인정과 신뢰를 받도록 해야 합니다.

어차피 한 나라나 사회는 지도층이 이끌어나가게 되어 있습니다. 따라서 어떻게 하면 지도자다운 지도자를 바르게 양성해서 그 역할을 잘할 수 있도록 하느냐가 문제입니다. 세계는 좁아지면서 국제 관계는 복잡해지고, 우리의 지정학적 위치는 항상 빈틈없는 경계를 요하며, 강대국의 역학 관계의 변화와 빠르게 발전하는 과학기술 등을 감안할 때 우리는 긴장을 늦출 수가 없습니다.

현재 우리의 현실은 어느 면에서 표류하고 있는 배를 타고 있는 것과 같습니다. 조선 말기 국가의 구심체 역할을 할 수 있는 지도 세력도 없이 내부의 분열과 조정의 무능 속에 제대로 대항 한 번 못해 보고 나라를 빼앗겼던 전철을 밟아서는 안 되겠습니다.

빗나간 한(恨)의 공동체, 공중도덕과 예의의 실종

공동체의식을 함양하기 위한 교육 상황이 어떠한지도 생각해 보지요. 우리는 늘 우리가 같은 민족임을 강조하면서도 역사 교과서 하나 제대로 만들지 못했습니다. 지금까지 도대체 무엇을 했는지 탄식하지 않을 수 없습니다. 부분적으로 견해가 다른 교과서가 나온다고 하더라도 그 뼈대와 큰 줄기는 같아야 한다고 생각합니다. 해방 이후 70년이라는 세월이 흘렀는데도 역사 교과서 하나 제대로 된 게 없으니 어떻게 민족 공동체나 국가 공동체에 관한 교육을 시킬 수가 있었겠습니까?

우리 민족은 남과 북으로 갈라져 두 세대가 넘게 살다 보니 같은 민족이라고 하기 어려울 정도로 이질화되어 있습니다. 남쪽은 민주주의가 성숙의 도를 넘어 중우정치가 횡행하고 방종한 사회로 흘러가고 있는 듯합니다. 북쪽은 세습 왕조가 되어 있고 하루 세끼 밥 먹고 살기도 어려운 빈곤한 나라가 되었습니다. 사고방식과 생활 방식의 차이가 심해서 앞으로 통일이 된다고 해도 상호 이해하고 조화해 나가는 데는 많은 노력과 인내가 필요할 것으로 예견됩니다. 반만년 역사를 말하면서 남쪽이나 북쪽이나 우리 한민족의 얼이나 혼이 무엇인지 자신 있게 이야기하는 사람도 없는 것 같습니다.

요즈음 통일 논의가 활발하게 일어나고 있습니다. 전문가들의 견해에 따르면 5년 또는 10년 이내에 통일이 될 것으로 예상합니다. 실제로는 그보다 훨씬 더 빠를지도 모르고 혹은 더 늦어질지도 모릅니다. 앞으로 어떤 식으로 통일이 될지 알 수 없으나 통일이 된다면 여러 가지 측면에서 큰 혼란이 일어나게 될 것입니다. 그 전에 우리 한국인의 징체성부터 확실히 하고 긍정과 희망의 역사관을 갖도록 해야 하겠습니다.

이러한 긍정과 희망의 역사관을 바탕으로 우리가 동일한 민족

동해물과 백두산이 늘 푸르고 높게

공동체의 구성원이라는 확고한 인식하에 이 공동체가 원활하게 돌아가도록 해야 합니다. 공동체가 원활하게 돌아가려면 공동체의 구성원들은 자기가 속한 공동체를 사랑하는 마음, 즉 공동체 정신이 있어야 합니다. 공동체 정신은 공동체가 나아갈 목표에 대한 확고한 인식하에, 법규와 공중도덕과 예의를 지키고, 공공의 재산과 시설을 아끼고, 어려운 처지에 있는 구성원을 도와주고, 환경을 아름답게 가꿀 줄 알고 우리 문화에 대해 자부심을 갖고 사랑하는 마음의 자세라고 할 수 있습니다. 그런데 우리는 이런 측면에서 과거부터 교육이 잘 안 되어 있습니다.

우선 우리 국가 공동체가 나아갈 목표는 무엇인지 이야기해 보기로 하지요. 그것은 민주공화국을 잘 지키고 발전시켜 나가는 것이라고 생각합니다. 우리 헌법에 대한민국은 민주공화국이고 그 민주공화국을 유지하고 발전시키기 위해 우리가 추구해야 할 가치가 규정되어 있습니다. 자유민주주의, 평화통일주의, 문화국가주의, 국제평화주의, 복지국가주의 및 사회적 시장경제주의 등이 그것입니다.

이렇게 **헌법에 우리 공동체가 나아갈 바를 정해 놓았으나 실제 정권을 담당하고 있는 사람이나 국회의원 또는 언론기관들이 이런 헌법의 기본 원리를 생각하고 맡은 일들을 하고 있는지 의심스럽습니다.** 현직 대통령으로 있던 사람이 헌법을 무시하는 발언도 했고, 반(反)헌법적 가치를 추구하는 정당이 생겨나고 국회의원까지도 나온 바 있습니다. 종교 지도자들조차 헌법이 추구하는 기본 가치를 무시하는 발언을 하고 있습니다. 원칙적으로 자유민주주의의 가치

를 추구하되 자유주의의 폐해를 시정하고 보완하기 위해 복지주의
도 하자는 것이 헌법의 뜻인데 한쪽은 마치 복지주의를 새로운 것
인 양 생색내려 하고 다른 한쪽은 좌파 정책이라고 몰아붙이고 있
는 형국입니다. 헌법에 대한 인식이 이런 정도인데 제헌절은 왜 주
요 국경일에서 제외했는지 알 수 없습니다.

또 우리 국가 공동체가 유지·발전되기 위해서는 올바른 역사 인
식이 있어야 합니다. 잘못된 부분에서는 반성함으로써 교훈을 얻
어야 하나 잘된 부분에서는 긍지를 갖고 우리 공동체의 목표를 추
구해 나아가야 합니다. 그런데 **우리나라 역사학자들은 국사 교과서
하나 제대로 만들어내지 못하고 있습니다. 열등의식과 부정적 사
고에 매몰되어 미래를 향해 나아가지 못하는 학자들이 많은 것처럼
보입니다.** 국사 교과서가 백인백색이 되어서는 안 됩니다. 근세에
불행히도 일제의 식민지 노릇을 했으나 해방 후 정치적·경제적으
로 우리만큼 성과를 거둔 나라도 없습니다. 이미 이루어 놓은 성과
조차 무너뜨리려고 해서는 안 됩니다. 민주공화국이라는 나무가 잘
커 나가도록 물도 주고 비료도 주는 역할을 해주어야 합니다.

기왕에 나온 이야기이니 늘 의문을 가졌던 문제 하나를 제기해
보고자 합니다. 우리는 '한국 사람은 한(恨)이 많다'라든가 '우리 민
족은 한(恨)의 민족이다'라는 말을 많이 합니다. 서양 언어에는 우리
의 한(恨)에 딱 들어맞는 말이 없다고 합니다. 어찌됐든, 우리 국어
사전의 정의에 의하면 한(恨)이란 '지난 일이 원망스럽거나 원통하
거나 억울하게 생각되어 응어리가 진 마음'입니다. 이에 비추어 보

동해물과 백두산이 늘 푸르고 높게

면 한 많은 우리나라 사람들은 옛날부터 원통하고 억울한 경우를 많이 당하고 살아온 사람들이라는 이야기가 됩니다.

그러면 한국 사람들에게 왜 원통하고 억울한 마음이 생겼을까요? 중국, 일본과 같은 주위 나라로부터 끊임없는 침략과 만행을 겪었던 것도 하나의 원인이겠으나, 기본적으로는 우리 사회가 공정하지 못했기 때문이었다고 생각합니다. 사회질서가 공평하고 엄정한 기준하에서 지켜지지 않았으니 원통하고 억울한 사람들이 많이 나올 수밖에 없었을 것입니다. 지배계급이 공정하게 다스리지 않았으니 다수의 피지배계급이 억울하고 원통한 게 많았겠지요.

사람은 자기가 불이익이나 피해 또는 징벌을 당해도 그렇게 된 데에 자신의 책임이 크다고 생각하면 그렇게 억울해하지 않습니다. 자신이 책임질 일도 아니고 잘못한 일도 아닌데 책임져야 하고 불이익을 당하고 벌을 받는다면 원통해하고 억울해합니다. 잘못한 것에 비해 과도하게 응징을 당해도 또 억울해합니다.

과거 우리나라에는 법이 발달하지 못했습니다. 법이 발달하지 못했었다는 것은 인간관계와 사회관계를 규율하는 기준이 정치하지 못했다는 것과 같은 이야기라고 생각합니다. 그런 상황에서 많은 사람들이 생명과 신체에 대한 박해를 받고, 재산상의 피해를 입고, 비합리적인 기준에 따라 차별을 받았기 때문에 그 원통함이 자손 대대로 이어져 내려오면서 한(恨)의 민족이 된 게 아닌가 추론해 봅니다. 한(恨)이라는 것은 바람직하지 않은 부정적 감정이고 우리 대한민국 공동체의 조화와 단결에도 유익하지 않습니다.

해방 이후 대한민국이 수립되고 우리나라는 외형적으로 법치국가가 되었는데 실제로는 법치국가라고 하기가 어렵습니다. 아직도 우리 사회에는 법규를 안 지키고 공동체를 혼란스럽게 만드는 사람들이 많습니다. 정치에서도 한풀이식 정치 행태가 나오고 있으며 이익집단 간의 협의에서도 법의 테두리 내에서 양자가 윈-윈(win-win)하는 합리성보다는 감정을 앞세워 극한 대립이나 하는 경우가 대부분입니다. 하루빨리 법을 지키는 사회가 되어야 하겠습니다. 원만한 공동체와 함께 번영의 길로 나아가려면 반드시 이루어내야 할 대전제입니다.

아울러 공중도덕과 예의를 지키는 문제도 선진국 수준으로 조속히 끌어올려야 할 텐데 걱정입니다. 과거 농경사회 및 신분사회의 잔재를 버리기가 매우 어렵기는 하나 특단의 노력을 해서 세련된 사회를 만들어 나아가야 하겠습니다.

공중도덕과 예의는 따지고 보면 그렇게 지키기 어려운 것이 아닙니다. 남한테서 내가 받고 싶은 대우만큼 남에게 해주고, 남한테서 받기 싫은 대우는 남에게 하지 않는 것이라고 할 수 있을 것 같습니다. 또 다른 사람이 보거나 안 보거나 남들한테 피해가 가는 일은 하지 않는 것이라고도 할 수 있습니다. 예를 들면 교통신호 잘 지키고, 자동차의 방향지시기도 잘 켜주고, 주차 시 주차 공간 옆 라인 밟지 않고, 건널목에서는 무조건 차가 먼저 정지하고, 두 차선이 하나로 모이는 데서는 교대로 한 차씩 나가고, 신호기 없는 교차로에서는 일단 정지 후 먼저 온 차가 먼저 출발하고, 줄 서서 기다

동해물과 백두산이 늘 푸르고 높게

릴 줄 알고, 승강기나 지하철에서 승객이 내리고 난 다음에 타고, 여러 사람과 같이 있는 공간에서 큰소리로 전화 통화하지 않고, 우측 보행 잘 지켜서 서로 부딪히지 않게 하고, 좁은 길 막고 서서 이야기하지 않고, 여러 사람이 앉아야 할 벤치에 다리 벌리고 앉지 않고, 술 먹고 떠들지 않고, 과음하고 길거리에 음식물 토하지 않고, 여러 사람 다니는 길거리에서 담배를 피워 담배 연기, 담뱃재 날리지 않고, 담배꽁초와 휴지 조각 길거리에 버리지 않고, 여닫이문 열고 나가면서 뒤에 오는 사람 다치지 않게 배려하고, 몸으로 밀지 말고 '실례하겠습니다'라든가 '미안합니다'라는 말로 양해를 구할 줄 알고, 조그만 친절에도 '감사합니다'라고 말할 줄 알고, 길 묻는 사람 잘 가르쳐 주고, 난잡한 옷 입고 다니지 않는 것 등을 말합니다.

무엇이 공평하며 어떻게 하는 것이 서로를 기분 좋게 하는지, 그리고 남에게 폐 끼치지 않겠다는 생각을 하면 공중도덕과 예의를 지키는 데 어려움이 별로 없으리라고 생각합니다. 돈 드는 일 아니고 조금만 신경 쓰면 웃어가며 엔도르핀이 나오게 살 수 있는데 이런 것을 아직 잘 못합니다.

또한 우리에게는 공공의 재산과 시설은 공동체 구성원의 공동 소유라는 인식이 있어야 하겠습니다. 다시 말해 공공의 재산과 시설은 우리 구성원 각자의 재산이나 마찬가지입니다. 왜냐하면 우리 돈(세금)으로 짓고 만들기도 하고 유지, 보수, 관리하기도 하는 재산이기 때문에 그렇습니다. 보존하고 관리하는 데 소홀함이 없어야 하겠습니다. 소득이 늘고 물자가 풍부해짐에 따라 다소 좋아졌습니다만 아직도 자기 개인 재산이 아니라고 생각해서 함부로 하는 경우가 많습니다. 오히려 정치하는 사람들이 공공재산, 기물을 파괴하는 행태를 보여주니 딱한 일이 아닐 수 없습니다. 소위 사회 지도층에 있는 사람들이 이럴진대 일반 공동체 구성원들이야 더 말할 나위가 없겠지요. 공동체 구성원으로서 공동체의 살림이 어떻게 영위되는 것인지, 무슨 의무와 부담을 지고 무슨 권리를 갖는지 이런 것들에 대한 공부가 매우 부족하다고 생각됩니다.

공동체 구성원끼리 돕고 살아야 할 현실적 이유는 자명한데 우리 사회의 인식이 크게 미흡한 것도 문제입니다. 수많은 사람이 같은 공동체에서 살다 보면 빈곤 문제, 건강 문제 등 여러 가지로 어려운 사람이 있게 마련입니다. 이런 사람들에 대해서는 공동체 구성원 각자 자신을 위해서라도 가능한 범위 내에서 도와주어야 할 것입니다. 어려운 사람, 문제 있는 사람이 자기 주위에 방치되어 있으면 자기 자신의 생활환경이 어둡고 우울해집니다. 도가 심해지면 사회 전체가 불안해질 것입니다. 사회가 불안해진다는 이야기는 모든 사람이 경계심과 긴장감 속에서 하루하루를 살게 된다는 말입니다.

우리 공동체 구성원 각자는 자기 자신의 삶의 평안을 위해서라도 사회적 약자에 대해 배려해야 합니다. 물론 도움을 받는 사람들도 가능한 한 빨리 남의 도움을 받는 상황을 벗어나기 위한 노력을 해야 할 것입니다. 다만 신체적 결함의 정도가 심해서 자활 능력이 없는 사람은 어쩔 수 없는 일이겠지요.

우리나라의 경제 형편이 1950~60년대에 비해서는 비약적으로 좋아졌으나 아직 우리 사회에는 어려운 사람이 많이 있습니다. 그리고 사회 변화가 빠른 데서 새로운 문제가 발생하고 있습니다. 예를 들면 노인 문제가 그런 것의 하나입니다. 저출산 문제와 더불어 엄청난 사회적 부담이 되리라고 생각합니다.

그리고 우리의 국가 공동체가 지속적으로 발전하기 위해서는 유능한 인재에 대한 전폭적인 지원이 있어야 합니다. 재능과 소질이 탁월한 젊은 인재들이 돈 없어서 공부 못 한다는 소리가 안 나오도록 공동체가 책임지는 방법도 마련되어야 하겠습니다.

우리 공동체 구성원은 우리가 살고 있는 생활환경을 청결하고 아름답게 유지해야 합니다. 스위스나 독일 등지를 여행하다 보면 어찌 그렇게도 깨끗하고 아름답게 주위 환경을 가꾸고 사는지 감탄하게 됩니다. 다 같은 사람인데 우리라고 못할 이유는 없다고 생각합니다만 현실을 보면 아직은 가슴이 답답합니다. 주어진 자연환경의 아름다움은 우리나라의 산천경개도 다른 어느 나라에 못지않습니다. 다만 사는 사람들, 즉 우리 공동체 구성원들이 아직 그 아름다움을 가꾸고 향유할 줄을 모른다고 생각됩니다.

교통 통신의 발달로 우리 국토는 한동네처럼 좁아졌습니다. 어느 도시나 군, 어느 산이나 강, 어느 해변을 가든 모두 우리 동네의 일부분이라고 생각될 정도로 가까워졌습니다. 사람들은 자기 집 안을 쓸고 닦고 깨끗이 할 것입니다. 그러나 아직 자기 동네를 깨끗이 하고 아름답게 가꿀 줄을 모릅니다. 길에다 담배꽁초를 마구 버립니다. 차를 타고 가면서 담배 피우는 사람들은 자기 차 안에 재떨이가 있음에도 불구하고 길에다 담배꽁초를 버립니다. 길에 담배꽁초를 버리는 행태가 일반 쓰레기 버리는 행태를 유도하는 듯합니다.

서울올림픽 이후 한동안 좋아지는 것 같더니 다시 쓰레기 버리는 습관이 생겼습니다. 길거리에서 1회용 용기에 커피, 주스 등 음료수를 담아가지고 먹고 다니는 행태가 생기더니 고속도로변이나 대로변, 골목길, 지하철역, 공원, 등산로, 강이나 개천가 등 사람들의 왕래가 많은 곳에는 여기저기 1회용 컵, 페트병, 주스 용기, 비닐봉지, 종이봉투, 휴지 조각 등이 널브러져 있습니다. 큰길가 화단이 쓰레기통이 되었습니다. 예쁜 꽃을 심어 아름답게 만들자고 화단을 만들어 놓고 거기에다 담배꽁초와 쓰레기를 버리니 무슨 짓들을 하고 있는지 모르겠습니다.

이렇게 쓰레기가 쌓이면 정부가 치우지 않을 수 없고 치우려면 돈이 들게 되어 있습니다. 그 돈은 어디서 나옵니까? 바로 쓰레기와 담배꽁초를 버리는 우리들에게서 거두어들인 세금으로 치우는 것입니다. 어린 학생들이 버린 쓰레기는 학부모에게서 받은 세금으로 치우는 셈이 되지요. 조금만 조심하면 깨끗한 분위기에서 낭비를 줄이고 기분 좋게 살 수 있는데 그걸 못합니다. 참으로 어리석은 짓들을 하고 있습니다.

동해물과 백두산이 늘 푸르고 높게

공동체의식 허무는 지역 이기주의

지역 이기주의에 관해서도 논의해 보기로 하겠습니다. 지역 이기주의야말로 우리 공동체 구성원이 하루빨리 그 폐해를 깨닫고 털어내야 할 잘못된 생각입니다. 앞에서 언급한 바와 같이 전국이 한마을처럼 되었는데 아직도 자신의 출신지를 기준으로 지역을 많이 따집니다. 대통령이 자신의 고향에서 나오면 공공 기관 하나라도 고향으로 더 끌어오려고 하고 대통령 자신도 많은 부담을 느끼고 그렇게 합니다. 국가 전체의 효율성보다는 자기 출신지의 이익을 우선 챙깁니다. 결과적으로 그 대통령이 온 국민의 대통령으로 존경을 받을 수 있겠습니까? 또 자기 출신 지역에서 대통령이 나와야 덕을 본다고 생각해서 국가 지도자로서의 자질이나 역량보다는 그 지역 출신 후보가 대통령이 되도록 밀어줍니다. 결국 인구 많은 지역의 후보가 당선에 유리하니 계속 그 지역에서 대통령이 나오고 그 지역만 혜택을 보게 됩니다.

정부나 기업의 인사조차도 같은 지역 출신끼리 거의 싹쓸이하다시피 합니다. 서로 형님 동생이라고 부르고 우리가 남이냐고 하면서 끼리끼리 패거리 지어 다니니 다른 지역 출신들은 기분이 좋을 수가 없습니다. 이러하니 대통령으로 하여금 국민 통합을 이루고 나라를 안정적으로 이끌어가게 할 수 있겠습니까? **정상적인 국민이라면 자신의 지역 출신 대통령이 나라 전체를 보고 공정하고 합리적으로 국사를 처리해서 모든 국민의 존경을 받도록 하고 그것**

에서 자부심을 느낄 것입니다. 그러나 현실은 그렇지 않습니다. 국민의 수준이 그 정도에 이르지 못했습니다.

그동안 밥술이라도 떠먹고 살게 됐고 지역 발전도 제법 이룬 편입니다. 이제는 남 생각도 할 줄 아는 아량을 갖고 나라 전체를 보는 안목도 가져야 할 때가 되었다고 생각합니다. 과거에 염치없이 도(道)의 이익이나 따지고 끼리끼리 의식에 집착했던 걸 부끄러워할 줄도 알아야 하겠습니다.

이제 우리는 태어난 고향이나 출신 지역에 지나친 의미를 부여해서는 안 됩니다. 우리는 대한민국 공동체의 구성원 즉 대한민국 국민이라는 생각을 가져야 합니다. 그래야 대한민국이 단결하고 힘을 모아 앞으로 닥쳐올 국가적 난제들을 극복해 나갈 수 있을 것입니다.

국가 공동체가 왜 중요한지에 관해서는 유치원, 초등학교 시절부터 단계별로 학교와 가정에서 교육이 이루어져야 했는데 그렇지 못했습니다. 스위스, 독일 등 유럽의 선진 국가나 일본에 비해서 우리의 수준은 너무 뒤떨어져 있습니다. 하루빨리 이들 나라 수준으로 올라서야 하겠습니다.

4.

저출산 함정, 인구 절벽의 위기

정말 큰일 났습니다. 여성 1인당 1.2명도 안 되는 출산율이 우리의 현실이 되었습니다. 지금 여러 연구 기관에서 발표하는 자료를 보면 대충 2020년을 전후해서 우리나라의 절대 인구수가 감소하는 것으로 나타나고 있습니다. 아주 쉽게 말해서 집안 망하고 동네도, 사회도 나아가 나라도 망하는 형국입니다. 학교의 학생도 줄고, 시장에서 물건을 사는 사람, 파는 사람도 줄고, 군인도 줄고, 길거리에 활기 있게 걸어 다니는 사람도 줄고, 저녁때에는 불 꺼진 집이 많이 보이고, 거리에는 쓰레기와 휴지 조각이 나뒹굴어 다니는 유령의 도시나 도깨비 마을에 다가가고 있는 느낌이 듭니다.

'한국인 멸종'까지 우려되는 지경

왜 이렇게 되었을까요? 우리나라는 1960년대부터 경제개발계획을 수립하고 추진하면서 아들딸 가리지 말고 두 자녀만 낳자는 산아제한운동을 벌였습니다. 전 세계적으로 가장 인구밀도가 높은 나라군에 속했을 뿐만 아니라 우선 먹여 살려야 할 인구수가 너무 많으니 가족당 식구 수라도 줄여보자는 의도였습니다. 당시 한 집에 자녀 수가 6~7명은 보통이었으니까 식구 수가 많았던 것도 사실이었습니다. 정책 당국에서는 우리나라와 같은 전통적인 농업국가에 유교의 영향을 오래 받아온 나라에서 식구 수 줄이자는 운동이 그렇게 빨리 먹혀들어 갈 줄은 몰랐을 것입니다.

그러나 경제개발계획의 추진과 더불어 빠른 속도로 공업화가 이루어지면서 남성 노동 중심의 농업 분야는 상대적으로 뒤쳐졌습니다. 봉제, 가발 제조업부터 시작해서 여성 노동력의 사회 진출이 증가하고 남성들의 위상은 상대적으로 낮아졌습니다. 게다가 지긋지긋한 가난을 벗어나고자 하는 사람들의 강렬한 욕망에도 부합했습니다. 서구의 개인주의 사상이 들어옴에 따라 가계나 혈통은 계승되어야 한다는 생각이 약화되고 아들딸 구별 없이 둘만 낳아 잘 기르자는 구호가 국민들에게 먹혀들어 갔던 것입니다.

하지만 **우리는 자녀들을 너무 안이하게 키우지 않았나 하는 생각이 듭니다.** 너 나 할 것 없이 아이를 둘만 낳아 잘 기르고 가난을 대물림시키지 않겠다고 정성을 쏟아부었습니다. 그래서 거의 모든

동해물과 백두산이 늘 푸르고 높게

아이들이 중·고등학교에 들어가고 고교 졸업자의 80% 이상이 대학에 들어가는 상황이 되었습니다. 아이들은 부모의 전폭적인 사랑과 지원을 받으며 소위 왕자와 공주로 컸습니다. 너무 귀하게 자라났기 때문에 외적인 어려움이나 충격에 내성이 모자라게 되었습니다. 자립과 자활 능력이 떨어지게 되었다는 말이지요. 고학력자들이 많으니 자연히 청년실업 문제가 심각해졌습니다. 어느 사회가 그 많은 대학 졸업자들에게 그들의 눈높이에 맞추어 일자리를 제공할 수 있겠습니까?

지금 중소기업은 사람이 부족해서 외국 근로자를 불러다 쓰고 있는데 정작 국내 인력은 외면하고 있습니다. 사회적 낭비가 이만저만이 아닙니다. 직업이 없다 보니 많은 젊은 남성들이 결혼을 못합니다. 취직하고 결혼한 사람들은 교육비 탓을 하며 아이를 안 낳습니다. 여자들의 경우 대학 교육 받고 병역의무 등이 면제되는 상황에서 상대적으로 더 젊은 나이에 우수한 성적으로 선망하는 직종에 취업하고 있다고 합니다. 그런 여성들은 자기보다 나은 사람으로 생각되는 남성을 남편감으로 고르기 때문에 결혼이 쉽지 않습니다. 사실상 그런 여성들은 그만큼 자기가 능력이 있으니 남성 한 사람과 아이들을 낳아 먹여 살릴 생각도 해야 합니다.

또 젊은 부인들은 자아성취라든가 좀 더 편한 생활을 위해 3자녀 이상 갖기를 원치 않는 것 같습니다. 자아성취라는 게 뭡니까? 짐작컨대 사회 활동에 참여해 경제적 부와 명예도 얻고, 문학이나 스포츠 또는 예술 분야에서 재능을 발휘해 많은 사람들로부터 갈채를 받고 명성을 얻는다든가, 공직이나 교직에 나아가 공무를 담당하거나 학생을 가르치는 데서 보람을 느끼고 사회적 존경을 받고자 하는 것들이라고 생각합니다. 이런 활동들은 모두 사회가 최소한 유지·존속된다는 전제하에 가능한 일들입니다. 다시 말해 적정인구가 유지되어야 한다는 말입니다. 자기가 생산하는 제품이나 용역을 구매하고 사용해 줄 사람도 줄고, 작품이나 표현된 재능을 보고 읽고 듣고 즐겨줄 사람도 줄고, 공적 활동이나 서비스를 제공할 대상도 줄고, 가르칠 학생도 줄면서 계속 구조조정의 칼날이 번득이면 이 나라와 이 사회의 분위기가 어떻게 될까요?

젊은 사람들이 생겨나지 않으니 상대적으로 노인의 숫자가 많아져 노인복지, 노인 건강 문제 등에 들어갈 비용만 늘어납니다. 여기에다 희망의 상징인 어린아이들의 해맑은 웃음소리도 들리지 않으면 사회 전체적인 분위기는 음울해지면서 젊은층까지 사기가 떨어지고 의욕을 잃게 될 것입니다. 과도하게 자아실현의 길을 찾다가 다 같이 멸망하는 꼴이 되는 거지요. 우리 젊은이들이 적령기에 결혼하고 3명 정도의 자녀를 가져야 하는 이유가 거기에 있습니다.

어린이들의 입장에서도 한번 생각해 보기로 하겠습니다. 아이들이 의사 표시를 할 수 없으니 망정이지 말을 할 수 있다면 뭐라고 할까요? 아마도 "나에게도 형제자매가 필요합니다. 아빠 엄마, 세 명은 낳아주세요"라고 말할 것 같습니다. 그들이 살아갈 미래를 생각해 보면 당연한 이야기입니다. 형제가 몇이 되면 외롭지 않게 크고 배우는 것도 많습니다. 서로 돕고 의지도 됩니다. 사회 전체적으

동해물과 백두산이 늘 푸르고 높게

로 기본 인구가 유지되어야 제대로 사회가 기능하고 구성원들도 더불어 살아갈 수 있습니다. 지금의 젊은이들이 어설픈 이기주의에 빠져 무엇이 자신을 위해 진정한 이익이 되는 것인지도 모르고 돈타령이나 하고 섣부른 자아실현 이야기나 하는 것 같습니다.

아이를 가지면 희망과 용기를 갖게 되고 그에 따라 열심히 일해서 돈도 벌게 되고 아이를 키우는 데서 자아실현도 하고 인생도 배우고 사람 사는 재미도 느끼게 되어 있습니다. 지금처럼 아이 하나 정도 낳는 수준에서는 아이 세대에게 무거운 짐만 지우고 불행하게 만들며 나중에 자식 세대로부터 원망만 들을 것입니다.

요즈음 결혼식장에 가면 주례가 신랑 신부에게 아이를 많이 낳으라고 간곡하게 부탁합니다. 얼마나 긴박한 상황이면 이런 이야기를 하겠습니까? 그러나 하객으로 온 젊은이들은 웃습니다. 요즈음 세상의 실상을 몰라서 하는 이야기라는 반응이지요. **당장 편한 것, 목전의 이익만 생각하는 것이 앞으로 얼마나 큰 고통과 불이익을 예약하는 것인지를 알지 못하는 것 같습니다.**

현재의 노년 세대들이 직장 일만 최우선으로 생각하면서 가정을 잘 돌보지 못하고 자녀 교육에도 소홀했던 것이 큰 원인 중의 하나라고 생각합니다만, 요즈음 젊은이들은 진실로 인간의 행복이 어디에 있는지를 모르는 것 같기도 합니다. 사회와 국가의 기초 구성 단위인 가족의 가치, 자기가 속해 있는 공동체의 소중함은 모르고 소위 사회적인 출세나 개인적 욕구 실현만을 가장 바람직한 것으로 생각하는 것 같습니다. 영어, 수학 잘해서 일류 대학에 가는 것만을 목표로 교육을 받았으니 인생과 가족과 사회에 대한 기초 공부가 많이 부족한 것으로 보입니다.

어쨌든, **이대로 가다가는 우리나라는 머지않아 송두리째 무너지고 말 것 같은 위기감이 듭니다. 빙산에 충돌하기 직전의 타이타닉 호에 타고 있는 느낌입니다.** 자기가 몸담고 있는 우리 사회와 국가가 무너지고 난 뒤 일류 대학이나 그간의 출세가 무슨 의미가 있을지 머릿속이 아찔해집니다.

일본에서는 저출산 문제가 이미 현실로 드러나 매우 심각한 것으로 전해지고 있습니다. 그동안 일본 경제가 1990년대 이후 장기 침체되었던 기간을 '잃어버린 20년'이라고 합니다. 그 잃어버린 20년의 가장 큰 원인이 저출산과 1등의 교만함이라고 합니다.

저출산과 관련해서는 일본 정부가 정책적으로 할 것은 다 했다고 합니다. 그러나 아무 효과가 없다고 하지요. 이런 결과가 의미하는 것은 저출산 문제는 돈만으로 해결되는 게 아니라는 겁니다. 정신의 문제이고 교육의 문제입니다. 일본 정부는 하다 하다 안 되니 1년에 20만 명씩 이민을 받겠다는 정책까지 꺼내 들었습니다. 이민만 받으면 다 잘 해결될 것 같지만 부작용이 만만찮을 것입니다. 얼마 전 프랑스 파리와 영국 런던에서 이슬람계 이민자들이 폭동을 일으켜 사회 혼란을 일으켰던 것을 보면 쉽게 이해될 것입니다. 오래전부터 다른 민족과 섞여 사는 데에 익숙해 있는 영국과 프랑스가 그러한데, 문 닫고 살던 일본이 대량 이민을 받겠다면 과연 성공할 수 있을지도 의문입니다. 어찌 됐든 급박해진 일본의 아베 수상

동해물과 백두산이 늘 푸르고 높게

은 인구 1억 명 유지를 위해 최근에 '1억 총활약 담당상'이라는 장관 자리까지 새로 만들어 정책적 노력을 기울이고 있습니다.

이제 우리는 더 늦기 전에 정신을 차려야 하겠습니다. 다행히 정부도 문제의 심각성을 인지하고 있을 뿐만 아니라 국내외의 학자와 전문가들도 우리나라 인구문제에 대해 따끔하게 충고하고 있습니다. 심지어 미국의 재무부 장관이 한국 경제의 가장 큰 문제는 저출산 문제라고 말하고 있습니다. 언론에서도 저출산 문제를 계속 중요하게 다루어 보도하고 있습니다. 사실 우리나라 인구문제의 심각성을 이해한다는 것은 그리 어려운 일도 아닙니다. 만일 지금 상태대로 두 사람이 한 사람으로 줄어들어 역삼각형의 인구구조를 가질 때 우리의 미래가 어떻게 될까요? 저출산 문제의 심각성을 인식하고 있는 것 같기는 하나 아직 분위기의 대반전은 일어나지 않고 있습니다.

이미 앞에서 거론한 폐해는 제외하고 몇 가지 더 추가하겠습니다. 한 나라가 유지되려면 군인과 경찰이 있어야 하는데 젊은 사람들이 부족하면 누가 군인과 경찰이 되어 이 나라를 지키겠습니까? '독도는 우리 땅'이라고 아무리 외쳐도 지킬 군경이 없으면 못 지킵니다. 아무리 우수한 민족이고 훌륭한 문화를 가졌다고 하더라도 인구가 자꾸 줄어들어 소수민족이 되면 인디언 보호구역에 사는 아메리카 인디언처럼 되지 않는다고 누가 장담할 수 있겠습니까?

우리 시골에는 탈(脫)농촌 현상이 오래전부터 시작되어 지금은 공가와 폐가가 많습니다. 시골에 남아있는 사람들은 노인들뿐이어서 어린아이들의 울음소리나 재잘거리는 소리는 이미 끊어진 지 오래입니다. 머지않아 대도시까지 그런 현상이 나타난다고 상상을 해보면 머리카락이 쭈뼛쭈뼛해집니다. 급격한 인구 감소가 사회 전체의 불안과 무기력으로 번져나가면 자멸하는 것밖에 무슨 방도가 있겠습니까?

우리는 해방과 더불어 숱한 고생을 하며 불철주야 노력해서 선진국 대열에 합류했습니다. 아직도 갈 길이 멀긴 하나 제2차 세계대전 후 우리나라만큼 발전한 나라가 드뭅니다. 많은 나라가 부러워하는 대상이 되었지만 여기서 주저앉을 수는 없습니다. 우리는 정치·경제적으로 더 발전하고 문화적으로 세련된 나라가 되어야 합니다. 아울러 오늘이 있게 기반을 닦아주신 우리 조상들에 대한 책임과 의무도 다해야 합니다. 즉 건강하고 똑똑한 자손들을 낳아 잘 키우는 게 조상들에 대한 책임과 의무를 이행하는 것입니다. 그리고 지금까지 달려온 기세를 이용해 최선진국으로 도약해야 하겠습니다.

또 우리 젊은이들은 편하고 귀하게 자란 사람들이라 그런지 겁이 많습니다. 너무 소심하고 용기와 인내심이 부족한 것으로도 보입니다. 앞으로 좀 더 용기를 갖고 대담해져야 합니다. 지금보다 훨씬 어려운 상황에서도 모두 꿋꿋이 살아온 우리 민족인데 못할 일이 없습니다. 자기 자신들의 이익을 위해서도 용기를 가져야 합니다. 젊어서 고생은 사서도 한다는데 건강과 힘이 넘치는 젊은 사람들이 크게 걱정할 필요는 없다고 생각합니다. 또 젊을 때 고생 안

동해물과 백두산이 늘 푸르고 높게

하면 언제 해보겠습니까?

어려움과 고생을 극복하고 이룩한 성취의 보람은 훨씬 큽니다. 오랫동안 살아본 사람들의 일반적인 견해입니다. 낙관적이고 희망적인 생각을 갖고 30세 이전에 결혼해서 똑똑하고 건강한 2세를 3명 정도 낳아야 일생을 잘 살게 된다고 생각합니다. 아이들이 희망이고 미래여서 삶에 의욕과 용기를 주기 때문입니다. 그리고 생활에 웃음과 행복을 가져다주기 때문이기도 합니다.

유대인들은 산아제한을 하지 않으며 한 가정에 자녀가 5~6명 되는 경우가 많습니다. 자녀는 하느님이 내리신 축복이라고 생각한다고 하지요. 결혼도 그들 공동체의 학자나 원로들이 중매하는 식으로 하고 이혼율도 매우 낮습니다. 아이들이 많으면 어려서 서로 싸우기도 하고 떼도 쓰고 부모를 귀찮게 하는 면도 있지만, 그러면서 타협하고 조화해 나가는 법, 다시 말해 세상을 살아가는 법을 배우게 됩니다. 또 성인이 된 후에는 집안일과 관련해서 형제간에 서로 짐을 나누어 질 수도 있고 힘을 합칠 수도 있어 좋은 점이 많습니다. 나이 먹으면서 서로 외로움을 달래고 의지할 수 있는 사람도 결국 자신의 피붙이, 살붙이입니다.

'풍요의 저주' 시작되었나?

사람은 누구나 늙어서 때가 되면 세상을 떠나게 됩니다. 마지막으로 자기가 처리할 수 없는 자기 몸은 자식들이 맡아서 장례라도 치러주어야 합니다. 죽어서 남한테 폐를 끼쳐서야 되겠습니까? 그래도 우리 아버지, 어머니께서 우리를 잘 길러주시느라고 애쓰셨고, 정직하고 부지런하게 사는 법을 가르쳐주셨으며 오늘날 그 덕분에 이렇게 잘 지내고 있다고 생각하면서 하늘나라에 가서서 편안히 사시라는 자식들의 기원을 들으며 생을 마감해야 인간으로서 존엄도 있고 결과적으로 사회에 기여하는 게 되리라고 생각합니다.

과거에는 첫 아들 낳으면 맏상제라고 하면서 자랑스럽게 다른 사람들에게 소개했습니다. 그런데 지금은 맏상제라는 말도 없어졌을 뿐만 아니라 세상을 떠날 때의 문제들에 대해서도 별로 관심을 두는 것 같지 않습니다. 아들딸 구별 없이 다 잘하기 때문인지 아니면 결혼 못 한 30, 40대 자식들이 있어서 그들에 대한 걱정이 앞서기 때문에 그런지 알 수 없습니다.

요즈음 사람들은 모든 것을 돈에 결부시키는 경향이 있습니다. 그리고 당장 보이는 것, 산술적으로 계산되는 것에 필요 이상의 의미를 부여합니다. 물론 돈이 중요하지 않은 것은 아니나 그 가치에 있어서 사람보다 앞서서는 안 됩니다. 이런 이야기를 하면, 고생 모르고 산 사람들은 뭘 모른다고 하면서 일소에 부칠 수도 있습니다. 그러나 따지고 보면 우리나라에서 고생 모르고 풍족하게 살아온 사람은 많지 않습니다. 1945년 남이 시켜준 해방을 맞아 이념 투쟁을 하다가 간신히 정부라도 수립해서 나라다운 나라를 만들려고 하던 차에 6·25전쟁이 터져 잿더미가 되고 그 잿더미 속에서 일어났으니 고생 안 한 사람이 몇이나 되겠습니까? 또 고생 안 한 부잣집 자식이라고 해서 다 잘되느냐 하면 그렇지 않은 경우도 많습니다. 70년 넘게 살면서 부잣집 자식이나 권력자의 자식들 중 잘되지 못한 사람도 많이 보았습니다.

그래도 잘된 사람들은 부모가 바르게 살고 교육을 잘 시킨 경우라고 생각합니다. 그런 면에서 보면 우리나라 몇몇 재벌의 창업 세대들은 나름대로 어려운 여건 속에서 훌륭하게 사신 분들이라고 할 수 있을 것 같습니다. 아무것도 없는 상황에서 사업을 일으켜 대기업으로 키우고 2세 교육도 잘 시켜 그 2세들이 세계적 기업으로 성장시켜 놓았으니 사업은 물론 자식 교육까지 성공적으로 해낸 분들이라고 평가할 수 있지 않을까요? 오히려 문제는 지금의 20, 30대가 전반적으로, 또 비교적 고생을 모르고 성장한 세대이기 때문에 정신적으로 나약해진 것은 아닌지 우려됩니다.

모든 젊은이들이 그런 것은 아니겠지만 상당수가 단순한 산술적 계산에만 집착해 미래를 어둡게 보고 낙담해 사회적으로 논란이 되고 있지요. 이런 문제를 한번 생각해 보기로 하지요. 예를 들면, 집값이 몇 억 원인데 쥐꼬리만 한 월급 타서 먹고살고, 언제 저축해서 집 사겠느냐며 신세 한탄에 세상을 원망하는 경우가 바로 그것입니다. 그러나 세상은 항상 변합니다. 아무리 정치한 경제예측 기법을 동원해서 앞날을 점쳐 봐도 잘 맞지 않습니다. 집만 사면 다 돈 버는 줄 알았는데 부동산 가격이 하락하고 침체 상황을 맞기도 했습니다.

현 정부 들어서 경기를 부양한다고 부동산에 관한 규제도 풀고 거래를 활성화시키는 정책을 취하기도 했습니다만 과거 주택 수요가 상대적으로 매우 컸던 때와 같은 상황으로 되돌아가지는 않을 것입니다. 기본적으로 전체적인 인구 증가가 기대되지도 않고 주택에 대한 개념도 소유에서 거소 개념으로 이동하는 경향이 나타나고 있습니다. 이런 세상의 흐름만 놓고 보더라도 자기 나름의 산술적 계산에 의해서 세상일을 판단하면서 비관하고 원망하는 게 매우 어리석다는 것을 알 수 있습니다.

그리고 사람들 각자의 눈으로 보면 이 세상에 완벽한 사회란 존재할 수가 없습니다. 특히 젊은이들의 눈으로는 완벽한 세상이 없습니다. 꿈과 희망이 다르고 재능이 다르고 여건이 다르고 생각이 다르니 무엇이 완벽한 사회인지 정의하기도 어렵습니다. 이미 이야기한 바와 같이 세상일이 산술적으로 돌아가지도 않습니다. 정직하게 열심히 노력하다 보면 예상치 못한 도움의 손길이 뻗쳐오기도 하고 새로운 기회도 생깁니다. 또 조금 방심하면 엉뚱한 방향으로 빠져 한동안 헤매면서 고생하게 됩니다. 그 고생을 잘 극복하고 나면 거기서 배운 것이 많아 다음 목표를 이루어가는 데 더 큰 도움을 받기도 합니다.

희망을 잃지 않고 긍정적인 마음가짐으로 정직하고 참을성 있게 열심히 노력하면 반드시 좋은 결과가 있다고 확신합니다. 결국 뿌린 대로 거두는 것입니다. 그렇게 보면 세상을 원망할 시간이 없습니다. 열심히 뿌리고 가꾸면 그만큼 거두게 되니까 하는 말입니다.

동해물과 백두산이 늘 푸르고 높게

지금 우리 사회는 멸망의 길을 향해 달려가고 있는 것과 다를 바 없다고 느껴집니다. 나이 든 부모 입장에서 집안 망해가는 것을 보면서 탄식이 안 나올 수가 없습니다. 일본처럼 늙은이 혼자 고독을 못 이겨 술이나 마시고 컵라면 먹고 일회용 종이컵이 수북하게 쌓인 아파트 안에서 찾아오는 자식 하나 없이 시름시름 앓다가 목숨이 끊어지면 자원봉사자들이 체크해보고 시신을 수습해 가는 그런 모습을 우리가 따라가야 한다는 말입니까? 자식도 없이 살다가 죽은 사람의 시체를 자원봉사자가 수습해 장례 절차 없이 묻는다는 직장, 우리도 이런 것을 본받아야 하겠습니까?

지금 우리나라의 출산율은 일본보다도 더 낮습니다. 급격하게 감소하는 인구는 시장을 위축시켜 경제를 침체시키고, 국방력도 약화시키고, 사회·문화적으로 활기를 떨어뜨리면서 급기야는 나라 전체를 멸망의 길로 끌고 갈 것입니다. 지금 우리는 국가 존망의 기로에 서 있다고 해도 과언이 아닙니다. 수천 년간 고난과 빈곤 속에서 살아온 우리는 어려운 여건에서 기적과 같이 자유민주 국가를 수립하고 경제적인 부를 이루어 나라다운 나라의 모습을 찾아가고 있습니다. 아직 부족한 점이 많아도 세계의 많은 나라들이 부러워하는 나라를 만들었습니다. 이것은 고난의 축복이었습니다.

조금만 더 정신을 가다듬고 노력하면 최선진국이 되어 더 큰 경제적 부와 더 높은 국가적 위상을 향유할 수 있을 뿐만 아니라 정신적 풍요도 누릴 수 있을 텐데 이쯤에서 주저앉는다고 생각하니 안타까운 마음을 어찌해야 할지 모르겠습니다. 때 이른 풍요의 저주가 시작되는 건가요? 아니면 일시적인 숨 고르기인가요?

하느님, 대한민국을 보호하소서!

5.

희망의 불씨 다시 지펴야 한다

우리나라가 세계 10위권의 부강한 나라가 되었으나 아직 식민
지적 사고를 완전히 벗어나지 못했을 뿐만 아니라 정신적·도덕적
측면이나 사회 기강 면에서 아쉽고 부족한 점이 많습니다. 경제적
으로 풍족하게 되면서 정신적 나태나 오만에 빠진 것은 아닌지, 또
는 국가와 사회의 급격한 변화와 발전에 적응하지 못했거나 소외
되었던 사람들의 좌절감이나 저항 의식 때문에 우리 사회가 혼란과
무질서 속에 빠져있는 것은 아닌지 염려스럽습니다. 나아가 대한민
국이라는 운명 공동체가 계속 발전해 나갈 수 있을 것인가 불안감
을 갖지 않을 수 없습니다.

우리가 희망을 가져야 하는 이유

그러나 우리는 앞으로 더 발전해 나아가야 합니다. 우리가 해야 할 일이 너무나도 많습니다. 수많은 과제 앞에 주눅 들지 말고 희망을 가져야 하겠습니다. 그래야 할 이유를 짚어보도록 하겠습니다.

첫째, 우리 민족에게는 하느님의 축복이 있을 것입니다. 고난을 많이 겪은 민족에게는 하느님의 축복이 있게 마련이기 때문에 하는 말입니다. 우리 민족은 고난에 꺾이지 않고 반만년 역사를 지탱해 왔으며 그동안 교훈도 많이 얻었습니다. 고난을 이기고 살아남고 또 살아온 사람들은 모두 영리한 사람들입니다. 우리의 조상들이 바로 혹독한 고난을 이기고 살아온 영리한 분들입니다. 그 영리한 조상들이 낳은 우리는 영리한 후손일 수밖에 없습니다. 지혜가 축적되어 있고 두뇌가 우수합니다. 우리의 기본 바탕이 이렇게 훌륭한데 희망을 잃을 수는 없습니다. 수천 년 긴 세월 동안 겪어온 고난의 역사가 최근세에 축복의 꽃봉오리로 피어올랐습니다. 이제 활짝 피는 꽃으로 만들어야 하겠습니다.

이스라엘의 사례를 보면 잘 알게 됩니다. 그들은 우리보다 더하면 더했지 못하지 않은 고난을 겪은 민족입니다. 오늘날 사실상 세계를 움직이는 민족이고 작지만 부강한 국가를 만든 민족입니다. 우리도 충분히 잘할 수 있다고 생각합니다.

둘째, 우리의 지정학적 위치는 마음먹기에 따라 매우 유리하게 활용할 수 있습니다. 우리 땅은 아시아 대륙의 오른쪽에 붙어있으

동해물과 백두산이 늘 푸르고 높게

며 바다를 끼고 일본에 둘러싸여 있는 반도입니다. 그동안 우리는 강대국에 포위되어 숨 쉬기 어려운 작은 나라로 생각해 왔고 실제로 수천 년 동안 중국과 일본으로부터 많은 괴롭힘을 당했습니다. 현재의 분단 상태도 근본적으로는 우리 자신의 책임이긴 하나 일제의 침략과 주변 강대국의 힘겨루기에서 비롯된 것입니다. 그러나 통일의 시기도 점점 무르익어 가고 있고 우리의 경제 상황도 지구상의 다른 많은 나라보다는 견실합니다. 통일이 되면 새로운 투자 기회도 생기고 인구도 7, 8천만 명 수준으로 시장이 확대되면서 또 한 번 도약할 기회가 올 것으로 보입니다.

과거의 약소국 의식을 버리고 대륙과 해양으로 무한히 뻗어갈 수 있다는 자신감을 갖고 합심 단결해 나아가면 대국이 될 수 있습니다. 물론 지금은 정복국가의 시대도, 제국주의 시대도 아닙니다. 일부 국가가 역사 회귀적인 모습을 보이고 있으나 역사의 큰 흐름을 이해 못 하고 편협한 국수주의를 추구하면 얻는 것보다 잃는 것이 훨씬 클 것입니다.

우리는 각 분야에서 세계 최고의 인재를 키우고 주변국들과 선린 관계를 유지하면서 경제협력과 문화 교류를 확대해 나가면 현대적 의미의 강대국이 될 수 있다고 확신합니다. 과거의 로마제국을 생각해 보기로 하지요. 이탈리아 반도의 조그만 도시국가가 어떻게 아프리카 북부, 아라비아, 시리아, 소아시아, 유럽 대륙과 영국까지 아우르는 대제국을 건설할 수 있었을까요? 우리도 원대한 포부를 갖고 단결해서 효율적으로 국가적 에너지를 동원하면 현대적 의미의 로마제국이 될 수 있다고 생각합니다. 이것이 우리가 희망을 가져야 하는 두 번째 이유입니다.

셋째, **우리는 자주·자존의 정신이 강하고 창의성이 뛰어난 문화민족이므로 인류의 미래 창조에 크게 기여할 수 있습니다.** 역사적으로 중국에는 대륙의 강자들에 의해 무수히 많은 나라들이 건국과 멸망을 계속해 왔습니다. 대부분의 왕조가 짧게는 몇십 년에서 길어야 300년 정도 존속되었다고 해도 크게 틀린 말은 아닐 것입니다. 거기에 비하면 우리 한반도에는 고구려, 백제가 각각 700년 내외 존속했고, 신라가 약 1,000년, 고려와 조선이 각각 약 500년 동안 왕조를 유지·존속했습니다. 이러한 현상은 기본적으로 우리 조상들은 비록 작은 나라에 살았지만 자주·자존의 정신이 강해 주위 여건의 변화에 흔들리지 않았다는 것을 설명해 주고 있다고 하겠습니다.

우리 조상들의 나라에서는 왕도 비교적 선정을 했고 백성도 잘 따라주었다고 짐작됩니다. 이런 안정된 기반 위에서 농사도 짓고 고기잡이도 하면서 학문을 갈고 닦아 인류 역사에 자랑할 만한 업적을 이룩했다고 생각합니다. 그러나 일제의 역사 왜곡에 의한 피해는 말할 것도 없고, 해방 이후 우리 국민은 국사를 체계적으로 배우지 못하고 기껏 화젯거리나 되는 사건 사고를 중심으로 단편적으로 역사 문제를 접해오면서 그 흐름을 길고 넓은 시각에서 보지 못했던 섬도 인정하지 않을 수 없습니다. 그렇게 단편적 시각에서 보면 우리나라에 안정된 시기가 언제 있었느냐고 의문을 제기할 것 같습니다. 그러나 단명에 그친 중국의 여러 나라와 비교하면 우리

◀ 금속활자 '복' 자. 13세기. 개성 지역의 개인 무덤에서 출토.
▶ 세계 최고의 금속활자본인 직지심체요절은 2001년 유네스코 세계기록유산으로 지정되었다.

나라는 전체적인 역사의 흐름 속에서 오히려 편안하게 지낸 기간이 다른 나라보다 길었다고 유추해볼 수 있을 것으로 생각됩니다. 한 번 나라가 성립되면 자주와 자존의 정신이 강했기 때문에 조정과 백성이 힘을 합쳐 나라를 오랫동안 지탱할 수 있었던 것으로 짐작합니다. 그런 안정된 분위기에서 우리 민족의 뛰어난 창의성이 발현되었다고 해도 무리는 없을 것 같습니다.

고려시대에 만들어진 세계 최초의 금속활자는 세계 역사에 자랑할 만한 발명품이었습니다. 우리나라가 대륙의 중앙에 있고 국력이 강한 나라였다면 아마도 그 영향력은 엄청나게 크지 않았을까 생각합니다.

조선시대의 한글 창제 또한 세계에 내놓고 자랑할 수 있는 위대

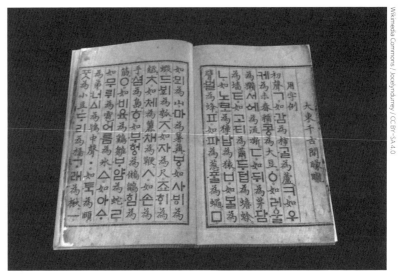

세종 25년(1446년)에 제작된 국보 제70호 훈민정음 해례본.

한 업적입니다. 국왕이 1400년대에 백성의 편의를 위해서 글자를 만들었습니다. 더 나아가 자기 고유의 글자를 가지고 있는 문화민족이라는 자부심을 불어넣어 주고 우리 한민족의 정체성을 확고히 해 흔들리지 않도록 기반을 다져놓았습니다. 민주주의 정신과 홍익인간의 정신이 거기에 있고 민족적 긍지를 잃지 말고 살라는 격려까지 담겨 있다고 볼 수 있습니다. 특히 한자의 문제점을 간파해서 배우기 쉽고 아름답고 과학적인 글자를 만들어낸 그 독창성에 감탄하지 않을 수 없습니다. 오늘날 아라비아 숫자가 전 세계 공용의 숫자로 통일되었듯이 언젠가는 우리 한글이 세계 공용 글자가 될 수도 있지 않겠는가 하고 상상해 봅니다.

한글 창제 과정도 살펴보면 참으로 어려운 상황에서 한글이 만

동해물과 백두산이 늘 푸르고 높게

들어진 것을 알 수 있습니다. 그 당시 내외 여건상 반대가 심해서 세종대왕께서 개인적인 사업으로 이룩한 업적이라고 합니다. 세종 실록에 한글 창제와 관련된 기록이 아무것도 없다는 사실이 그것을 뒷받침합니다. 세종 임금의 창의성과 시대를 앞서가는 통찰력은 세월이 갈수록 더 빛을 발하고 있습니다. 이외에도 우리에게는 여러 가지 자랑할 만한 학문적 업적이나 발명 등이 있지만 대표적으로 위의 두 가지만 해도 우리가 창의성이 탁월한 민족이라는 점을 예증하는 데 부족함이 없을 것입니다.

우리 민족은 역사적으로 많은 굴곡을 겪었으나 꿋꿋하게 버텨 왔습니다. 기본적으로 자주, 자존의 정신이 강하고 창의성이 뛰어난 민족이기 때문에 가능했을 것으로 생각합니다. 나날이 좁아지고 있는 지구촌의 모든 사람들을 위해 우리가 해야 할 일들이 많습니다. 그 많은 일들이 우리를 기다리고 있습니다. 우리가 희망을 잃으면 안 됩니다. 희망을 갖고 인류의 미래 창조에 길잡이가 되어야 하겠습니다.

넷째, 우리 대한민국을 보고 배우려는 나라들에게 계속 희망을 주고 같이 발전해 나아가야 합니다. 지난 50여 년간 우리 대한민국이 이룩한 성과에 대해 세계의 많은 나라들이 부러워하면서 배우고 있습니다. 아시아, 아프리카, 중남미의 개도국들이 우리의 발전 경험을 배우고자 우리나라에 훈련생을 파견하기도 하고 또 우리나라 인사가 그들 나라에 가서 조언을 해주기도 합니다. 쉽게 말해 한국은 지금 많은 개발도상국의 발전 모델입니다. 이 모델이 그들의 기대를 저버리고 물거품처럼 사라진다면 어떻게 되겠습니까? 그들에게는 많은 실망감을 주고 우리는 우리대로 역사의 웃음거리가 되고 말 것입니다.

우리를 부러워하고 배우려는 나라가 있는가 하면, 아직도 대한민국을 멸시하고 조롱하는 나라도 있습니다. 일본입니다. 그들은 노골적으로 한국인은 민도가 낮다든가 어리석다든가 하면서 우리나라를 아래로 봅니다. 역사의 대세를 거스르고 군국주의, 제국주의로 되돌아가려는 움직임도 보이고 있습니다. 그 나라는 19세기 후반에 유신이라는 것을 통해 입헌군주제를 도입하고 '아시아를 벗어나 유럽으로 들어가자(脫亞入歐: 탈아입구)'를 외치면서 빠른 산업화를 진행시켰습니다. 그리고 제국주의 식민지 경쟁에 뛰어들어 우리나라를 침탈했습니다.

사실 그 나라는 메이지유신 이전에는 경제적으로 부강하지도 문화적으로 세련되지도 못했습니다. 그들 땅에 먹을 것이 없으니 왜구가 우리나라를 포함해 주변국들을 괴롭혔을 것이고, 미개했으니 조선 통신사가 일본에 가면 글을 받으려고 일본인들이 줄지어 기다렸을 것입니다. 실제로 일본은 우리가 글자도 불교도 유학도 가르쳐준 나라입니다. 심지어 도자기 기술까지 가르쳐준 나라입니다.

그러나 우리보다는 근 1세기가량 앞서 근대화와 산업화를 이루고 부강한 나라가 되었습니다. 그리고는 우리나라를 식민지로 만들고 민족말살정책을 추진했습니다. 그런 것들의 연장선상에서 우리 대한민국을 깔보고 조롱하는 것 같습니다. 기분은 나쁘지만 그렇다고 우리가 발끈하고 외면할 필요는 없습니다. 이보다는 지금 우리에게 무슨 문제가 있는지 반성하는 게 우선이 아닐까 하는 생각을 해봅니다. 그래야만 궁극에 가서 그들을 이길 수 있을 것입니다.

여하튼 배우려는 나라에게는 계속 꿈과 희망이 되어 주어야 하고, 멸시하고 조롱하는 나라에게는 언제든 한번 우리의 참모습을 보여주어야 하겠다고 다짐하고 실력을 길러야 하겠습니다. 다시 한번 자세를 가다듬고 앞으로 달려야 하겠습니다. 희망을 잃지 말아야 합니다. 원대한 목표를 세우고 힘차게 달려 나가야 합니다.

다섯째, **우리는 이제 올라갈 일밖에 없습니다. 더 떨어지면 다 죽으니 지금부터는 올라가야 합니다.** 희망을 안 가지려야 안 가질 수가 없습니다. 설마 다 같이 죽기를 원하지는 않겠지요. 지금 우리 사회는 정신적·도덕적으로 바닥까지 타락해 있고 법질서는 완전히 무너져 있습니다. 더 이상 나빠질 수 없을 정도로 위험한 지경에 와 있다고 생각합니다.

우리는 민주화가 무엇인지도 모르고 단임의 대통령 직선제나 하고 국회의원이 장관 불러다 놓고 호통이나 칠 수 있으면 민주화가 되는 것으로 착각했습니다. 그러나 그런 기대와는 달리 이 나라에서는 대통령과 국회의원, 판·검사, 고위 장성들, 교직자나 성직자들이 탐욕을 부리거나 부정과 부조리에 연루되어 사회적 불신과 비난을 받는 일이 일상처럼 벌어져 오고 있습니다. 근로조건을 개선하고 사용자로부터 불이익을 당하지 않도록 하기 위해 만들어진 노조는 정치 운동에 뛰어들어 무엇을 위한 노조인지 알 수 없는 일을 하고 있습니다. 그리고 집단 이익에 매몰되어 주변 사람들에 대해서는 배려도 하지 않습니다. 장기적으로 우리 공동체에 무엇이 이익이고 무엇이 손해인지를 모르는 것 같습니다. 기업인들은 배임, 횡령, 탈세 등의 죄를 짓고 감옥을 제집 드나들듯 합니다. 우리나라 같은 사회에서 사업을 하다 보면 그럴 수밖에 없다고 생각하는지 뉘우치는 기색이 없습니다.

국민은 자기가 이 나라의 주인이라는 생각을 못 하고 있습니다. 식민지 시대 일본 사람 눈치나 보고 요령 피우던 습성이 남아 있어서 그런지 떳떳하고 당당하지가 못합니다. 무슨 일을 하든 연줄이나 대서 덕을 보려고 합니다. 조그마한 권한이나 힘이 있으면 으스대고 뽐내려 합니다. 법과 질서를 지키면 손해 본다고 생각하고 참고 기다릴 줄도 모릅니다. 그러면서 이러한 세태를 한탄하고 서로 미워하고 멸시합니다. 이와 같은 분위기이니 서로 도와주고 타협하고 건설적 대안을 만들어 문제를 해결해 나간다는 것은 기대하기 어렵습니다.

자유에는 책임과 절제가 따르기 마련인데 멋대로 떠드는 것을 자유로 착각하고 있습니다. 공직자를 공복이라든가 국민의 머슴이라고 하니까 국민 개개인에 대한 머슴으로 오해합니다. 개인의 머슴이라도 인격적 모욕이나 언어폭력을 써서는 안 되는데, 이 나라 유권자의 다수로부터 지지를 받고 당선된 대통령에게 입에 담지 못할 욕설을 합니다. 자신의 얼굴에 침 뱉는지도 모르는 참으로 어리석은 사람들입니다.

동해물과 백두산이 늘 푸르고 높게

사람들은 왜 또 그렇게 욕심이 많습니까? 명예와 돈과 권력을 다 가지려 합니다. 이 3자 간에는 상충요소가 있어서 세 가지를 성공적으로 다 차지하기가 매우 어렵습니다. 통상적으로 일반 사람들은 하나만 차지하기도 쉽지 않은데 세 가지를 다 가지려는 자들은 도대체 무슨 배짱인지 모르겠습니다. 그런 사람들은 자연히 법과 질서를 어기고 무리한 행동을 하게 됩니다. 한 분야에서 열심히 노력해 진정한 최고가 되면 국가와 사회는 물론 본인 자신을 위해서도 더 좋을 텐데 과도한 욕심으로 사회적 갈등과 혼란이나 부채질하고 자신의 권위도 잃고 있습니다.

이 사회에 권위를 인정받고 존경받는 인물이 없다는 것 또한 비극입니다. 이 나라에 구심점이 없게 되었다는 이야기입니다. 구심점이 없다는 말은 우리 사회가 와해되기 쉬워졌다는 것을 의미합니다. 이 정도에 이르렀으면 우리 사회와 우리 국가를 어떻게 보아야 합니까?

그러나 더 무서운 현상이 나타나고 있습니다. 앞으로 이 나라 이 사회를 이끌어 나아가야 할 젊은이들이 절망하고 있습니다. 그들은 이렇게 말합니다. '경제적 어려움보다도 이 나라에는 비전도 없고 미래도 안 보이고 정의로움조차 없는데 내 아이를 낳아서 이 사회에서 살게 한다는 것이 두렵다'라고 말입니다.

현재 우리나라의 출산율이 1.16명입니다. 섬뜩한 실례를 하나 들어보도록 하겠습니다. 서울에 있는 장안초등학교 학생 수가 2007년에 428명이었는데 2014년에 112명이 되었습니다. 한 학교의 학생 수가 7년 만에 4분의 1로 줄어들었습니다. 군대에 가 있는 젊은 병사들의 자살, 어린 학생들의 자살 소식이 이어지고 있습니다. "OECD 34개국 중 출산율 꼴찌, 자살률 1위"라는 현실이 이 나라의 미래가 어떤 것인지 말해주고 있습니다.

어쩌다가 이 나라가 이 지경까지 왔나 하고 경악하지 않을 수 없습니다. 이제 우리는 여기서 더 내려갈 데도 물러설 데도 없습니다. 한 발짝 더 내려간다든가 한 발짝 더 물러서면 죽음이고 멸망입니다.

그래도 우리 국민은 현명한 사람들인가 봅니다. 배수의 진을 치고 있는 우리의 상황을 깨닫고 좋은 조짐들이 싹을 틔우고 있습니다. 우리 경제의 뇌관인 노사문제에서도 빛이 보이는 것 같습니다. 얼마 전 대구에서 노사정 간에 임금인상 자제와 무분규를 합의했습니다. 이러한 희망의 불씨가 활활 타올라 전국으로 번져 나갔으면 좋겠습니다.

우리는 자신감을 가질 수 있습니다. 제2차 세계대전 후 독립한 나라 중 정치적으로나 경제적으로 우리나라만큼 발전한 나라는 없습니다. 그에 걸맞게 우리는 문화적으로 발전하고 성숙해져야 합니다. 즉 모든 국민이 정직하고 예의와 도덕을 알며 모든 직업을 귀하게 생각하고 법과 질서를 지키는 나라를 만들어야 합니다. 이렇게 해서 정치, 경제, 문화가 균형 있게 기능해 나갈 때 우리나라는 평화로운 나라가 되고 자식 낳아 물려주고 싶은 자랑스러운 나라가 될 것입니다. 다시 말하거니와 이제는 더 물러설 데가 없습니다. 희망을 갖고 앞으로 달려야 할 이유가 거기에 있습니다.

희망의 나라는 어떠한 나라인가?

우리가 희망을 갖고 나아가야 할 목표인 희망의 나라, 즉 우리가 만들어서 살고 싶은 나라를 생각해 보겠습니다.

첫째, 식·의·주(食衣住)가 해결이 되고 직업의 귀천이 없는 나라여야 합니다. 모든 국민들이 적정 영양 섭취가 가능하도록 먹을 수 있고, 몸을 보호하고 예의를 차릴 수 있도록 의복을 입을 수 있어야 하며, 편안히 쉬고 활력을 재충전할 수 있는 주택이 있어야 하겠습니다. 이를 위하여 각자의 소질과 재능에 따라 직업을 가질 수 있고 그 직업을 소중하게 생각하는 분위기가 필요합니다. 식·의·주는 사람이 살아가는 데 있어서 기본 중의 기본이므로 이를 해결하지 못하면 다른 문제는 논할 수 없습니다.

한 나라가 국민의 식·의·주를 해결 못 하면 그러한 나라는 존립의 의미가 없고 존립하기도 어렵습니다. 그리고 이 문제는 더 깊게 들어가면 국민 한 사람 한 사람마다 각자 해결해야 할 일입니다. 자기의 소질과 능력에 따라 직업을 선택해서 그 직업의 소중함을 깨닫고 성실하고 근면하게 일해서 해결해야 할 문제라는 이야기이지요. 이렇게 되려면 직업에 귀천 의식이 있어서는 안 됩니다. 사람을 위한 일은 무슨 일이든지 귀하다고 생각해야 어느 분야에 가서 일하든 보람을 느끼고 열심히 일할 수 있게 되기 때문입니다. 직업의 귀천은 없어야 하나 어려운 일, 쉬운 일은 공정하게 평가하여 어려운 일에 대해서는 보수, 수당이나 휴가 등 다른 혜택으로 보상해야 할 것입니다.

둘째, **정직하고 친절하고 부지런하며 책임감 있는 사람들이 사는 나라여야 합니다.** 일반적으로 빈곤과 고난 속에서 타율에 의해 살아온 사람들은 정직하지도 친절하지도 부지런하지도 않고 책임감도 없다고 합니다. 그 반대의 경우도 성립된다고 할 수 있습니다. 풍요와 안정 속에 자주적 삶을 살기 위해서 반드시 필요한 덕목이 정직, 친절, 근면, 책임감이라고 생각합니다. 가정교육, 학교교육뿐만 아니라 사회교육이 되살아나 이러한 덕목에 관한 교육이 잘 이루어져야 합니다.

셋째, **모든 사람이 자유스럽고 개인의 창의가 존중되며 법 앞에 평등이 보장되는 나라여야 합니다.** 나라가 발전하기 위해서는 자유스러운 분위기에서 공동체 구성원의 지혜가 모아지고 그것이 현실에서 효과적으로 잘 활용되어야 합니다. 그렇게 될 때 개인들은 더욱더 의욕을 갖게 되고 사회 전체적으로도 효율이 더 커진다고 생각합니다. 아울러 법 앞에 평등이 보장되어 누구나 공평하게 기회를 가질 수 있어야 합니다. 다만, 자유가 지나쳐 방종으로 흐르는 것은 용납될 수 없으며 평등하다고 해서 투입한 노력과 비용은 생각하지 않고 결과까지 평등해야 한다고 생각해서는 안 될 것입니다.

넷째, **법치주의가 뿌리를 내리고 국민의 공동체 의식이 투철하며 환경 보존이 잘되는 나라여야 합니다.** 법치주의가 정착되면 나라 안이 안정됩니다. 모든 일에 예측 가능성이 있게 되고 불필요한 차별이 없는 공정한 사회가 될 것입니다. 공동체 의식이 확고해지

동해물과 백두산이 늘 푸르고 높게

면 상부상조하고 인정이 흐르는 명랑 사회가 되겠지요. 그리고 환경이 아름답고 청결하게 잘 보전되어야 우리는 정신적으로나 신체적으로 건강하게 살 수 있을 것입니다.

다섯째, **각종 위험으로부터 국민이 안심하고 살 수 있는 나라여야 합니다. 범죄에 의한 상해나 생명의 위험이 없는 나라, 인공물이나 자연에 의한 재난이 효율적으로 예방되거나 복구, 구조되는 시스템이 잘 갖춰진 나라, 질병의 예방과 치료 체계가 잘 갖춰진 나라, 전쟁의 위험을 방지해 안전하고 평화로운 나라가 되어야 합니다.** 국민의 안전에 관한 문제는 누구를 탓하거나 책임을 떠넘길 수 있는 일이 아닙니다. 국민 스스로 항상 경계심을 늦추지 말고 철저하게 대비하고 있어야 할 사항입니다.

여섯째, **가족의 가치가 존중되고 적정 출산율이 유지되는 나라이어야 합니다.** 모든 국민은 적령기에 결혼해서 가정을 구성하고 3명의 자녀(현재 선진국의 현상 유지 출산율은 2.1명)를 갖도록 노력해야 합니다. 그리고 어려서부터 가족의 가치를 잘 알도록 교육해 극도의 개인주의나 배금주의가 우리 후대들의 정신을 좀먹지 않도록 하여야 할 것입니다. 민족국가인 우리나라가 오래 존속되며 세계 역사에 기여하는 길은 적정 출산율의 유지가 가장 선결 조건입니다.

희망의 나라가 너무 이상적인 목표를 추구하는 게 아닌가라고 의문을 품을 수 있습니다. 첫째 항목의 식·의·주만 해도 해결하기가 쉽지 않은데 어떻게 여섯 가지 조건을 다 충족시킬 수 있겠는가라고 말이지요. 말하기는 쉬우나 실현할 수 있는 구체적인 방안이 있어야 될 것 아니겠는가라고 냉소 지을 수도 있습니다.

그러나 이 지구 상에는 위의 여섯 가지 조건을 충족하고 낙원처럼 나라를 가꾸면서 사는 곳도 있습니다. 물론 속속들이 다 알 수는 없지만 그러한 나라에서 오랫동안 생활해본 사람들의 경험담이나 기록물 등에 의하여 실상을 알 수 있고 그들이 살아가는 방법을 배울 수도 있습니다. 물론 이 세상에 100% 완벽한 나라는 없습니다. 90점 이상이면 A학점이고 아주 우수한 성적입니다. A학점은 노력 여하에 따라 충분히 받을 수 있는 점수입니다. 그러나 여섯 가지가 모두 상호 연관 관계가 있기 때문에 각 항목이 고르게 A학점이 되어야 전체적으로 평균 A학점이 될 수 있다고 생각합니다. 희망을 갖고 지혜를 모으고 용기 있게 추진해 나가면 안 될 일은 없을 것입니다.

지나고 보니 이 시대에 할아버지, 할머니가 된 사람들은 어렵던 시절 희망과 용기를 갖고 열심히 노력해서 시대적 사명에 잘 부응했던 것으로 자부해도 되지 않겠는가 생각합니다. 좀 더 직접적으로 표현하면 기적을 창조한 세대라고 해도 될 것 같다는 이야기입니다.

그동안 우리는 해방 직후 이 나라에 민주공화국을 건설하는 정치혁명, 즉 민주혁명을 이룩했습니다. 그러나 아직도 많은 사람들은 1948년에 민주공화국이 수립된 것을 민주혁명으로 인정하지 않는 분위기입니다. 이승만 독재 정권을 타도한 민주 세력들의 노력을 어떻게 보고 있기에 그런 소리를 하느냐고 질타하는 분들도 있

동해물과 백두산이 늘 푸르고 높게

을 것입니다. 물론 대한민국 정부 수립 후의 민주화 운동을 폄하할 생각은 없습니다. 그러나 반만년 유구한 역사에서 우리나라에 민주공화국이 수립된 것은 1948년 자유민주주의와 시장경제주의를 기본으로 한 헌법이 제정되고 그에 따라 세워진 대한민국 정부와 때를 같이합니다. 민주주의에 대한 아무 경험도 없었을 뿐만 아니라 공부도 제대로 되지 않은 상태에서 민주공화국이 수립된 것입니다. 아무리 생각해도 기적과 같이 일어난 정치혁명이고 민주혁명이라고 하지 않을 수 없습니다.

다만 자유민주주의 헌법이 만들어지고 그에 의한 민주 정부가 수립되었다 해도 처음 해보는 일이니 여건은 불비했고 미숙한 점이 많았을 것이라는 점을 감안해야 할 것입니다. 모든 국민이나 정치인들이 민주주의에 대한 이해도 부족하고 실천 능력도 배양되지 않은 상황에서 성숙한 민주주의를 기대하는 것 자체가 무리였다고 보아야 하지 않겠습니까?

어려운 여건 속에서 나라의 기초를 다져나가는 가운데 1950년에는 6·25전쟁이 터졌습니다. 3년 동안 계속된 전쟁으로 나라는 잿더미가 되었습니다. 그러나 불굴의 용기와 인내로 폐허를 딛고 일어나 반세기 만에 세계 10위권의 경제 강국이 되었습니다. 아직도 절대 빈곤 인구가 있긴 하나 식·의·주 문제가 대체적으로 해결되었습니다. 전국의 고속도로에 자동차가 흘러넘치고 젊은이들의 체격이 몰라보게 좋아졌습니다. 다른 나라 사람들도 모두들 기적이라고 인정하며 부러워합니다. 모든 국민은 하면 된다는 자신감을 갖게 되었습니다. 이것을 어찌 경제혁명이라고 하지 않을 수 있겠습니까?

그러면 정치혁명, 경제혁명 다음에 우리가 해야 할 일이 무엇이겠습니까? 이제 문화혁명을 할 차례라고 생각합니다. 이 문화혁명은 바로 정신혁명입니다. 진정 우리가 잘사는 나라가 되기 위해서는 문화적으로 세련된 나라가 되어야 하겠습니다. 그러한 나라를 문화국가라고 부르기로 하겠습니다. 그러면 문화국가는 구체적으로 무엇이고 문화국가로 가기 위한 과제는 무엇일까요?

문화국가란 위에서 제시한 요건 중 주로 둘째, 셋째 및 넷째의 요건을 충족시킬 수 있는 나라라고 생각합니다. 즉 **모든 국민이 자유와 평등을 누리는 가운데 정직, 친절, 근면하고 책임감이 있으며 대대로 이어져 온 공동체적 가치를 존중하면서도 외국 문화의 장점을 수용할 줄 알고, 법과 질서를 지키는 청결하고 아름다운 나라라고 할 수 있습니다.** 그리고 이러한 문화국가를 유지하고 계승, 발전시키기 위해서는 치안과 재난 대책, 국토방위가 물샐틈없이 이루어져야 하며 가족의 가치가 확고히 인식된 가운데 적정 수의 건강하고 똑똑한 아이들이 출생하여 미래를 받쳐주어야 합니다.

6.

젊은 가정, 젊은 나라 만들기

우리는 지난 70년간 정치·경제적으로 기적을 이룩했으니 다음 단계로 문화혁명을 이루어 문화국가를 만들자는 희망론을 이야기 했습니다. 그러나 문화국가보다 더 화급한 과제가 있습니다. 바로 저출산 문제를 해결해야 하는 것입니다. 한 나라의 국민이 없어지 면 그 나라도 없어집니다. 너무나도 본질적이고 중요한 문제인데, 우리 사회가 너무 소홀하게 대처하고 있는 것 같아 안타깝습니다.

건강하고 똑똑한 아이를 낳아 올바른 민주시민으로 길러내는 일 또한 중요합니다. 저출산과 교육문제, 우리에게 절체절명의 과 제입니다.

'저출산' 해결에 국가의 존망 달렸다

우리 조상들은 가문을 중시하고 후손이 번창하는 것을 큰 복으로 생각하고 살아왔습니다. 그러한 생각의 배경에는 효(孝)사상이 짙게 깔려 있었다고 볼 수 있습니다. 사람의 몸은 터럭 하나라도 다 부모님한테서 받은 것이니 온전히 보존하는 것이 효의 시작이라고 생각했습니다.

나아가 자신의 인격을 올바르게 세우고 도리에 맞는 행동으로 후세에 이름을 드높여 부모님을 명예롭게 하는 것이 또한 효의 끝이라고 가르쳤습니다. 이 가르침은 한 가정이 이루어지고 자손이 계승되어야 한다는 것을 전제한 것이었습니다. 가정을 이루지 않고 자손이 끊어지게 한다는 것은 불효 중의 불효로서 생각할 수 없는 일이었습니다. 마치 오늘날과 같이 지나치게 개인주의화되어 가정과 사회가 무너져서는 안 된다는 것을 미리 알고 가르친 것 같습니다. 효사상, 효문화는 과거 우리 조상들의 사고와 생활의 중심이었습니다.

아울러 전통적인 농경사회에서 노동력 확보의 필요가 있었으므로 자손을 많이 갖고자 했던 것으로도 보입니다. 앞에 말한 효사상과 이러한 환경적 요인이 우리 민족으로 하여금 반만년 유구한 역사와 문화를 이어오게 했으며, 세계 200여 개 나라 중 26위 수준에 달하는 인구 5천만 명 규모의 나라로 끌어올릴 수 있었던 게 아닌가 하고 생각합니다.

그러나 지금 우리 대한민국은 큰 위기에 처해 있습니다. 후손이 생기지 않아 미래가 어둡습니다. 사회가 너무나도 빨리 늙어가고 있습니다. 우리의 가정도 나라도 급속도로 늙어가고 있습니다. 이미 이야기한 바와 같이 저출산 고령화 문제는 국가적·민족적 이슈가 되었습니다. 이대로 가다가는 사회 기반이 완전히 붕괴되지 않을까 걱정됩니다. 조금 더 적나라하게 표현하면 대한민국이 망하는 게 아닌가, 우리 민족이 지구 상에서 없어지는 게 아닌가 하는 공포감마저 갖게 된다는 이야기입니다.

　　우리나라의 경우 한 여성이 가임 기간(15세~49세) 동안 평균 몇 명의 자녀를 낳는가 하는 지표인 합계 출산율이 2011년 기준으로 1.24명에 불과합니다. 그러나 선진국 기준으로 장기간 현상 유지라도 할 수 있는 출산율(인구 대체 수준 합계 출산율)은 2.1명이라고 하지요. 이와 같이 현상 유지에 필요한 숫자에도 훨씬 못 미치는 숫자의 아이들을 낳고 있으니 젊은 사람 숫자는 줄고 상대적으로 늙은 사람 숫자만 늘어나고 있습니다. 이러한 저출산의 결과 생산가능인구 증가율도 점점 줄어 2017년부터는 마이너스 증가율로 떨어지게 된다고 합니다. 가정과 나라는 늙은이들로 가득 차고 생기와 활력을 잃어 음울한 분위기가 되어가고 있습니다.

　　이러한 저출산과 노령화 문제는 돈만으로 해결할 수가 없습니다. 일본의 사례에서 보듯 장려금, 지원금 또는 보육시설 등 돈으로 할 수 있는 것을 해봐야 완전한 대책이 될 수 없다고 생각합니다.

　　사람이 돈보다 먼저이고 더 중요하다는 깨달음이 있어야 합니다. 쉽게 말해 '사람 나고 돈 나왔지, 돈 나오고 사람 난 것 아니다' 라는 평범한 진리를 깨달아야 합니다. 가족의 가치, 자손의 귀중함을 깨우쳐야 합니다. 그리고 젊은이들이 용기와 인내심을 갖고 살아가도록 교육해야 합니다. 우리 사회와 국가의 존립을 위협하는 너무나도 중차대한 문제, 저출산 문제, 무엇이 해결 방안인지 고민해보기로 하겠습니다.

첫째로, 우리의 자녀관을 근본적으로 고쳐야 하겠습니다. 자녀를 부모의 소유물처럼 생각하고 부모 마음대로 만들려고 하지 말아야 합니다. 자식 낳을 때 부모 희망대로 얼굴 생김새, 체격, 성격과 재능이 만들어진 것이 아닙니다. 그냥 낳고 보니 자기도 모르게 그런 아이가 주어진 것입니다. 바로 하느님이 만드신 대로 세상에 나온 거지요. 그 아이에게는 이미 하느님에 의하여 재능과 소질이 주어진 것입니다.

부모는 아이들의 소질이나 재능이 무엇인지 관찰하면서 그 소질과 재능대로 살아가게 도와주는 역할을 하면 됩니다. 소질과 재능이라는 것을 너무 거창한 것으로 이해할 필요도 없습니다. 이 세상에서 죄 짓는 일이 아니고 사람 살아가는 데 필요한 것과 관련되는 능력이면 다 소질이고 재능입니다. 오히려 적성이라고 부르는 것이 더 합당할 것 같습니다. 왜 무리한 욕심을 갖고 부족한 돈을 짜내어 효과가 있을지 없을지도 모르는 일에 비용을 들입니까? 남들이 하니까 나도 한다는 생각은 어리석은 생각입니다.

70~80년 살아본 사람들은 아이들이 부모가 억지로 시키는 대

동해물과 백두산이 늘 푸르고 높게

로 크지 않는다는 것을 경험으로 알게 됩니다. 아이들은 마치 자기의 길이 있었던 것처럼 그 길을 따라간다는 것을 알게 된다는 말이지요. 그러니 너무 교육비 걱정하면서 '돈, 돈' 하지 말아야 합니다. 아이들에게 소위 출세를 해야 한다든가 유명 인사가 되어야 한다든가 돈을 많이 벌어야 된다든가 하는 식으로 과도한 부담이나 스트레스를 줄 필요가 없습니다.

그렇다고 꿈이 없어서 행복하다는 요즈음 일본 젊은이들처럼 길러서도 안 되겠습니다. 아이의 적성, 집안의 능력에 맞는 범위 내에서 여러 가지 가능성을 제시해주고 아울러 자신감을 불어넣어 주는 노력을 해야 합니다. 그리고 정직하고 부지런하게 노력하면 반드시 밝은 미래가 있다는 것, 또 사회와 국가에 폐를 끼치는 사람이 되어서는 안 된다는 것을 가르치면 충분하지 않을까 생각합니다.

사회적으로 성공해서 이름을 날리고 돈도 많이 버는 자녀들은 그 나름대로 아쉬운 점이 있습니다. 그런 자녀들은 자기의 개인생활이나 가정생활이 없습니다. 부모 입장에서 자랑스러운 자식일지는 몰라도 가까이에서 자주 만나고 부모 자식 간의 정을 나누기는 어렵습니다. 쉽게 말해 잘난 자녀와는 일상생활에서 오거니 가거니 주고받는 잔정을 나누기가 용이하지 않을 거라는 말입니다. 평범한 자녀들은 큰 명예나 큰돈은 없어도 자신의 개인생활이나 가정생활에 시간을 쓸 수 있기 때문에 가까이서 가족의 정, 혈육의 정을 더 많이 나눌 수가 있습니다. 행복은 오히려 평범한 자녀들과의 관계에서 더 많이 얻을 수 있다고 생각합니다.

그러고 보면 잘난 자식 못난 자식 구별할 수도 없고, 구별 자체가 무의미합니다. 이 세상에 태어나서 자기에게 주어진 사명대로 사는 것이기 때문에 그 사명이 무엇인지 찾아내고 그 사명대로 살아가도록 하면 거기에 개인의 행복, 나아가 사회와 국가의 행복이 있다고 봅니다. 이러한 생각을 가질 때 결혼도 제때에 하고 아이도 적당히 낳아 행복한 가정을 꾸밀 수 있을 것입니다.

유대인들은 자녀를 하느님이 주신 축복이라고 생각합니다. 가족계획이라든가 산아제한이라든가 하는 개념이 없다고 하지요. 그들은 5~6명의 자녀를 가진 가정도 많습니다. 그리고 자녀들에게는 나름의 재능과 소질이 있다는 믿음을 갖고 그것을 발휘할 수 있도록 교육합니다. 우리나라와 같이 별도로 많은 사교육비를 쓰지 않고 가정이 중심이 되는 교육을 해도 세계를 움직이는 지도자들을 가장 많이 배출하고 노벨상 수상자를 가장 많이 내는 민족입니다. 우리가 꼭 배워야 할 자녀관이고 교육관이라고 생각합니다.

둘째로, **지구 공동체의 인구 폭증 추세에 비추어 볼 때 대한민국의 인구 감소는 오히려 바람직하다는 생각은 옳지 않습니다.** 실제로 전 세계 인구는 폭발적으로 늘고 있습니다. 1900년에 16억 명에 불과했던 인구수가 2011년 70억 명, 2014년에는 72억 명으로 늘어났습니다. 이런 추세로 간다면 2050년에 96억 명, 2082년에는 100억 명에 달한다고 합니다. 인구과잉에서 오는 환경오염, 자원고갈, 지구온난화 등으로부터 인류에게 닥칠 재앙은 모든 인류가 공동으로 해결해야 할 과제가 되었습니다.

동해물과 백두산이 늘 푸르고 높게

그러나 지금 우리가 당면하고 있는 인구 폭발의 문제는 국가별로 현격한 차이를 보이고 있습니다. 아프리카, 중동, 동남아, 인도, 중남미 등 개도국의 경우에는 높은 출산율과 인구 증가를 보이고 있으며 OECD 34개국 중 대체 출산율 2.1명을 넘는 나라는 이스라엘(2.67명), 멕시코(2.27명), 터키(2.13명) 등 3개국뿐입니다. 그 이외의 OECD 국가는 대체 출산율 2.1명을 넘지 않으며 그중에서도 한국은 최근 여성 1명이 1.2명도 못 낳는 가장 낮은 출산율을 보이고 있는 형편이지요. 이대로 가면 우리 한국인은 곧 인구가 줄기 시작해서 머지않아 지구 상에서 없어질 것입니다.

사람들은 편한 대로 생각하고 말합니다. 외국에서 이민을 받으면 되지 않느냐는 것입니다. 장구한 세월이 흐른 뒤에 인종이 어떻게 섞일지 누구도 알 수 없으나 어느 종족이든 자기네들 종(種)이 끊어지는 것을 바라지는 않을 것입니다. 우리의 경우 한민족이 영원무궁토록 이 땅에서 살며 좋은 이웃으로 전 세계인과 평화롭게 공존해 나가기를 바랄 것입니다. 반만년 우리 역사와 문화가 보존되고 이어지길 원할 것입니다.

그러나 부득이해서 이민을 받는다고 해도 천천히, 사회적 충격이 크지 않은 범위 내에서 추진해야 합니다. 우리 사회와 문화, 종교, 사고방식뿐만 아니라 사람들의 생김새까지 여러 가지가 쉽게 융화될 수 있는 나라로부터 이민을 받아야 좋을 것입니다. 아울러 스위스처럼 이민 허가 조건을 엄격하게 해서 양질의 이민이 들어오도록 해야 할 것입니다. 지금 프랑스나 영국, 독일 등에서 겪는 인종 및 종교 갈등과 사회적 불안은 우리가 앞으로 참고해야 할 사항입니다. 특히 최근 영국 국민이 유럽연합에서 탈퇴하는 결정을 한 배경에는 이민자 문제가 있다는 점을 교훈으로 삼아야 할 것입니다.

셋째로, **대통령이 특별한 관심을 갖고 범정부적 협조를 이끌어내어 전 사회적 운동으로 젊은 나라 만들기 운동을 펴나가야 합니다.** 현재 대통령 직속으로 '저출산·고령사회 위원회'라는 조직이 있습니다. 그러나 일반 국민이 피부로 느낄 만큼 움직임이 있어 보이지 않습니다. 통상 저출산과 고령화는 동전의 앞뒷면처럼 같이 붙여 쓰나 실제로 고령화 문제는 저출산보다는 덜 심각한 문제라고 생각합니다. 무병장수는 인간이 추구하는 바인데 고령자는 이미 살 만큼 산 사람들이고 후세를 위한다면 어느 정도 참아야 할 부분도 있습니다. 그렇다고 고령화가 문제가 아니라는 이야기는 아니고 다만 비중을 따져 볼 때 저출산과 같은 반열에 놓는 것은 적절하지 않다는 말입니다. 또 고령화는 저출산 문제가 극복되면 저절로 해결되는 부분이 크기도 합니다.

지금 우리에게 가장 시급한 것은 저출산 문제의 해결입니다. 과거 1960~70년대에는 '둘만 낳아 잘 기르자'는 산아제한운동을 했으나 이제는 '3~4자녀 갖기 운동'을 펼쳐야 할 것 같습니다. 왜냐하면 건강 및 기타 이유로 불임인 사람들도 있고, 자기 신념이 지나치게 확고해서 결혼을 안 하는 사람도 있고, 적정 수의 양질의 군인이 필요한 안보적 상황도 있고, 무엇보다 사회의 안정을 고려할 때 정상적으로 결혼해서 가정을 갖는 사람들은 3~4자녀를 가져야 국가 전체적으로 합계 출산율 3명 정도를 유지할 수 있을 것으로 보기 때문입니다.

국민들, 특히 젊은층에게 저출산이 가져올 사회적·국가적 재앙과 더불어 자신들의 노년에 닥쳐올 고통을 깨닫게 해주어야 합니다. 인구가 급격히 줄 경우 국가 경제가 위축되고 안보가 불안해지며 결과적으로 자신들의 개인 생활도 견디기 어려운 곤궁과 고독 속에 빠지게 될 것임을 이해시켜주어야 합니다. 그러한 이해를 통해 적령기에 가정을 갖고 적정 수의 자녀를 갖도록 유도해야 합니다. 그리고 행복의 원천은 가정에 있다는 것을 알게 해야 합니다. 아울러 우리보다 더 심각한 상황에 처해 있는 외국의 사례도 알려주어야 합니다.

앞에서도 이야기했으나, 근본적으로 저출산 문제는 돈만으로 해결할 수는 없습니다. 그러나 가능한 범위 내에서 다자녀 가정에는 지원금도 주고 세제 혜택도 주고 공공시설 이용 시에도 혜택을 주는 정책을 써야 한다고 생각합니다. 결혼하지 않는 사람, 아이를 갖지 않는 부부에게는 독신세든 무자녀세든 부담을 과하는 방법도 검토해야 합니다. 불임 부부에 대해서는 의료 지원도 해야 합니다. 보육시설도 잘해주고 시간제 근로 기회를 확대하는 방법 등 지원책을 강구해야 합니다. 신혼부부의 주택 마련을 위해 가능한 모든 방법을 동원해서 대책을 마련해 주어야 합니다.

넷째로, **매스컴의 적극적인 국민 계도가 필요합니다.** 요즈음 세상 돌아가는 것을 보면서 언론 분야만큼 큰 힘을 가진 곳이 없다는 생각이 듭니다. 힘이 세다는 이야기는 책임이 크다는 이야기와 같다고 할 수 있습니다. 정부와 힘을 합쳐 새로운 가족계획 운동, 젊은 나라 만들기 운동을 적극적으로 이끌어주어야 합니다. 우리보다 훨씬 먼저 고령화가 진전된 국가의 실상을 알리고 더 늦기 전에 반성도 하고 대책을 강구하도록 전 사회적인 경종을 울려야 하겠습니다. 특별기획보도, 심야토론, 원로와 젊은이의 대화, 방송드라마, 풍자코미디라든가 과거의 장수무대와 같은 프로그램 등 아이디어를 짜내어 저출산 문제만큼은 최대한 빨리 해결되도록 매스컴이 사회 분위기를 돌리는 역할을 해주어야 한다고 봅니다. 사회 분위기를 바꾸는 데는 TV방송만큼 영향력이 큰 데가 없다고 생각합니다.

다섯째로, 직장의 퇴근 시간을 지키도록 하고, 이후에는 가정생활이 가능하도록 분위기를 바꾸어나가야 하겠습니다. 예를 들어 오전 9시부터 오후 6시까지가 정상 근무시간이라면 그것을 지켜주어야 한다는 말입니다. 행정기관, 대기업, 중소기업, 기타 일반 직장에 따라 특수한 경우가 있겠지만 정시 퇴근 원칙이 지켜지고 퇴근 이후에는 가정생활에 복귀할 수 있도록 해야 한다는 이야기입니다. 저녁때 하는 회식도 줄이고 음주 문화도 개선해야 합니다. 당연히 정상 근무시간 동안은 한눈팔지 말고 열심히 일해야 합니다. 정해놓은 점심식사 시간 이외에는 커피 마시고 잡담하고 신문 보고 사적인 전화하고 담배 피우고 하는 따위의 시간 낭비 행태를 불식해야 합니다. 그래야 정상 퇴근의 이유가 설명될 수 있고 그것의 실행이 가능하게 될 것입니다.

동해물과 백두산이 늘 푸르고 높게

요즈음 분위기로 볼 때 엄마가 전업주부라고 해도 3~4명의 자녀를 혼자서 키운다는 것은 매우 어려운 일이라고 생각합니다. 남편들도 가정에 돌아가 아이들과 시간을 보내고 가사도 도와주어야 합니다. 부모가 서로 도와가면서 집안일하고 자녀들과 화목한 분위기에서 살게 되면 그 자체만으로도 아이들한테 큰 공부를 시키는 것이 될 것입니다. 다시 말해 아이들은 부모에게서 배운 대로 결혼해서 화목한 가정을 꾸리고 자녀를 여러 명 낳아 잘 살게 되지 않겠습니까? **가정이 제대로 기능해야 자녀도 생기고 적정 인구(수요)가 유지되어 결과적으로 기업도 살 것입니다. 가장 근본적인 것은 가정이 살아나야 하는 것입니다.**

아울러 제사와 같은 가족 행사에도 당연히 참석할 수 있는 분위기가 되어야 하겠습니다. 요즈음 집안에 따라 풍습이 많이 달라져서 제사를 지내는 집도 있고 그렇지 않은 집도 있습니다. 이렇게 풍속이 흐트러지니 손자가 조부모 제삿날 직장에서 제사 참례 건에 대해 떳떳하게 말하고 일찍(사실은 정시 퇴근하고) 나올 수 있는 형편이 아닌 것으로 감지됩니다. 제사가 됐든 추도식이 됐든 조상을 받드는 일에 대해서는 참여할 수 있도록 적극 권장하고 허용하는 분위기를 조성해야 할 것입니다. 가족의 가치는 보호되어야 합니다. 제사와 같은 가족 행사를 통해 가족의 유대가 공고해지고 적정 수의 자녀를 낳아 잘 키워야 되겠다는 마음도 싹트게 된다고 생각합니다. 옛것이라고 다 버리지 말고 현대에 맞게 잘 고쳐 쓰면 오히려 더 좋은 것이 될 수 있습니다. 한국 사람처럼 옛것이나 전통을 잘 버리는 사람들도 드물다는 비판을 경청할 필요가 있습니다.

여섯째로, **부모 세대는 자식 세대에게 용기를 갖도록 교육해야 합니다.** 이전에 언급한 바도 있지만, 현재의 부모 세대는 어려운 시대를 살아온 사람들입니다. 1945년 해방 이후 세계 최빈국의 상태로부터 오늘날 세계 10위권의 경제 강국으로 성장하기까지 많은 고생을 하고 살아온 사람들입니다. 이루어놓은 성과도 컸지만 너무 고생을 많이 해서 세상을 부정적이고 비관적으로 보는 경향도 있다고 생각합니다. 아버지들은 직장 일이 전부였고 가정 일, 자녀 교육은 등한시할 수밖에 없었습니다. 어머니들은 남편의 도움 없이 가정 관리를 하고 자녀를 도맡아 키워야 했습니다. 그 과정에서 자연히 어머니들에게 불만과 스트레스가 쌓일 수밖에 없었을 거라고 생각합니다. 아울러 가정주부가 불만과 스트레스 속에서 살게 되니 남편도 직장과 가정에서 오는 압력을 견디기 어려웠을 것입니다.

이러한 가정환경에서 자라나는 자녀들은 부모의 가정생활을 보고 결혼과 가정과 부모 자식 간의 관계에 대해 무슨 생각을 하고 성장했을까요? 아마도 부정적인 생각을 더 많이 하고 자랐을 거라고 짐작됩니다. 가정생활과 남편에 대해 무심코 던지는 어머니의 불만의 소리, 부정적인 말들, 자신들이 직접 보고 느끼는 집안 분위기가 아이들의 결혼관이나 가족관에 큰 영향을 주었을 겁니다. 자녀의 수는 일반적으로 둘 또는 하나밖에 없었으니 예전처럼 다자녀를 키울 때와는 달리 부모(특히 어머니)의 관심과 사랑 속에 경제적으로는 비교적 여유 있게 자랐다고 해도 틀린 말은 아닐 것입니다. 따라

동해물과 백두산이 늘 푸르고 높게

서 책 읽는 공부는 많이 했을지 모르나 세상일에는 단련되지 못했을 거라고 봅니다. 왕자병, 공주병이라는 말이 바로 그런 현상을 비유적으로 나타내는 것이 아니겠습니까?

요즈음 젊은이들이 많이 나약해진 것은 아닌지 의문스럽습니다. 눈이 높아 취직도 못 하고, 역경을 돌파해 나가는 힘도 약하고, 독립심도 부족하게 보이지요. 이런 저런 이유를 대면서 결혼도 못 하고, 결혼을 하고도 쉽게 이혼하는 젊은이들을 흔히 볼 수 있습니다. 왜 그럴까요? 경제 발전이 되고 소득이 늘고 여성들도 고등교육을 받으면서 사회 진출이 늘어나고 경제적 독립을 이룹니다. 남성들에게 먹고사는 일로 의존할 필요가 없어지고 과거 아버지가 가정에서 한 일을 봐도 남성의 존재가 커 보이지 않는 모양입니다. 효를 중심으로 한 우리의 건전한 가족 윤리도 서구 개인주의 사상의 영향으로 크게 손상되어 있습니다. 다른 이유도 있겠지만, 주로 이러한 현상들이 큰 이유가 되어 결혼도 제때에 못 하고 이혼도 쉽게 하는 것 같습니다.

나만 잘살면 되고 자기가 소속된 사회의 기반이 무너지고 깨지는 것은 관심이 없어 보입니다. **사회 기반이 무너진다는 것은 나 또한 낭떠러지로 추락하고 있다는 이야기입니다.** 이렇게 나아가서는 안 됩니다. 무엇보다 모든 일에는 때가 있다는 것을 알아야 합니다. 철부지가 되어서는 안 됩니다. 적령기에 결혼해서 가정을 이루고 적정 수의 자녀를 가져야 할 텐데 너무 늦어지고 있습니다.

어차피 인간으로 태어나서 늙고 병들어 죽음에 이르는 순환 고리는 끊을 수 없습니다. 그 순환 고리를 끊는다면 가족도 사회 전체도 멸망의 길로 가게 되지 않겠습니까? 세상을 살다 보면 행복은 가까운 곳에 있다는 것을 깨닫게 됩니다. 자기 소질에 맞는 일을 찾아 즐겁게 일할 수 있고, 가정에서 자녀들의 해맑은 눈동자와 티 없는 웃음소리를 보고 들으면서 살 수 있으면 그것이 행복 아니겠습니까? 거창한 사회적 지위나 인기를 누리는 사람들은 나름대로 보람이 있겠지만 그것에 상응하는 위험과 책임, 그리고 고통도 따르기 마련입니다. 세상은 공평합니다. 그래서 살아볼 가치가 있습니다. 꾸준히 노력하면 반드시 보상이 있습니다. 젊은이들에게 비관적인 생각을 갖게 하는 것은 죄악입니다. 자신감과 용기를 불어넣어 주어야 합니다.

마지막으로 가정을 지키고 사회적으로 큰 성취를 이룬 두 여성의 이야기와 최근 미국 여성 사회에서 가정으로 돌아가자는 새로운 바람이 불기 시작했다는 움직임에 대해 간단히 소개하고자 합니다.

낸시 펠로시(Nancy Pelosi)는 2007년 미국에서 여성으로는 사상 최초로 하원 의장에 오른 인물입니다. 그 당시 그녀의 나이는 67세였고, 다섯 명의 자녀를 낳아 기른 할머니였습니다. 그녀는 다섯 명의 자녀 중 막내가 고교생이던 47세 때 하원 의원직에 처음 도전한 후 20년 만에 미국의 하원 의장에 오르는 영광을 누렸습니다. 2007년 1월 그녀가 하원 의장에 취임하던 날 손자 손녀들과 함께 의장석에 올라 감회에 젖어 있는 장면은 보는 사람들로 하여금 기쁨과 함께 많은 생각을 하게 합니다.

동해물과 백두산이 늘 푸르고 높게

자녀 다섯 명을 낳은 후 정계에 진출해 미국에서 최초로 여성 하원 의장이 된 낸시 펠로시.

펠로시는 "여성들의 직업에 대한 질문에 대해 '저는 그냥 가정 주부예요'라고 답하는 것을 들을 때마다 너무 슬펐습니다. 내가 여성들에게 하고 싶은 말은 엄마가 되는 것과 집안일에 대한 경험에 높은 가치를 부여하라는 것입니다. 아이들을 기르는 것은 한 명당 한 번씩 세상을 구하는 것입니다"*라고 말했습니다.

그리고 그녀는 언젠가 '아이들 다섯 명을 낳아 키우고 나니 세상에 무서운 것이 없게 되었다'라고도 말했습니다. 그녀는 가정을 구

---

* 낸시 펠로시 지음, 안명옥 옮김, 《자신의 숨겨진 힘을 깨달아라. 이 땅의 모든 딸들에게》, 조윤커뮤니케이션, 2008, 155쪽

하고 나아가 자신의 말대로 세상을 구하는 일을 다섯 번이나 한 셈입니다. 그리고 거기에 더해 뒤늦게 정계에 뛰어들어 아무나 할 수 없는 하원 의장까지 했습니다.

또 한 사람 이야기 하고 싶은 여성은 유튜브의 최고경영자(CEO) 수전 워치츠키(Susan Wojicicki)입니다. 그녀는 앞에 말한 낸시 펠로시처럼 다섯 명의 자녀를 두었는데 유아부터 고등학생까지 있다고 합니다. 아이들을 키우면서 기업 경영을 하고 아이들로부터 자신의 사업 아이디어까지 얻는다고 합니다.

다음은 근래 미국에서 들어온 반가운 소식을 하나 이야기하고자 합니다. "새로운 가정의 시대가 돌아오고 있다"는 것입니다. 하버드 대학 출신의 언론인이자 작가인 에밀리 맷차(Emily Matchar)가 《하우스와이프 2.0》이라는 책에서 쓰고 있는 말입니다. 그 책의 내용을 개략적으로 소개하면 다음과 같습니다.

지금 미국에서는 명문 대학을 나와 높은 연봉을 받는 상당수의 여성들이 직장을 떠나 가정으로 돌아오고 있다고 합니다. 전통에의 회귀 현상이 나타난다는 것입니다. 뉴욕의 어떤 젊은 여성은 자기가 직접 빵과 케이크를 만들고 블로그에 자랑한다고 합니다. 어떤 여성 직장인은 육아휴직 뒤에 직장에 복귀하지 않고 집에서 아기를 키우고 직접 만든 뜨개질 작품을 팔아 돈을 번다고 합니다. 아이들에게 먹일 음식을 안전하게 만들기 위해 자기 집 텃밭에서 야채를 기르고 닭을 키우는 사람도 있다고 하네요. 아기 기저귀도 천으로 만든 것을 쓴다고 합니다.

이와 같이 전업주부로 돌아가는 여성들이 생기고 있는 것은 우리가 살고 있는 지구의 환경을 살려야 하고 아이들을 안전하게 키워야겠다는 생각을 반영하는 것이라고 합니다. 또 현실적으로 가정과 직장을 양립시키기도 어렵고 행복은 가정에 있다는 것을 깨닫게 되었기 때문이라는 겁니다. 소득이 줄면 소비도 줄이자는 생각까지 하는 모양입니다.

한편 집안일이 허드렛일이 아니고 매우 중요하고 가치 있는 일이라는 것을 알게 되고 가사를 하면서도 자아실현이 가능하다는 것도 깨우친 것 같다고 합니다. 이러한 생각은 페미니스트 운동에 저촉되는 것도 아니라고 합니다.

실제로 어떤 주부는 가사와 관련해 자신의 블로그를 잘 운영해서 연간 백만 불의 광고 수입을 올리기도 한다고 합니다. 어디에서나 열의와 능력이 있으면 기본을 잃지 않으면서 하고 싶은 일을 하고 큰 소득을 올리기도 한다는 이야기입니다.

위에서 말한 낸시 펠로시는 자녀 한 명당 한 번씩 세상을 구하는 것이라고 생각하고 다섯 아이를 다 키워놓은 후 정계에 진출하여 하원 의장까지 한 여성입니다. 수전 워치츠키는 현재 다섯 명의 자녀를 키우며 기업의 최고경영자로서 일하고 있는 여성입니다. 그리고 에밀리 맷차는 직장보다는 육아와 가정이 더 중요하다고 생각하며 가정으로 돌아가는 여성들에 관해 이야기하고 있습니다.

우리나라의 젊은 여성들은 각자의 주어진 환경과 능력에 따라 잘 판단해서 우리 사회와 나라가 보존되고 발전해 나갈 수 있도록 현명함을 보여야 할 것입니다. 우리나라의 장래는 기본적으로 여성들의 생각과 역할에 크게 달려있다고 해도 과언이 아닙니다.

'미래의 선진 한국인' 어떻게 키울 것인가?

이미 앞에서 살펴본 바와 같이, 우리나라의 교육에는 방향이 없었습니다. 이해하려고 들면 그럴 만한 이유가 있었다고 생각됩니다. 해방 후의 혼란과 6·25전쟁을 치렀습니다. 지독한 가난을 벗어나기 위해 몸부림을 치고 살아왔습니다. 그 과정에서 갈피를 못 잡고 한풀이 교육, 출세 지향의 교육을 해왔다고 해도 과언이 아닙니다. 그러나 다행스럽게도 해방 후의 혼란과 궁핍한 상황에서도 1949년에 교육법을 만들어 국민학교 6년의 의무교육을 시작했습니다. 그 당시 문맹률이 78%였는데 지금은 2% 수준입니다. 이제 우리나라에 문맹자는 거의 없다는 이야기나 마찬가지입니다. 문맹자가 없어졌다는 것은 획기적인 변화이고 문화국가로 가기 위한 기초 한 가지를 다져 놓은 것입니다.

현재는 오히려 대학생이 넘쳐나는 과잉 교육이 문제가 되고 있는 형편입니다. 그리고 여러 가지 측면에서 엄청나게 크고 빠른 변화가 일어나면서 교육의 방향을 옳게 잡기도 쉽지 않습니다. 요즈음 우리나라를 찾는 외국인 관광객이 일 년에 1천4백만 명이 넘고, 국내 거주 외국인 수가 170만 명, 다문화 가족의 수도 80만 명이 넘는다고 합니다. 앞으로 이들 외국인과 다문화 가정도 계속 증가하리라고 예상됩니다. 정보혁명으로 지식과 정보의 확산이 순식간에 이루어지고, 은밀하게 이루어지기도 하면서 우리의 일상생활에 엄청난 변화를 가져오고 있습니다.

　중국의 급부상으로 국제 질서에 어떠한 변화와 충격이 올지 불안합니다. 우리의 가장 든든한 동맹국이자 세계 경찰 노릇을 해온 미국에서는 신고립주의를 주장하는 대통령 후보가 돌풍을 일으키고 있습니다. 최근 유럽연합의 주요 회원국이었던 영국이 유럽연합을 탈퇴하기로 결정하였는 바 앞으로 어떠한 충격파가 몰려올지 세계가 불안합니다. 남북 분단의 장기화에 따라 남북 주민 간에 이질화의 골이 깊어져 언제 이루어질지는 모르나 통일이 되었을 때 많은 갈등도 예상해 볼 수 있습니다. 이와 같은 상황에서 우리는 우리의 미래인 자녀들의 교육에 관해 기본 방향부터 잘 설정하고 올바르고 폭넓은 지식과 지혜를 가르쳐야 하겠습니다.

　서술의 편의를 위하여 두 가지로 나누어 이야기하고자 합니다. 한 가지는 국가와 민족의 구성원으로서 반드시 지녀야 할 정신 자세에 관한 기초 교육의 문제이고, 다른 하나는 실천적 측면에서 생각해 본 비교적 구체적인 교육 방향에 관한 것입니다.

　먼저 **정신 자세에 관한 기초 교육**에 대하여 논의하겠습니다.

　첫째, 민족의 얼과 혼을 살리는 교육을 해야 하겠습니다. 한민족의 일원으로서, 대한민국의 국민으로서 가져야 할 얼을 심어주는 교육을 하여야 하겠습니다. 한민족의 혼, 대한민국의 국민정신이 무엇인가, 무엇이 되어야 하는가에 대해서는 지금 60, 70대의 사람들도 배워본 적이 거의 없습니다. 사실 지금의 노령층은 가난을 벗어나고자 혼신의 힘을 다하고 살아온 사람들입니다. 그리고 지금의 중장년 세대는 한풀이 교육의 시대를 살아온 사람들이라고 해도 될 것 같습니다. 부모가 자신들이 겪은 고생을 자식들에게 되풀이시키지 않겠다고 해서 무조건 대학에 가야 하고 그것도 좋은 대학을 나와 소위 일류 직장에 취직해야 된다는 강박관념 속에서 살아온 사람들 말입니다.

지금도 상황은 변하지 않았습니다. 그러나 이제는 우리의 근본, 역사, 민족혼을 다시 찾아야 합니다. 그리고 정신 무장을 다시 해야 합니다. 그동안 당장 하루하루 먹고사는 것에 너무 몰두하다 보니 근본에 대해서 잊고 사는 어리석음을 범했습니다. 가문의 경우도 집안의 내력이 분명하고 가도가 반듯하면 뼈대 있는 집안이라고 우러러보게 됩니다. 나라나 민족도 마찬가지입니다.

우리 민족의 시조인 단군왕검께서는 홍익인간의 뜻, 즉 인간을 널리 이익 되게 하겠다는 뜻을 펴기 위해 단군조선을 세우셨습니다. 기원전 5세기의 성인 공자(孔子)는 당시의 조선을 군자국이라 부르고 뗏목을 타고 이주하고 싶다는 말씀을 했습니다.* 신라시대의 당(唐)나라는 우리나라를 동방예의지국이라고 불렀다고 합니다. 지금도 우리는 우리나라를 종종 그렇게 부릅니다. 우리나라는 남의

---

* 한영우 지음, 《다시찾는 우리역사》, 경세원, 2008, 23쪽

동해물과 백두산이 늘 푸르고 높게

나라를 힘이나 총칼로 위협해 재물을 빼앗거나 사람을 죽이고 남의 나라까지 빼앗는 못된 짓을 하지 않았습니다. 우리나라는 평화를 추구하고 학문을 사랑하는 나라였습니다.

옛날부터 우리는 자주와 자존의 정신이 강하고 창의력이 뛰어난 민족이었으므로 중국의 한자를 사용했어도 우리 언어로 읽어야 할 필요에서 이두를 채용했고, 세계 최초로 금속활자도 발명했으며 조선시대에 와서는 과학적이고 아름답고 독창적인 한글을 창제했습니다. 삼국시대 이후 통일신라, 고려, 조선을 거치면서 많은 외침을 겪고 국난을 당했으나 꿋꿋하게 버텨왔습니다. 근세에 일제에게 35년간 치욕을 당했으나 그 기간은 우리의 반만년 오랜 역사에서는 한 점에 불과합니다.

오늘날 우리나라는 어느 선진국에 못지않을 정도로 사람들의 생활이 윤택해 보입니다. 모든 나라들이 우리를 기적을 이루어낸 나라라고 부러워합니다. 이제 다시 한 번 우리 역사를 돌아보고 우리 민족의 혼, 우리의 얼을 정리해서 후손에게 교육해야 합니다. 사람도 무언가 모자라는 사람을 얼빠진 사람이라고 합니다. 얼이 없는 나라, 다시 말해 얼빠진 나라는 제대로 된 나라가 아닙니다. 우리 역사도 제대로 바른 시각에서 정리해야 하겠습니다. 민족혼, 민족정기를 바로 세우려는 노력도 하고, 가르치기도 해서 얼이 있는 나라를 만들어야 합니다. 국제화와 세계화가 이루어지는 요즈음 더욱더 우리의 얼을 찾는 노력이 필요합니다. 국수적이고 배타적으로 가자는 뜻이 아닙니다. 자주와 자존의 정신을 가지고 얼이 있는 나라로서 세계와 협조해야 오히려 응분의 대접을 받고 우리 스스로를 지켜나갈 수 있기 때문입니다.

둘째, 선량한 공동체 구성원이 되도록 교육해야 합니다.

공동체라면 국가, 도, 시, 군, 구 등 행정단위에 따라 구분할 수도 있고 씨족이나 종교, 기타 이익에 따른 공동체도 생각해 볼 수 있습니다. 요즈음에는 전 세계가 지구촌화되면서 국제 공동체(International Community)라는 말까지 자주 쓰이는 세상이 되었습니다. 그러나 현재 우리에게 가장 중요한 것은 국가 공동체이고 그 공동체를 잘 지키고 발전시켜야 하는 것이 우리의 사명입니다. 그렇게 하는 것이 우리 국가 공동체 구성원 각자에게 득이 됩니다.

우리 사회는 해방 이후 숨 가쁘게 달려왔습니다. 공산주의를 물리치고 자유민주주의 국가를 건설해야 했고 수천 년 지속돼 온 가난의 굴레를 벗어나 잘살아보자고 앞만 보고 달려왔습니다. 따라서 대한민국이라는 국가 공동체가 얼마나 소중한 것인지, 공동체 구성원인 국민의 지위는 무엇인지, 국민의 의무와 권리는 무엇인지, 어떤 사회가 진정으로 우리 공동체 구성원을 행복하게 하는 것인지, 이런 것들에 대해 깊이 생각하고 깨달을 겨를이 없이 살아왔습니다.

이제는 식·의·주의 문제도 해결되고 좌우 이념 대립도 의미 없는 세상이 되었습니다. 우리는 대한민국이라는 국가 공동체를 성숙된 민주국가이면서 경제적으로 윤택하고 모든 구성원이 화합하고 단결하는 사회로 만들어야 할 시점에 와 있습니다. 이를 위해 우리 대한민국 국민 모두는 나이나 성별, 직업을 불문하고 새로 태어나는 기분으로 선량한 공동체 구성원이 되기 위한 공부를 해야 한다고 생각합니다. 중·노년, 청·장년은 그들대로 공부를 해야 하며 우리의 미래인 청소년들에게는 영어와 수학 이전에 선량한 공동체 구성원이 되기 위한 공부를 먼저 시켜야 하겠습니다. 노년의 세대는 그들대로 반성을 통해 새로운 자세로 젊은 세대를 이끌어주어야 하며, 젊은 세대는 길게 남아있는 자기들의 시대를 잘 살아가기 위해서라도 선량한 공동체 구성원이 되기 위한 공부를 해야 합니다.

우리가 배워야 할 것을 간단히 요약해 보겠습니다. 우리 공동체 구성원은 모두 정직하고 친절하며 예의 바르고 법과 질서를 잘 지키는 사람들이어야 합니다. 조상들의 업적과 지혜에서 배우고 자부심을 가질 수 있어야 합니다. 가족의 가치를 재인식하고 우선 가정을 살리고 나아가 국가를 살려야 합니다. 공동체 구성원 간 서로 협조하고 밀어주는 것이 각자의 이익이 된다는 것을 알아야 합니다. 사촌이 논 사면 배 아파 하는 비뚤어진 생각은 반드시 털어내야 합니다. 우리 국토 전부를 자기 집 안마당처럼 생각해 청결하고 아름답고 안전한 곳으로 만들겠다는 마음가짐을 가져야 합니다. 우리의 후세대 아이들에게 훌륭한 나라를 만들어주어 자손만대 번영을 누리도록 하겠다는 꿈을 가져야 합니다. 이러한 것들이 선량한 공동체 구성원이 되도록 하는 교육의 전부라고 해도 될 것입니다.

다음으로 **구체적 실천 방향에서 어떠한 교육이 필요한가**를 제시해 보고자 합니다.

첫째, 가정교육을 제대로 되살려야 합니다.

산업화 이전에는 대가족제도가 보편적이어서 할아버지, 할머니, 아버지, 어머니와 한집안에 살면서 어른들로부터 예절과 삶의 지혜 등을 배울 수 있었습니다. 그러나 핵가족의 시대인 요즘 특히 아버지는 경제활동에 바쁘다 보니 자녀들과 얼굴을 마주할 시간조차 없었습니다. 당연히 자녀 교육은 거의 불가능했다고 봐도 될 것 같습니다. 그리고 가정교육의 중요성이나 의미, 방법 등도 생각해 볼 겨를이 없었습니다. 게다가 해방 후에는 조선시대나 일제시대와는 다른 미국식 교육제도가 들어오면서 혼란이 일어날 수밖에 없었습니다. 그러한 상황에서 아이들이 무엇을 보고 자랐을까요? 부모들의 생각은 어떠했을까요? 부모나 아이들이나 세계를 움직이는 부강한 나라들, 즉 선진국들이 하는 것은 다 좋아 보였을 거라고 생각합니다.

그러나 우리나라의 전통이나 조상들의 지혜에서도 배울 것이 많았는데도 지나쳐버린 것들이 꽤 있습니다. 전통 교육은 나쁘고 외국에서 들어온 신식 교육은 무조건 좋다고 생각해서는 안 됩니다. 모두 나름대로의 의미가 있고 장점과 단점이 있습니다. 그러므로 한쪽으로 치우쳐서는 안 된다는 말입니다.

전통 교육은 유학의 가르침에 따라 위에서 아래로 시키는 교육이었습니다. 농업사회에서 같은 씨족끼리 모여 사는 환경에서는 질서유지도 되고 교육의 방향도 안정적이었을 것입니다. 그러나 서양식 교육은 자녀 한 사람마다의 개성을 존중하고, 법 앞에 모든 사람은 평등하다는 기본 사고에 근거하는 교육입니다. 우리의 경우, 해방 후 일본의 무인사회(武人社會)적 교육의 잔재를 씻어내지 못한 상황에서 기독교의 영향력이 확대되고 미국식 교육 방식이 들어와서 우리 사회나 가정이나 혼돈의 시대를 거칠 수밖에 없었다고 생각합니다.

이러한 혼돈의 시대 상황이었음에도 부모가 가정에서 자녀들과 같이 하는 시간이 절대적으로 부족했고 가정교육의 방향도 잡혀 있지 않았다는 것이 큰 문제였습니다. 영어, 수학 잘해서 일류 대학에 입학하고 인기 직장에 들어가기 위한 기능적 교육은 되었는지 모르나 삶과 가정, 사회와 국가라는 공동체의 구성원으로서 가져야 할 공동체 정신, 윤리, 도덕에 대한 교육은 잘 되지 못했다고 봐야 할 것 같습니다. 이러한 잘못이 지금의 가정 붕괴 현상으로 나타나고 나아가 사회와 국가의 존립조차 걱정하지 않을 수 없는 상황을 만들었다고 생각합니다.

곰곰 따져보면 안타깝습니다. 과거 고도성장기에 남편들은 직장에만 몰두하는 반면 아내들은 집안일, 아이들 일 챙기느라고 외롭게 고생하면서 불평불만이 많았을 것입니다. 자신이 결혼해서 사는 것이 행복이라기보다는 큰 짐을 지고 굴레를 쓰고 사는 것으로 판단했을 가능성이 높습니다. 그러면 그 가정주부의 입에서 남편과 가정과 자녀에 대해서 어떤 말이 나왔을까요? 짐작컨대 긍정적인 말, 희망적인 말보다는 부정적인 말, 한탄하는 말이 무심코 많이 나왔을 것입니다. 결혼이라는 것부터 부정적인 시각으로 보고 그러한 방향에서 아이들한테 이야기했겠지요.

한 가정에서 가정주부가 차지하는 중요성은 가위 절대적입니다. 가정주부는 실질적으로 가정에서 가장 핵심적인 위치에 있다고 해도 과언이 아닙니다. 그런데 그 중요한 사람들의 입에서 부정적이고 한스러운 말이 나오게 한 것은 일면 남성들의 책임이기도 합니다.

우리의 사회 분위기는 남자들로 하여금 관청이나 회사나 공장 등 직장 일만 중요하게 생각하게 하고 가정에서 남편과 아버지의 역할을 제대로 하게 하지는 않았습니다. 특근, 야근을 하거나 일을 안 하더라도 회식이다 술자리다 해서 시간을 주지 않았습니다. 분위기가 이렇다 보니 남성들 자신도 집안일은 자기가 할 일이 아니라고 생각했습니다. 가정주부인 엄마는 불만이 쌓일 수밖에 없고 부부 간, 부모 자녀 간에 화목한 분위기가 생기기 어려웠다고 생각합니다.

이런 환경 속에서 자녀들의 눈에 결혼과 가정이 긍정적으로 비추어지지는 않았을 것입니다. 게다가 소득이 높아감에 따라 딸도 아들과 구분 없이 최고학부까지 교육을 시킵니다. 개인주의적인 서양의 사고가 매력적으로 보이게 됩니다. 왜냐하면 우선 물질적으로 풍족하게 사는 나라 사람들이 하는 것을 보면 좋아 보이게 마련이니까 그렇습니다.

젊은 여성들은 자아성취가 중요하다고 하면서 결혼이나 가정보다 사회에 진출하는 것을 우선순위에 둡니다. 사실은 순서상 사회보다는 결혼과 가정이 더 먼저인데 그것을 가르쳐주는 사람이나 모

동해물과 백두산이 늘 푸르고 높게

범을 보이는 사람이 없으니 젊은이들의 판단에 착오가 일어난 것입니다. 심지어 나이 든 할아버지 할머니 세대에서는 황혼이혼이라는 말도 생겨나고 있고 늙은 남편을 비하하거나 조롱하는 우스갯소리도 여기저기에서 들려옵니다. 젊을 때 가정을 등한히 한 업보가 아니겠습니까?

가정의 붕괴는 이미 일어나고 있고 나아가 우리 사회와 국가, 다시 말해 우리들의 공동체가 무너져 내릴 것 같은 위기감마저 듭니다. 이제 더 늦어서는 안 됩니다. 붕괴되는 가정을 다시 살리고 나아가 우리 국가 공동체도 영속 발전하게 해야 합니다. 먼저 가정의 중요성, 가정을 살리는 교육을 하지 않으면 안 됩니다.

우선 **우리도 직장에서 정시에 퇴근해서 가족과 함께 시간을 보낼 수 있는 분위기를 만들어 주어야 합니다.** 쓸데없는 회식 문화도 자제해야 합니다. 가정의 대소사에는 손자 손녀도 다 참석할 수 있도록 배려해야 합니다. 부모와 자녀가 한자리에서 인생과 가정과 사회와 국가와 직업에 대해서 이야기도 하고 역사와 문화와 예술에 대해서도 논하는 차원 높은 교육의 장소가 되어야 합니다. 옛날식으로 어린아이들은 말도 못 하게 하고 윽박지르기나 하는 식의 교육은 이제 더 이상 통용될 수가 없습니다. 현재 성년이 된 우리의 자녀들은 나이가 들면서 부모와 한자리에서 이야기하려고 하지 않습니다. 다 성장했기 때문에 주관과 독립심이 생긴 것도 이유가 되겠으나 어려서부터 부모와 주거니 받거니 이야기할 수 있는 분위기에서 살아오지 않았기 때문에 그렇다고 생각합니다.

앞으로는 가정에서 부모와 자녀 간의 대화가 즐겁고 내실이 있는 것이 되도록 만들어야 합니다. 어려서부터 논리적이고 다방면적 고려도 하고, 균형 감각 있는 사고를 할 줄도 알고, 조리 있게 자기 의견도 말할 줄 아는 능력이 가정에서부터 길러지도록 해야 할 것입니다. 폭넓은 지식, 상식도 가정에서 얻을 수 있도록 교육해야 합니다. 자녀들에게 결혼, 가정, 자손의 중요성이 무엇인지를 깨닫게 해야 합니다.

우리들의 가정교육과 관련해 많은 연구도 있어야 하고 행정적 뒷받침도 있어야 하겠습니다. 현재 우리나라에는 여성가족부가 있는데 이름도 가족부로 고치고 가정교육에 대해 교육부와 함께 무엇을 행정적으로 도와주어야 할 것인가를 제1의 임무로 삼도록 해야 한다고 생각합니다.

둘째, 실질적인 직업교육을 강화하고 고급 인재는 특별히 양성해야 합니다. 이러한 교육의 전제는 모든 사람은 하늘로부터 부여받은 재능과 소질이 있고, 그 재능과 소질에 따라 선택된 직업은 모두 다 귀하다는 믿음이 있어야 한다는 것입니다.

고래로 우리 민족에게는 천손의식(天孫意識)이 있습니다. 환인(桓因: 하느님)이 아들 환웅을 태백산 아래로 내려 보냈고, 환웅은 웅녀와 결혼해 단군을 낳았으며 단군은 조선이라는 나라를 세워 우리 민족의 시조가 되었디는 이야기가 그것을 말해줍니다.

그리고 먹고사는 것과 관련해서 옛사람들은 '저 먹고살 것은 다 갖고 태어난다'고 했습니다. 이 말들을 연결시켜 보면 우리 민족은

동해물과 백두산이 늘 푸르고 높게

하느님의 자손이고 하느님이 먹고살 것 다 챙겨서 세상에 내보냈다는 이야기가 됩니다. 챙겨주신 먹고살 것은 한 사람 한 사람에게 주신 재능과 소질이라고 봐야 할 것입니다. 이 재능과 소질을 그 주신 뜻에 따라 잘 사용하면 평생 큰 걱정 없이 사는 것이고 제대로 사용하지 못 하면 호구지책도 어려울 것입니다. 그러니 우리가 먹고사는 것과 관련해서 가장 중요한 것은 재능과 소질을 적기에 발견해서 잘 사용하도록 하는 것입니다. 자연스레 교육의 역점은 재능과 소질을 발견하고 잘 사용하도록 하는 데 두어야 하겠지요.

요약해보면 우리나라 사람은 모두가 하늘의 자손으로 귀한 존재이며 하느님께서 챙겨주신 재능과 소질에 따라 직업을 선택해서 열심히 일하면서 잘 살라는 말이 됩니다. 여기에서 특히 강조하고 싶은 것은 하느님께서 주신 재능과 소질은 다 귀한 것이고 감사해야 할 것이며 그것에 따라 선택된 직업 역시 다 귀하고 소중한 것이라는 점입니다. 실제로 사람의 식·의·주 생활과 관련한 직업에서 귀하지 않은 직업이 있겠습니까?

그러나 오랫동안 우리는 조상과 하느님의 뜻을 제대로 알지 못했습니다. 간단하게 말해서 천직 의식이 없었습니다. 우리들 스스로 직업에 등급을 매기고 차별했습니다. 일반적으로 보아 권력이나 학문과 관련한 직업은 고귀하고, 먹고사는 것과 직접 관련한 직업은 천한 것으로 치부했었습니다. 앞에서 말했듯이 먹고사는 것이 일차적으로 더 중요한데 왜 그와 관련된 일을 가볍게 보았는지 알수가 없습니다. 그럼에도 수천 년 찌든 가난에서 벗어나고자 지난 반세기 동안 매진하면서 이제는 먹고살 만한 나라가 되었습니다. 그러나 직업에 대한 생각은 아직도 옛날 그대로입니다.

부여받은 재능과 소질, 그리고 그것을 사용하는 것인 직업을 고귀하게 생각하고 감사한다면 그 직업의 이름을 드러나게 하고 자랑스러워해야 합니다. 그러나 실제로는 그렇지 않습니다. 실례를 들어보겠습니다. 종래 사회적으로 평가가 높은 의사, 약사도 원장 선생님, (약)국장님이라고 부릅니다. 한 병원에 원장이 세 명이나 되는 곳도 있습니다. 간호원도 간호사 선생님이라고 해야 좋아합니다. 의사(醫師), 약사(藥師)의 경우 스승 '사' 자가 붙고 존경의 표시가 이미 되어 있는데 실제 부를 때는 직업을 표시하는 글자는 빠지고 원장(院長)에 선생님까지 겹으로 붙여서 호칭을 해야 좋아하는 게 우리의 현실입니다. 작은 점포 주인도 다 사장이라고 하더니 이제는 모두 회장이고 잘 모르는 사람에게도 회장이라고 불러줍니다.

원래 손 수(手) 자가 붙는 직업은 기능과 관련한 일입니다. 기능 천시 사상 때문에 선비 사(士) 자로 다 바꾸고 있습니다. 운전수가 운전사가 되고 더 나아가 운전기사가 되었습니다. 사(士) 자보다는 장(長) 자를 더 좋아합니다. 회사에서는 아예 운전기사도 과장이라고 합니다. 과가 있어야 과장이고 국이 있어야 국장 아닙니까? 음식점의 경우 요리하는 사람들을 뭐라고 불러야 할지 몰라 직접 대면해서 불러본 적은 없으나 자기네들끼리는 실장님, 이사님이라고 하는 것 같습니다. 이발소의 경우 이발사도 사실상 이상한데 이발소 주인을 원장 선생님으로 불러달라고 손님에게 은근히 압력(?)을 넣는 데도 있었습니다. 원로 가수나 배우도 다 선생님입니다. ○○○ 가수나 ○○○ 배우라고 직업을 자랑스럽게 드러내는 호칭이 더 좋을 것 같은데 그게 안 됩니다. 뭘 그리 꼬치꼬치 따지려고 그러느냐는 힐책도 있을 수 있습니다. 그러나 문제는 우리나라 사람들에게 직업에 대한 자부심, 기능을 자랑스럽게 생각하는 마음이 없다는 것입니다. 생각이 관료화·계급화되어 있다는 것이지요.

이런 마당에 전 세계 시장에서 어떻게 경쟁을 해나갈 수가 있겠습니까? 과거에는 그렇게 했다고 해도 앞으로는 달라져야 합니다. 모든 직업은 다 귀한 것으로 인정하고 직업에 대해 감사하는 마음, 자랑스러워하는 마음을 가져야 하겠습니다. 그런 마음가짐을 가지고 있을 때에야 상품과 서비스의 질이 더욱 좋아지고 소비자의 호응을 얻게 되며 나아가 직업 종사자도 자부심과 더불어 계속 발전하게 될 것입니다.

재능과 소질이라는 것을 너무 특별하고 거창하게 생각할 필요도 없습니다. 정신적이건 신체적이건 사회 곳곳에서 사람이 먹고 입고 사는 데 필요한 일을 할 수 있는 능력이면 모두 다 훌륭한 재능이고 소질이라고 보아야 합니다. 그리고 자기 분야에서 열심히 일하다 보면 사회적 평가도 따라오고 물질적 보상도 커지게 된다는 확신을 가져야 합니다. 이미 현실에는 그렇게 성공한 사람들이 많이 있습니다. 이렇게 생각하면서 자부심을 갖고 당당하게 처신할 수 있다면 개인이나 사회나 우리 공동체 전체에게 이익이 될 것으로 믿습니다.

현대에 사는 우리에게 천직관은 너무나 중요한 생활철학의 하나입니다. 굳이 서양의 프로테스탄티즘의 직업윤리를 말할 필요도 없습니다. 이미 우리들이 천직관을 접하고 있었는데도 그것을 충분히 깨닫지 못하고 있었다는 점을 이야기하고 싶었습니다. 과거에 너무 오랫동안 우리 사회의 지배층이 이기적이었거나 유학을 현실에 잘못 해석하고 적용했던 것은 아닌지 의문스러울 뿐입니다. 여하튼 천직관이 전제되지 않고는 직업교육을 말할 수가 없습니다. 젊은이들에게 천직 의식을 확고히 심어주는 교육이 되어야 할 뿐만 아니라 학부모도 종래의 직업관을 고치지 않으면 직업교육은 성공할 수 없다고 생각합니다.

이제 우리는 우리나라의 거의 모든 청소년들이 고등학교에 가고 고교 졸업자의 80% 이상이 대학에 들어가는 현실을 주목해봐야 하겠습니다. 그렇게 많은 대학생이 이 사회와 이 나라에 필요한가요? 그 수많은 대학 졸업자들이 자기들 눈높이에 맞추어 취업을 하고 먹고살 수 있을까요? 현재의 교육관이나 직업관으로는 해결이 불가능한 건 뻔한 일입니다.

우리는 이제 좀 더 냉정하게 우리의 교육 현실을 보고 반성할 것은 반성하고 개선할 것은 개선해 나아가야 합니다. 일반적으로 실업계통으로 갈 학생에게는 실업고등학교 졸업 정도면 충분하게 교육 내용과 연한을 정해서 교육하고, 고급 학문이나 고급 기술을 요하는 분야는 대학 및 대학원에 가서 공부하도록 하는 시스템이 만들어져야 할 것으로 생각합니다. 아울러 학생의 재능과 소질을

동해물과 백두산이 늘 푸르고 높게

발견하기 위한 이론과 시스템도 갖추어야 하겠습니다. 학부모도 천직관을 갖고 자녀의 재능과 소질을 파악하는 데 많은 노력을 기울여야 하겠습니다. 이렇게 해서 아이들이 자기의 능력과 소질에 따라 직업을 갖게 되면 심리적으로 안정된 상태에서 보람을 갖고 일하며 생활할 수 있을 것입니다. 인생의 행복이라는 것도 종래와 같은 학벌이나 세속적 출세에만 있지 않다는 것을 우리 모두 깨달아야 하겠습니다.

한풀이 식, 허세 부리기 식의 대학 교육은 키나 가슴둘레 등 체격 조건을 고려하지 않고 일률적으로 제일 큰 옷을 사서 입히는 것과 똑같다고 할 수 있습니다. 키가 160cm인 사람에게 190cm인 사람에게 맞는 옷을 입히는 것과 같다는 이야기입니다. 몸에 맞지 않는 옷은 불편해서 입고 다닐 수가 없습니다. 고쳐 입거나 새로 사서 입게 되지 않겠습니까? 많은 낭비와 불편을 감수해야 하겠지요.

위에서 천직관을 나름대로 정리해 보았습니다. 즉 모든 사람들이 재능과 소질에 따라 직업을 택해 그 직업을 소중하게 여기고 감사하는 마음으로 열심히 일하면 거기에 행복이 있으며 모든 직업에는 귀천이 없다고 보는 것이 천직관입니다.

그러나 여기에서 한 가지 오해가 있어서는 안 된다는 점을 지적하고 싶습니다. 모든 직업이 다 귀하고 존중받아야 된다고 해서 모든 직업의 종사자들이 동등한 보수를 받아야 한다는 논리는 성립할 수 없다는 것입니다. 자칫 잘못 생각하면 재능과 소질에 따라 직업을 선택해서 사람들이 먹고사는 데에 다 필요한 일을 하는 것인데 누구는 많이 받고 누구는 적게 받아야 하느냐고 주장할 수도 있습니다.

그러나 직업에는 더 어렵고 더 위험하고 더 책임이 크고 더 준비가 필요하고 더 경험을 필요로 하는 분야나 단계가 있습니다. 그런 분야나 단계의 일에 대해서는 더 많은 보수를 주어야 합니다. 그렇지 않으면 누가 그런 일들을 하려고 하겠습니까? 다시 말해 일의 난이도와 책임성, 기왕에 투입된 노력이나 비용 등을 감안해 공정하게 평가되어 보수가 책정되어야 하겠다는 말입니다. 또 보통의 사람들이 갖지 못한 탁월한 능력과 재능을 가져 기업과 사회와 국가에 폭넓게 기여하는 사람들에게도 그것에 상응하는 보수, 기타 대우가 있어야 한다는 점도 모두 수긍해야 할 것입니다.

보통의 직업인들의 경우 직종이나 개인에 따라 보수 수준이 너무 낮아 최저생계비에도 못 미칠 수도 있고 아예 직업이나 재산이 없어서 절망 상태에 있는 사람들도 있을 수 있습니다. 그런 사람들에 대해서는 사회적 지원과 보장이 있어야 합니다. 그런 것이 제대로 제도화되어 시행되지 않으면 사회가 불안해집니다. 사회불안은 모든 공동체 구성원에게 불행을 가져올 수 있습니다. 지나친 소득 불평등은 반드시 막아야 할 과제입니다.

현재 우리나라에는 약 135만 명의 절망 인구가 있다고 합니다. 우리나라의 자실률이 세계적으로 제일 높습니다. 세계 10위권 경제 강국의 체면이 말이 아닙니다. 국가 예산 편성을 잘 해서 쓰면 문제를 해결하거나 줄일 수도 있는데 국회의원들이 지역구에 생색내기용 예산이나 챙기니 정작 필요한 데로 재원이 쓰이지 않는 것 같습니다. 나랏일을 하겠다는 사람들, 제대로 일 좀 해주시고 못하겠으면 그만두어야 합니다. 여러 가지로 능력도 있고 먹고살 만한 분들일 텐데 떳떳하고 명예롭게 살 길을 찾으면 좋겠습니다. 그리고 잘할 수 있는 사람들을 찾아내어 일하게 해야 합니다.

직업에는 귀천이 없고, 보수에서 차이가 나는 것은 합리적인 선에서 인정해야 한다고 말한 바 있습니다. 실제로 이런 생각이 납득되면 직업교육의 50% 이상이 끝난 것 아닌가 하는 생각이 듭니다. 나머지 50%는 실업계 고교나 전문학교 등을 어떻게 만들어 운영하느냐 하는 문제와 학생들의 소질과 재능을 어떻게 발굴해 지도하느냐의 문제라고 하겠습니다. 지금까지도 실업계 교육을 안 한 것은 아니나 학생도 학부모도 별로 호응하지 않았다고 생각합니다. 따라서 직업관에 대해 정부가 행정적·제도적으로 노력할 뿐만 아니라 언론과 정치권의 협조를 얻어 분위기 전환을 가져와야 하겠습니다. 직업교육 제도와 관련해서는 스위스나 독일 같이 잘하고 있는 나라의 제도를 연구해서 받아들여야 되지 않겠는가 하고 생각합니다.

앞으로는 민간 부문이나 공공 부문 공히 취직이나 승진 등에서 불필요한 학력 차별을 없애야 하겠습니다. 지금도 일부 대기업의 경우 학력 차별을 하지 않는 경우가 있으나 향후 직업교육이 잘 되면 기업이나 공공 부문에서 굳이 대학 출신을 선호하지도 않을 것입니다. 그리고 현실에서 보면 소위 일류 대학은 나왔으나 평생 직업도 없이 남에게 폐만 끼치고 사는 사람도 적지 않고, 고등학교만

나왔거나 지방대학을 나왔어도 직장인으로서 또는 기업인, 공무원으로 성공적인 삶을 사는 사람도 많다는 사실이 널리 알려져야 하겠습니다.

돈을 많이 벌고 소위 사회적 출세를 하는 것만이 인생의 보람이고 행복이라는 생각도 옳다고만 할 수 없습니다. 평범한 데에도 보람과 행복이 있다는 것을 알아야 하겠습니다. 자신의 재능과 소질에 따라 직업을 선택하고, 작으나 크나 주어진 여건 범위 내에서 꾸준하게 열심히 일하면 다 성공할 수 있고, 거기에 삶의 보람과 행복이 있다는 것을 어려서부터 배우게 해야 합니다. 초등학교, 중등학교 단계를 거치면서 교사와 학부모가 늘 학생을 관찰하고 학부모, 교사, 학생이 자주 만나 협의하고 지도해 나아가야 할 것입니다.

사람에 따라서는 일반적인 직업 분야에서 적성을 발견해서 사회 진출을 할 수 있는 사람이 있는가 하면 그렇지 않은 경우도 있습니다. 수학, 과학, 의학, 인문학, 예술, 스포츠 등 모든 분야에서 재능과 소질이 출중하고 흥미를 가지고 있는 사람들이 있습니다. 이런 사람들은 특수한 분야에서 나중에 국가와 사회를 위해 더 많은 기여를 할 사람들입니다. 이런 고급 인재들에 대해서는 공동체가 전적으로 밀어주고 키워줘야 할 것입니다. 다시 말해 돈 없어서 공부 못 하는 인재들이 있어서는 안 되겠다는 말입니다. 이런 면에서는 유대인들이 아주 잘하고 있는 것으로 알려져 있습니다. 우리도 대국적 견지에서 이와 같은 고급 인재를 양성하면 결국 우리 사회에 더 큰 이익이 될 뿐만 아니라 국민 각자에게도 득이 된다는 점을 인식하고 적극 밀어주어야 하겠습니다. 내 아이가 아니더라도 내가 직접 모르는 사람이더라도 지원을 아끼지 말아야 합니다.

듣기 거북한 말이긴 하지만 "우리 한국 사람은 남 잘되는 꼴을 못 본다" 또는 "사촌이 논 사면 배 아파한다"는 등 시기와 질투가 많다는 것을 예부터 일러왔습니다. 과거 폐쇄사회에서 우리끼리 경쟁할 때는 혹시 그랬는지 몰라도 앞으로의 국제 경쟁사회에서 그래서는 안 됩니다. 한 사람이라도 우리나라 사람이 더 잘되고 세계적으로 영향력이 큰 인물들이 배출되어야 합니다. 그런 사람들은 나라를 위해 큰일을 하라고 하느님으로부터 더 큰 재능과 역량을 받았구나 생각하고 적극 밀어주어야 합니다. 세금으로 하든 기부금 등을 받아 하든 장학 사업 재원을 확충하고 지원 대상과 방식을 공정하게 정하고 투명하게 운영한다면 모든 공동체 구성원이 다 찬성하리라고 생각합니다. 궁극적으로 우리 민족이 번영하기 위해서는 세계적인 인재를 배출하는 것밖에 다른 것은 없을 것입니다.

셋째, 공공의 엘리트 육성을 위한 교육을 강화해야 합니다. 우리나라는 세계의 강대국들에 둘러싸인 반도국가라는 지정학적 특수성 때문에 항상 긴장하고 살 수밖에 없습니다. 근래 중국의 급부상과 일본의 우경화 등으로 우리의 입장은 한층 더 어려워지고 있습니다. 미국도 자국의 이익에 따라 언제 어떻게 변화할지 모릅니다. 경제적으로 더 밀접해진 중국과 외교 안보상 전통적 우방인 미국이 대립할 경우 입장이 난처해집니다.

교통과 통신의 획기적 발달로 세계는 급격히 좁아지고 국제 관계는 복잡해지고 있습니다. 정보통신, 우주과학, 군사과학 등도 급속히 발전하면서 우리나라는 한시도 방심하고 지낼 수가 없게 되었습니다. 결국 이 말은 우리 스스로 힘을 길러 홀로서기를 해야 된다는 것으로 귀결됩니다. 한마디로 말해서 우리의 상황은 언제나 미묘하고 어려울 수밖에 없습니다. 따라서 이러한 어려운 상황을 헤쳐 나가는 데는 유능하고 신뢰할 수 있는 국가의 지도 세력이 형성되고 그들이 구심점 역할을 잘해주어야 한다고 생각합니다. 즉 국가와 사회의 존립과 번영을 책임질 공공의 엘리트가 반드시 필요하다는 이야기입니다.

현재 우리나라에는 군사 분야의 엘리트를 육성하기 위한 육해공군 사관학교가 있으며 과학기술 분야에는 카이스트(KAIST)가 있습니다. 그러나 정치, 경제, 외교, 안보 쪽으로는 특별한 인재 육성기관이 없습니다. 물론 일반 국공립대학이나 사립대학에 관련 학과가 있으나 국가적 엘리트를 양성하는 데는 여러 가지로 미진한 부분이 많은 것으로 생각됩니다.

효율적인 엘리트 교육을 위해 다음과 같은 제안을 해보겠습니다.

① 정치, 경제, 외교, 안보를 아우르는 국립 정치경제 대학 또는 대학원을 세울 필요가 있다고 생각합니다. 분야별 전문 지식뿐만 아니라 통합적 식견과 문제 해결 능력을 갖춘 지도자를 육성하는 교육기관으로 활용할 수 있게 해야 합니다.

이런 견해를 이야기하면 또 특권층이나 특수 집단을 만들어 오히려 사회적 위화감을 조성하려느냐고 할지 모릅니다. 그러나 그

동해물과 백두산이 늘 푸르고 높게

설립 목적에 따라 국가를 위하여 헌신하고 희생하는 인재들이 배출되어 효과를 보게 되면 무슨 문제가 있겠습니까? 우리는 어떤 제도를 도입하거나 새로운 법을 만들 때 안 지키면 무용지물이 되든가 애물단지가 되는 게 아니냐는 이야기를 먼저 하는 경향이 있습니다. 법치주의가 제대로 작동하지 않는 현실을 반영하는 걱정입니다. 그러나 무슨 일이든 부정적인 전제를 하고 시작하면 될 일도 안 됩니다. 된다고 긍정하고 그런 방향으로 노력하면서 부작용이나 문제점을 제거하고 보완해 나가야 좋은 제도, 좋은 법으로 자리 잡게 될 것입니다. 외국의 사례도 검토하고 참고해서 좋은 방안을 만들어 시행할 필요가 있다고 생각합니다.

② 3군 사관학교를 일류 대학 수준으로 개선하는 것입니다. 교과 내용, 시설, 교수진 등을 보강하고 운영 방법을 개선해서 명문대학과 비교하여 손색이 없는 수준으로 육성해야 한다고 생각합니다. 미국의 경우 3군 사관학교는 일류 대학에 못지않다고 하며 실제로 많은 지도자를 배출하기도 했습니다.

③ 기존의 카이스트에 대한 지원을 대폭 확대해 우선 세계 20위 이내의 대학 진입을 목표로 발전시키고, 나아가 10위 이내로 비약해 우리나라 내에서도 세계적인 과학기술 인재가 배출되도록 해야 할 것입니다.

④ 위의 3개 교육기관의 교과과정을 필요에 따라 적절히 배합해 이수케 함으로써 국가 지도자로서의 종합적인 지식과 안목을 갖도록 하는 방법도 검토할 필요가 있을 것으로 생각합니다.

⑤ 고등학교의 경우는 자유경쟁 입시 체제로 하되 직업교육제도가 확대 시행되도록 해야 합니다. 우선 학문과 지식에 뜻이 있거나 사회의 리더가 되고 싶은 열정이 있는 사람들만 일반 고등학교를 거쳐 대학에 가도록 합니다. 또 자기 생활에 충실하면서 직장에서 맡은 일을 열심히 하는 것 또한 사회와 국가를 위한 일이라고 생각하는 사람들은 직업교육을 받도록 하면 좋겠습니다.

한편, 과거의 일류 고등학교와는 다르게 국가와 사회에 봉사하고 헌신, 희생하는 인재들을 배출하는 진정한 의미의 명문 고등학교가 나오도록 할 필요도 있을 것입니다. 영국의 이튼고등학교*(Eton College)를 보면 참고할 점이 많을 것으로 보입니다.

이튼고등학교는 나폴레옹 전쟁 때 워털루에서 나폴레옹을 패배시킨 영국의 웰링턴(Duke of Wellington) 장군의 말 때문에 더욱 유명합니다. 웰링턴 장군은 나폴레옹을 어떻게 이길 수 있었느냐는 질문에 대하여 "나는 이튼 정신을 가지고 싸웠습니다. 워털루 전투의 승리는 이튼 교정에서 얻어진 것입니다"라고 답변했습니다. 그러면 이튼 정신이란 무엇일까요? 이 학교 교장의 졸업식 훈화에 잘 나타나 있듯이 자신의 출세와 자신만이 잘되기를 원치 않으며 주변을 위하고 사회나 나라가 어려울 때 제일 먼저 달려 나가 선두에 설 줄 아는 사람이 되는 것이라고 요약할 수 있을 것입니다.

---

* 퍼블릭 스쿨(public school)로 1440년에 창설됨. 퍼블릭 스쿨은 영국에서 사립 중·고등학교를 말함. 칼리지(college)는 영국에서 퍼블릭 스쿨과 같은 의미임.

1440년 헨리 6세가 설립한 이튼고등학교는 전 세계적으로 유명한 사립학교로 영국 국가와 사회에 봉사하는 인재를 다수 배출했다.

　　이튼고등학교의 교훈은* "①남의 약점을 이용하지 마라 ②비굴하지 않은 사람이 되라 ③약자를 깔보지 마라 ④항상 상대방을 배려하라 ⑤잘난 체하지 마라 ⑥다만, 공적인 일에는 용기 있게 나서라"라고 합니다. 이 학교는 교과목 중 체육이 가장 중요하다고 합니다. 그러면서도 옥스퍼드나 케임브리지 대학에 졸업생의 3분의 1 정도가 입학합니다. 지금까지 19명의 영국 총리를 배출했으며 1, 2차

---

* 이튼고등학교의 교훈은 비교적 구체적이고 모세의 10계명과 유사한 형식을 갖고 있는 것처럼 느껴짐. 과거 우리나라의 명문고로 꼽혔던 고등학교의 교훈은 다음과 같음.
①경기고: 자유인, 문화인, 평화인 ②서울고: 깨끗하자, 부지런하자, 책임 지키자 ③경복고: 지성, 활달, 강건, 협동 ④제물포고: 학식은 사회의 등불, 양심은 민족의 소금 ⑤대전고: 순결, 진실, 용기 ⑥청주고: 지혜롭고 진취적이며 명예로운 청고인이 되자 ⑦전주고: 자강, 자율, 자립 ⑧광주일고: 다해라 충효, 이어라 전통, 길러라 실력 ⑨광주고: 학행일치 ⑩오현고: 학행일치 ⑪경남고: 근검자립하자, 규율을 지켜 자유롭게 살자, 책임을 다해 얼려 살자 ⑫부산고: 감사하자, 굳세자, 힘쓰자 ⑬경북고: 아는 사람, 생각하는 사람, 행하는 사람 ⑭경북사대부고: 자율, 협동, 강건 ⑮춘천고: 정도

세계대전에서는 2,000명의 이 학교 학생이 죽었다고 합니다. 이와 같이 사회적 국가적 책임을 다하고 희생하는 엘리트들이기 때문에 600년을 지나면서도 영광과 명예를 누리는 것으로 생각합니다.

최근 영국의 유럽연합 탈퇴(Brexit) 결정은 잘못된 것이고 이를 주도한 사람들이 이튼고등학교와 옥스퍼드대학 출신이라고 비난하는 언론 보도도 있으나 어떤 일시적이고 표피적인 현상만 보고 판단해서는 안 될 것입니다.

조선 말기, 세상은 천지개벽하듯 발전하며 변화하고 있는데 우리는 문 닫고 눈 감고 있다가 망국의 설움을 당했습니다. 나라를 이끌어갈 지도 세력도 형성되어 있지 못하고 조정도 무능하니 당연히 그럴 수밖에 없었습니다. 요즈음 우리나라를 보면 아무나 대통령하고 장관, 국회의원, 도지사, 시장, 군수 하겠다고 떠들어대는 것 같습니다. 나라 운영에 구심점도 없고 흔들리기만 하는 것 같아 모든 국민은 불안합니다. 앞으로는 국민 스스로가 나라를 제대로 이끌어줄 지도 세력을 만들고 키워주어야 한다고 생각합니다.

실례로, 후세 교육을 잘하고 있는 나라들의 사례를 소개하겠습니다. 필자 나름대로는 이스라엘(유대인)을 가장 본받아야 할 나라로 보고 있습니다. 그 나라는 얼이 있는 교육을 하고 있습니다. 가정교육의 중요성을 잘 알고 실천하고 있습니다. 모든 사람에게 필요한 재능과 소질이 있다는 확고한 신념을 가지고 자녀들을 격려하고 지원하는 교육을 합니다. 그들은 배우는 것이 신을 찬미하는 기도와 동일하다고 생각하며 평생 공부합니다.

동해물과 백두산이 늘 푸르고 높게

좀 더 부연해서 설명해 보겠습니다. 그들은 3천여 년 전에 쓰였다는 모세오경(토라)과 유대인 5천 년의 지혜라고 불리는 탈무드를 가지고 끊임없이 공부하고 있습니다. 수천 년의 지혜가 축적되면 그 지혜의 폭과 깊이가 대단할 것입니다. 더구나 고난의 역사를 헤쳐 오면서 쌓인 지혜이기 때문에 생존과 생활에 관한 빛나는 지혜가 가득할 것입니다. 게다가 유대인 사회에서는 율법학자가 되는 것을 가장 보람 있는 것으로 생각한다고 합니다. 이렇게 자부심을 가진 율법학자들이 오랜 세월을 거치면서 지혜의 샘물을 더욱 풍부하게 만들었을 것입니다. 이와 같이 오랜 세월 동안 모세오경과 탈무드를 가르치고 공부하는 것은 바로 유대인의 얼을 심기 위한 노력이라고 생각합니다. 그 얼이 지금도 계속 이어져 내려오고 있습니다. 그 얼이 유대 민족을 단결시키고 세계를 이끌어가는 원동력을 제공하고 있는 게 아닌가 생각합니다.

유대인들에 비해 우리의 경우는 어떻습니까? 우리도 5천 년 역사를 가졌다고 하면서 역사 공부는 뒷전에 밀어놓았습니다. 수천 년 동안 우리 조상들의 정신적 자양분이 된 동양 고전이나 우리 조상들이 직접 이뤄놓은 정신적 성취에 대해서는 관심을 두지 않는 듯합니다. 오히려 조상들의 지혜에 대해서는 눈 감고 잘못된 것만 들추어내려는 듯한 행태를 보입니다. 사람들은 재테크 관련 책이나 사지 역사책, 도덕책 같은 것은 잘 사지도 않습니다. 하루빨리 우리의 역사도 다시 찾고, 조상의 지혜도 다시 찾아 빠졌던 얼을 채워 넣어야 하겠습니다.

유대인들에게 가정은 가장 중요한 성소이자 배움의 장이라고 말한 바 있습니다. 가장인 아버지가 저녁때는 항상 집에 와서 아내와 자녀들과 같이 식사하면서 자연스럽게 대화를 한다고 합니다. 도덕과 율법을 이야기하고 학교에서 배우는 것에 관해서 이야기합니다. 부모는 아이들이 대화에 적극 참여할 수 있도록 발언을 유도하고 경청한다는군요. 아이들이 말하는 것을 중간에서 끊거나 윽박지르는 일도 없습니다. 질문을 중시해서 학교에서 무엇을 배웠느냐보다 무엇을 질문했느냐를 물어봅니다. 다방면적 사고를 하게 하고 이해력을 높이며 호기심을 유발하고 상상력을 갖게 하는 동시에 참여하고 준비하는 태도를 길러주는 방법이라고 할 수 있겠습니다.

이렇게 아이들과 이야기를 하려면 부모도 같이 공부하지 않으면 안 될 것입니다. 부모도 공부하고 가족 전체가 공부하는 분위기 속에서 가족의 화목과 유대가 다져질 것으로 믿어집니다. 이와 같이 부모와 자녀가 함께 서로 의견을 존중하면서 대화한다는 것은 아이들에게 사고의 폭도 넓혀주고 토론하는 방법도 어려서부터 배우게 하는 것이므로 매우 바람직하다고 생각합니다. 이러한 가정교육은 아이들이 나중에 사회인이 되었을 때도 큰 도움이 될 것입니다. 그래서 같은 변호사라도 유대인 출신 변호사가 더 유능한 변호사로 평가받는 것 같습니다.

아울러 아이들은 가정이라는 것을 소중하게 생각하고 자기 자신도 나중에 커서 결혼하여 이런 가정을 꾸려야 되겠다는 생각을 무의식중에 갖게 될 것입니다. 아버지가 퇴근 후에는 가정에 돌아

동해물과 백두산이 늘 푸르고 높게

와서 아내와 자식들과 시간을 보내면서 집안일을 같이 하면 어머니 입장에서 5~6명의 자녀라도 행복한 마음으로 키울 수 있지 않을까 생각합니다.

유대인들의 가정교육에 비해서 우리나라의 가정교육은 어떻습니까? 말 안 해도 정반대라는 것을 알 것입니다. 아버지는 직장 일에만 몰두하고 어머니 혼자 육아와 교육과 가정 살림을 도맡아 했으니 무슨 가정교육을 제대로 할 수 있었겠습니까?

유대인의 교육과 관련해 한 가지 더 추가하겠습니다. 유대인들은 모든 사람은 하느님이 주신 재능과 소질을 갖고 태어나는 것으로 믿습니다. 참 좋은 믿음인 것 같습니다. 70년 세상을 살다 보니 우리 주위에도 어느 분야든 자기 소질에 따라 열심히 산 사람들은 거의 모두 다 성공하는 것으로 보입니다. 특히 유대인 중에서 재능과 소질이 제대로 발휘된 사람들의 예를 들어보겠습니다. 발명왕 에디슨, 물리학자 아인슈타인, 영화감독이며 제작자인 스티븐 스필버그는 모두 유대인으로서 어려서는 각기 학습 장애아였고 지진아였고 평범한 아이였습니다.* 그러나 부모는 자기 아이에게 분명히 남다른 재능이나 소질이 있다고 믿었습니다. 그러면서 그 재능과 소질이 꽃필 수 있도록 도와주고 인내해주었습니다. 우리도 앞으로는 그렇게 했으면 좋겠다는 생각이 듭니다. 부모 자신의 생각과 다르다고 부모 욕심에 맞추어 아이들을 소 몰듯이 대하지 말아야 합니

* 홍익희 지음, 《유대인 창의성의 비밀》, 행성B잎새, 2003, 119~142쪽

유대인 출신의 에디슨, 아인슈타인, 스필버그의 부모는 재능과 소질이 꽃필 수 있도록 도와주고 인내해주었다.

다. 하느님으로부터 재능과 소질을 부여받은 인간으로 대우하고 그것을 잘 키워갈 수 있도록 하는 것이 가장 바람직하다는 이야기를 하고 싶습니다.

스위스의 교육도 귀감이 될 만합니다. 스위스는 루소, 페스탈로치 같은 세계적인 교육 선구자를 배출했을 뿐만 아니라 여러 분야에서 뛰어난 인재들을 길러냈습니다.* 스위스의 인구는 외국인을 제외하면 700만 명도 채 안 되고 정규 대학 졸업자도 10% 미만이지만 29명의 노벨상 수상자를 배출했습니다. 인구 대비로는 세계 최다 노벨상 수상국입니다. 1910년 앙리 뒤낭의 평화상 수상을 시작으로 의학, 화학, 물리학 등 다양한 분야에서 노벨상을 받았습니다. 우리가 충분히 관심을 갖고 연구하고 배워야 할 나라라고 생각합니다.

스위스 정부에는 교육부와 같은 교육 전담 부서가 없습니다. 다민족, 다언어, 다문화라는 특수성을 감안해서 교육의 지방자치 원

---

* 장철균 지음, 《스위스에서 배운다》, 살림, 2013, 164쪽

동해물과 백두산이 늘 푸르고 높게

칙이 철저하게 지켜집니다.

이 나라에는 26개의 주(칸톤)가 있기 때문에 26개의 교육제도가 있는 것과 마찬가지입니다. 이런 제도하에서 국가적 정체성을 가르치고 국민 통합을 가져오기 위한 노력으로 각급 학교에서는 공민과(公民科)를 매우 중요한 과목으로 가르칩니다. 다양성 속에서 나라의 얼을 유지하고 민주시민이 되게 하기 위한 교육을 실시하려는 것으로 이해됩니다.

이 나라는 고등학교 수준에서 복선형 학교제를 택하고 있습니다. 복선형 학교제란 대학 입학을 목적으로 하는 아이들을 위한 인문계 고등학교 주축의 학교군과 직업훈련을 시키는 실업학교 주축의 학교군으로 두 개의 학교군이 있는 제도라는 뜻입니다. 이 두 개의 학교군은 각각 수학 연한과 교육 내용을 달리합니다. 학교의 선택은 12~15세 사이에서 이루어집니다.

스위스 사람들은 직업성소관(職業聖召觀)을 갖고 있습니다. 즉 모든 직업은 하느님이 불러서 맡기신 일이므로, 사람은 자기 직업을 통해서 이웃과 신에게 봉사하고 아울러 자기 자신의 개성을 실현한다는 기독교적 직업관이라고 하겠습니다. 이런 것을 반영이나 하듯 스위스 청년들에게 직업 선호도를 조사하면 특정 직업에 쏠림이 없이 거의 모든 직종을 두루 원하는 것으로 나타납니다.

직업학교는 9년간의 의무교육을 마친 아이가 사회에서 직업훈련을 받으면서 1주일에 하루 또는 반나절씩 이틀 동안 이론을 배우는 학교입니다. 아이들은 과자, 공업, 은행, 운수 등 수백 가지 직종

중 하나를 선택해서 도제로 들어가 공장 또는 상점에서 실제로 직업훈련을 받으면서 1주일에 한두 번 직업학교에 나가 일반교양과 자신이 훈련받는 직업 기술의 이론적 배경을 배우는 것이지요. 이런 직업훈련 방식은 중세 이래의 도제제도를 그대로 계승한 것으로, 연방법에 세밀하게 규정되어 관리되고 있습니다.

이와 같이 직업성소관을 갖고 자기가 원하는 직종에 나아가 자부심과 더불어 일하는 사회 분위기 덕에 완전 고용을 구현하면서 노사분규와 복지병이 없는 모범적 선진국이 되었다고 생각합니다.

흔히 스위스야말로 인간이 지상에 건설한 낙원이라고 말합니다. 정직하고 친절하며 근면한 사람들이 사는 깨끗하고 아름다운 나라이기 때문입니다. 1291년 우리, 슈비츠, 운터발덴의 3개 주로 스위스동맹이 맺어진 이후 1848년에 연방헌법을 제정하고 스위스연방으로 발전했으며 오늘날에는 독립된 국가와 같은 26개의 칸톤(주)으로 구성된 연방국가가 되었습니다. 지리적으로 프랑스, 독일, 이탈리아, 오스트리아 같은 유럽의 강국들과 인접하고 있어 많은 고통과 시련을 겪었습니다. 우리나라와 매우 유사한 역사적 경험을 갖고 있다고 해도 틀린 말은 아닐 것입니다. 그러나 그들은 많은 고난을 슬기롭게 극복하고 오늘날 전 세계의 모든 나라가 부러워하는 작지만 강한 국가를 건설했습니다.

동해물과 백두산이 늘 푸르고 높게

7.

정직하고 깨끗한
'문화국가' 로 가는 길

이미 정치혁명과 경제혁명을 이룬 우리 대한 국민에게는 문화국가를 만드는 것이 새로운 시대적 사명이 되었습니다. 간단히 말해, 문화국가는 품격이 높은 나라입니다. 이제 나라의 품격을 전체적으로 높이지 않고는 더 발전할 수 없습니다. 품격을 높이는 것 중 으뜸이 국민 모두가 정직해지는 것입니다. 물건 하나를 만들어도 그렇고 금융, 관광, 의료, 교육 등 모든 서비스 분야에서도 정직하지 않으면 제품이나 서비스의 질을 믿지 않기 때문에 우리 산업이 더 이상 뻗어나갈 수가 없습니다. 이미 신뢰를 얻고 좋은 이미지를 구축한 세계의 여러 나라와 치열하게 경쟁하는 상황에서 우리가 정직하지 않아서 신뢰를 얻지 못하면 도태될 수밖에 없습니다. 우리는 세계 최고를 지향해야 하기 때문에 더욱 그렇습니다. 현재 가장 문제가 되고 있는 정치인도 정직하지 않으면 주인인 국민들이 배척해야 합니다. 언론인도 종교인도 공무원도 교육자도 누구든 정직하지 못한 사람들은 우리 사회에 발을 못 붙이게 해야 합니다.

정직과 친절에서 '나라의 품격' 나온다

그러면 우리가 정직한 사회를 만들기 위한 방안은 과연 있을까요? 당장 짧은 시일 내에 성공을 거두기는 어렵지만 일반적으로 교육 수준이 높은 우리 국민은 어딘가에서 신선한 바람이 불어주면 의외로 빨리 잘못된 것을 바로잡을 수 있을 것으로 생각합니다. 정직하지 못한 사람들 간에 서로 믿지 못하고 사는 것이 얼마나 괴로운 일입니까? 사람들이 모두 정직해서 의심 안 하고 살면 얼마나 마음이 편하겠습니까?

첫째, **학교의 부정행위는 절대로 묵과해서는 안 됩니다.** 특히 대학에서의 부정행위는 뿌리를 뽑아야 합니다. 동원 가능한 방법을 찾아 대학에서 학생과 교수의 부정행위는 엄벌에 처해야 한다고 생각합니다. 일단 대학생은 성인이고 대학은 진리를 탐구하고 배우고 가르치는 곳입니다. 따라서 어느 사회 부문보다 엄격한 잣대로 부정행위는 발을 못 붙이도록 단속해야 합니다. 우리나라의 대학은 입학은 어려워도 졸업은 비교적 쉽습니다. 평가가 엄정하지 않기 때문에 그런 것으로 생각됩니다.

동해물과 백두산이 늘 푸르고 높게

앞서 언급했지만, 지금 대학에서는 부정행위가 공공연히 횡행하고 있습니다. 교수의 논문 표절 시비, 논문 대필, 시험 부정, 취직용 학점 올려주기 등 학생이나 교수의 도덕적 해이는 헤아릴 수 없을 만큼 많습니다. 양심적이고 정직한 분들에게는 미안한 말이지만, 그동안 언론에 공개된 여러 가지 사건들을 보면 일반 국민의 눈에는 대학이 마치 부정행위의 온상처럼 여겨집니다.

필자가 다니던 미국의 노스웨스턴 대학에서 들은 이야기이지만, 그 대학에서 부정행위는 증거 제출 없이 신고만으로 퇴학 등 강한 처분을 받는다고 했습니다. 표절 등 부정행위가 밝혀지면 학위가 나간 뒤에도 취소됩니다. 이러한 원칙은 다른 미국 대학에서도 마찬가지로 지켜지고 있으리라고 생각합니다. 미국 사회가 신뢰 사회인 이유는 그 바탕에 건강한 대학이 자리 잡고 있기 때문임을 알 수 있습니다.

둘째, **거짓말하고 꾸미기 잘하는 정치인은 선거에서 뽑지 말아야 합니다.** 결국 주인(국민)이 심부름꾼(정치인)을 잘 뽑아야 하는데 달콤한 말에 현혹되어 거짓말쟁이를 뽑는 사례를 매번 선거에서 보고 있습니다. 거짓말쟁이를 심부름꾼으로 뽑아놓으면 언제 무슨 엉뚱한 짓을 할지 몰라 불안하게 됩니다. 피해는 뽑은 주인(국민)이 보게 됩니다. 앞으로는 거짓말쟁이 여부를 잘 판단해서 투표해야 합니다. 주인(국민)이 주인답지 않게 무리한 청탁을 해서 심부름꾼(정치인)이 바르고 곧은 마음으로 나랏일을 하지 못하도록 만드는 경우도 많지요. 결국은 우리나라 정치 혼탁의 원인이 주인(국민)에게 있다는 것을 통절히 느끼고 깊이 반성해야 하겠습니다.

이런 관점에서 다음과 같은 사람들은 앞으로 정치인이 될 꿈도 꾸지 말고, 혹 출마한다고 해도 국민이 표를 찍어주지 말아야 합니다.

① 교도소에 갔다 온 사람

② 법령에 의한 사유 없이 병역의무와 납세의무를 이행하지 않은 사람

③ 물리적, 언어적 폭력으로 사회에 물의를 일으킨 사람

④ 국가 경영에 대한 확실한 이해가 없고 철학이 없는 사람

⑤ 헌법에 대한 최소한의 지식도 없고 이를 존중하려는 의사도 없는 사람

①②③의 경우는 객관적으로 드러나기 때문에 판단하기가 용이합니다. 다만 ②의 의무 면제자는 설령 법령에 의해 면제가 되었다고 해도 공직 출마는 스스로 안 하는 것이 바람직하다고 생각합니다. ④⑤의 경우는 기본적으로 당사자가 스스로 판단해서 결정해야겠지만 이런 사람이 출마하면 유권자도 잘 분간해서 걸러 내야 할 것입니다. 이들이 자라온 배경이나 경력 등을 보면 대체로 사람됨을 알 수 있습니다.

셋째, **청소년 교육에서 정직을 가장 중요한 덕목으로 가르쳐야 합니다.** 정직은 최상의 방책이라는 것을 실감 있게 가르쳐야 합니다. 최상의 방책이라기보다 오히려 유일한 방책이라고 가르쳐야 합니다. 거짓말과 꾸밈으로 요령 부리고 얕은 꾀를 부려도 별 수 없다는 것을 가르쳐야 합니다. 그런 면에서 교과서나 위인전, 동화책 등에

서 부지불식간에 아이들한테 부정적 영향을 미칠 수 있는 것은 없는지 검토해서 내용을 조정도 하고 뺄 것은 빼야 한다고 생각합니다.

예를 몇 가지 들겠습니다. 문익점 선생이 목화씨를 원나라에서 가져와 우리 백성들에게 큰 기여를 했습니다. 그러나 우리는 선생이 원나라 관리들의 눈을 피해 붓대롱에 목화씨 몇 개를 숨겨 왔다고 가르쳤습니다. 나라와 백성을 위하는 마음으로 큰 위험을 무릅쓰고 한 일이니 그 충정을 높이 평가해야 한다고 배운 것입니다. 물론 훌륭한 일을 하시고 그 공을 기려야 마땅한 일입니다. 다만, 아직 사고력이 미숙하고 세상일에 어두운 청소년들에게 불필요한 내용까지 전달해서 아이들의 판단에 혼란을 초래케 한 점은 없는지 생각해 보아야 합니다. 목적을 위해서는 수단 방법을 가릴 필요가 없다든가, 필요한 때에는 속임수를 써야 된다는 것을 정당화하는 측면이 있다는 말입니다. 어른이 되어 산업스파이는 뭐고, 국가 간 합법적인 해결책이 없어서 불가피하게 비합법적인 행동이 필요할 때가 있다는 점을 이해하는 경우에는 문제가 없습니다. 그러나 청소년들한테는 우리가 원치 않는 부정적 영향을 미칠 가능성이 충분히 있다고 짐작됩니다. 이런 경우는 그냥 원나라에서 가져왔다고만 해도 되는 게 아닌가 하는 그런 이야기입니다.

봉이 김선달 이야기도 어린아이 적부터 사람들에게 익숙한 옛날이야기 중 하나입니다. 그 내용은 닭을 봉(鳳)이라고 거짓말하여 돈 벌고, 자기가 대동강의 주인이라고 사기 쳐서 큰돈을 벌었다는 유의 이야기를 담고 있습니다. 물론 권세가나 돈 많은 사람 또는 자비심 없는 종교인들을 골탕 먹이고 혼내주면서 힘들고 고통스러워하는 사람을 도왔다는 측면도 있으나, 그렇다고 그의 사기 행각을 여유와 재치와 해학이라고 긍정하는 것은 문제가 있다고 생각합니다. 현실에서는 이런 이야기가 어린아이들에게 좋은 고전이라고 읽히고 있는데 과연 교육상 유익한 것인지 검토해 봐야 할 일입니다.

또 우리나라 전래 설화 중에는 의외로 부지불식간에 거짓말을 미화하는 내용이 많이 들어 있는 게 아닌가 따져볼 필요가 있습니다. 예를 들면 '선녀와 나무꾼'은 사냥꾼에게 쫓기는 사슴을 구해주고자 나무꾼이 거짓말을 해서 사냥꾼을 속이고 그 거짓말로 보호를 받은 사슴이 나무꾼에게 은혜를 갚는다는 이야기입니다.

'자라와 토끼'는 용왕과 자라와 토끼의 속이고 속는 이야기입니다. 그렇다고 권선징악적인 요소가 두드러지지도 않는 이런 설화들을 별생각 없이 아이들에게 전달했던 것은 아닌지 의문스럽습니다. 이와 관련해 서양의 전래 설화나 동화는 어떠한지 교육연구기관에서 비교 분석해 보는 것도 의미 있는 일이 될 것으로 생각합니다. 그래서 나이에 맞게 내용 정리도 다시 하고 청소년용으로 부적합한 설화는 청소년용 도서에서는 제외시키는 것이 좋을 듯합니다.

한편 1653년 조선왕조 효종 임금 때 우리나라에 표류해 와 13년간 살았던 네덜란드인 하멜(Hamel)이 그의 저서 《하멜표류기》에 조선인의 국민성에 대해 기술하고 있는 것을 보면 수치감을 느끼지 않을 수 없습니다. 그는 '조선인은 물건을 훔치고, 거짓말하고, 속이는 경향이 강하다. 그들을 지나치게 믿어서는 안 된다. 그들은 남에게 해를 끼치고서 그것을 부끄럽게 생각하지 않고 오히려 영웅적인 행위라고 여긴다'라고 썼습니다.* 그가 주로 상대하고 살았던 사람들이 어떠한 계층의 사람들이었느냐에 따라 이야기가 달라질 수는 있으나 서양에 최초로 우리나라를 소개한 책자에 이러한 이야기가 실려 있다는 것은 분명 명예스럽지 못한 일입니다. 그때의 시대 상황과 더불어 우리 조상들의 교육 현실은 어떠했는지, 왜 이러한 말이 나오게 되었는지, 연구하고 검토해 볼 필요가 있다고 생각합니다.

우리나라 사람들이 거짓과 허세가 많다는 것은 일반적으로 오래전부터 수긍하고 있다고 봅니다. 그런데 서양 사람들은 그들의 종교적 영향 때문인지 또는 일찍이 산업화를 이루고 생활이 윤택해지면서 마음의 여유가 생겨서 그런지 일반적으로 정직한 것으로 평가되고 있습니다. 그들에게 가장 불명예스런 욕이 '거짓말쟁이'라고도 합니다.

우리는 확인도 없이 남이나 여러 사람에게 해가 되는 것을 대수롭지 않게 말하고, 아니면 그만이고 하는 식으로 넘기는 사례들을 흔히 봅니다. 특히 정치인들한테서 그런 현상을 많이 볼 수 있습니다. 참 부끄러운 일이지요. 어려서부터 가정에서 정직성과 관련한 교육을 잘 못 받아서 그런지, 우리가 배우고 읽은 책을 만드는 사람들의 생각이 부족했던 것은 아닌지, 가난하게 살다 보니 그렇게 된 것인지, 오랫동안 약소 국민으로 살아온 데다 근세에 식민지인 노

---

* 헨드릭 하멜 지음, 김태진 옮김, 《하멜표류기, 낯선 조선 땅에서 보낸 13년 20일의 기록》, 서해문집, 2015, 130쪽

릇까지 해서 그러한지 연구해볼 필요가 있다고 생각합니다. 다시 말해 우리 사회의 정직성에 관한 연구를 종합적으로 해서 무슨 문제가 있었고 앞으로 개선해나갈 방도는 있는지 검토해보면 좋겠다는 이야기입니다.

넷째, **정직하면 마음이 편안해지고, 따라서 불필요한 걱정이나 스트레스가 생기지 않는다는 사실을 모든 사람이 알고 깨닫게 해야 합니다.** 대중매체 쪽에서 이와 관련한 여러 가지 프로그램을 개발해서 방영, 보도하면 정직한 사회 분위기 조성에 큰 기여를 할 것으로 생각됩니다. 필자가 1970년대 초 사회생활을 시작할 때 선배 한 분으로부터 들은 이야기인데 지금까지도 그 말씀이 너무나 선명히 마음속에 자리 잡고 있습니다. "한 시간 기분 좋으려면 구두를 닦고, 하루 동안 기분 좋으려면 이발을 하라. 일 년 내내 기분 좋으려면 거짓말을 하지 말아라"라는 것이었습니다. 정직과 관련한 격언이 많으나 사람들에게 쉽게 이해되고 재미있게 만든 말이었다고 생각합니다. 정직하면 기분이 좋고 기분이 좋으면 엔도르핀이 나와서 건강에도 좋으니 거짓된 언행을 않고 사는 것이 각자의 행복을 위해서도 매우 유익하다는 것을 우리 모두 늘 생각하고 실천해야 합니다.

다섯째, **정직에 더해 친절과 근면이라는 덕목이 필요합니다.** 친절과 근면이 따라주지 않으면 정직함이 빛나지 않을 것입니다. 우리가 정직함을 바탕으로 상호 신뢰와 배려 속에 열심히 맡은 일을 하면 정신적으로나 물질적으로 윤택한 국민이 안 될 수 없고 나아

동해물과 백두산이 늘 푸르고 높게

가 부강한 국가가 안 될 수 없을 거라고 믿습니다.

　모든 일이나 문제는 사람과 사람 사이에서 일어나게 되어 있습니다. 개인적으로 정직하고 친절하고 부지런한 사람이라고 인정받으면 통상 그 사람은 모든 일이 잘 풀리게 되어 있습니다. 통칭해서 한국 사람들이 그렇다고 인정받으면 좁아져 가는 지구촌 사회에서 모든 인간관계나 거래 관계에서 큰 힘을 얻게 될 것입니다. 실제로 좋은 평판은 매우 큰 재산입니다. 현재 세계에서 국민 개개인의 소득 수준이 가장 높은 나라들은 대개 정직, 친절, 근면한 사람들의 나라입니다.

　지금 우리는 일인당 소득수준 2만 달러 대에 왔다고 자만할 때가 아닙니다. 부지런히 노력하고 일해서 4만 달러, 5만 달러, 그 이상으로 올라가야 합니다. 무항산(無恒産)이면 무항심(無恒心)이라고 했습니다. 일정한 재산이나 생업이 없으면 변함없이 지니고 있어야 할 올바른 마음이 없게 된다는 이야기입니다. 더 부지런히 일해서 더 많은 소득을 올리고 저축도 해야 합니다. 그래야 마음의 여유도 생기고 늘 바른 마음으로 세상을 살아갈 수 있을 테니까 하는 말입니다.

　여기서 우리는 이 시대에 맞는 친절과 근면의 개념에 대해서 정리해 보는 것이 어떨까 생각합니다. 먼저 친절에 대해서 이야기해 보기로 하지요. 친절은 남을 대함에 있어서 정성스럽고 정답게 하는 것입니다. 이 세상에 정성스럽고 정답게 해주는 것을 싫어하는 사람은 없을 것입니다. 즉 친절은 모든 사람이 다 좋아한다는 이야기입니다. 돈 안 들이고 상대방의 호감을 살 수 있는 방법입니다. 친절함을 받는 쪽은 물론이고 친절하게 하는 사람에게도 기쁜 일입니다.

시대적으로 과거 신분사회나 농업사회에서는 친절이 그렇게 중요한 덕목은 아니었을 것입니다. 그러나 현대는 모든 사람이 법 앞에 평등하고 법의 테두리 내에서 자유롭게 살 수 있는 시대입니다. 산업도 서비스산업의 비중이 압도적으로 커졌을 뿐만 아니라 도시화가 이루어져 사람과 사람의 직접적인 관계가 매우 많아졌습니다. 따라서 사람과 사람의 관계를 더 원활하고 긴밀하게 해줄 수 있는 친절은 현대에 와서 매우 중요한 덕목이 되었습니다. 국내나 국외나 거래를 하면서 친절해야 상대방은 감동을 하고 관계가 오래 지속될 것입니다.

우리는 그동안 근면을 쉬지 않고 일하는 것으로 알아 왔습니다. 잠도 덜 자고 정규 근무시간 이외에 야근, 특근도 많이 하고 공휴일도 없이 일만 하는 것을 근면한 것이라고 생각했지요. 그래서 아버지들은 아이들하고 만나서 이야기할 시간도 없이 밤늦게까지 일하고 집에 왔다가 아침 일찍 다시 일하러 나갔습니다. 엄마들은 힘든 집안 살림에 아이들 교육도 혼자 맡아 하다시피 했습니다. 이로 인해 가정이 실질적으로 소홀하게 다루어지고 아이들 가정교육에도 많은 문제가 있었다고 생각합니다.

유대인들은 가정이 가장 중요한 성소이자 배움의 장이라고 한다는데 우리는 가정을 너무 가볍게 취급했습니다. 그리고 시간을

동해물과 백두산이 늘 푸르고 높게

효율적으로 쓰지도 않았습니다. 직장에서 보내는 시간이 길다고 해도 그 시간을 100% 잘 썼느냐 하면 그렇지 못했습니다. 윗사람이 안 나가서 대기하느라고, 또 일하는 다른 동료들한테 미안해서 퇴근을 못 하는 경우도 많았습니다. 근무시간에 불필요한 전화나 하고 커피 마시고 담배도 피우고 어영부영하는 시간이 많았습니다. 특히 과거 고도성장기에는 그랬습니다. 요즈음은 많이 달라졌다고는 하지만 기본에 있어서 큰 차이가 있을 것 같지는 않습니다. 앞으로는 시간을 효율적으로 쓰는 데에서 근면의 의미를 찾아야 하겠습니다. 일하는 시간에는 몰두해서 열심히 일해야 합니다.

선진 외국에서 겪은 경험 중 감동을 받았던 몇 가지 사례를 소개하고자 합니다. 먼저 1993년, 스위스 제네바에서 주재하고 있을 때 경험한 일을 이야기하겠습니다. 의자가 하나 필요해서 P라는 가구점에 갔습니다. 소비자로부터 주문을 받아 가구 생산을 하는 회사였습니다. 마음에 드는 의자가 있었는데 그때 당시 가격이 1,000프랑 정도 했습니다. 점원이 나무의 색깔, 등받이 및 깔개의 소재와 색깔을 선택하라고 해서 그렇게 했습니다. 그 점원은 필자가 선택한 소재로 하면 전시된 의자의 가격보다 4프랑을 더 내야 한다고 했습니다. 그래서 총액 1,004프랑에서 일부 금액을 선불하고 계약서를 갖고 집에 돌아왔습니다.

그런데 며칠 후 그 가구점에서 우편물이 와서 확인해 보니 지난번 만났던 그 점원이 보낸 것이었습니다. 자기의 착오로 4프랑을 더 받는 것으로 계약이 되었다면서 물건 찾으러 올 때에는 1,000프랑에서 선수금을 뺀 금액만 내라는 것이었습니다. 4프랑이라야 그 때 당시 우리 돈으로 2,000원 정도 아니었나 기억됩니다. 아주 정확하고 깔끔하게 서류를 작성해 서명을 하고 보낸 편지였습니다. 그 뒤로 스위스 사람 말이라면 무조건 믿어도 된다고 생각하게 되었고 그 생각은 지금도 변함이 없습니다.

이와 같이 스위스 사람들은 정직하고 철저하다는 인식이 보편화되어서, 가짜가 많아 속기 쉬운 나라 제품의 물건이라도 스위스에서 사면 속지 않는다고 사람들은 말을 합니다. 예를 들면 I 나라의 가죽 제품이 유명하나 가짜가 많아 그 나라에서 사면 속기 쉽다고 합니다. 그러나 스위스 상인이 수입해서 스위스에서 파는 I 나라 가죽 제품은 가짜가 없다고 이야기합니다. 그러니까 스위스 상인들은 진품을 사서 관리를 잘하고 받을 만큼 돈을 받으니 조금 비싸더라도 스위스에서 물건을 사면 속을 염려가 없다는 말이 됩니다. 스위스 사람들은 정직하고 약속을 틀림없이 지키는 사람들이라는 믿음에 따라 전 세계로부터 스위스 은행으로 돈이 모이고 그 돈으로 그들은 또 돈을 벌고 있습니다. 정직과 그에 따르는 신뢰와 신용이 재산이라는 실례를 보여주고 있습니다.

미국 사람들의 친절에 대해서 잊지 못할 이야기를 하나 하겠습니다. 일리노이 주 에반스톤 시에 있는 노스웨스턴 대학에 가 있을 때입니다. 1981년 봄, 방학을 맞아 식구들과 더불어 여행을 했습니다. 조지아 주 어느 작은 도시에서 있었던 일로 기억합니다. 길가에 차를 세워 놓고 트렁크를 열었습니다. 자동차 키를 트렁크 안에 놓

동해물과 백두산이 늘 푸르고 높게

고 마실 것, 먹을 것을 꺼냈습니다. 그 물건들을 꺼내면서 자동차 키도 함께 꺼냈어야 했는데 그냥 트렁크 덮개를 닫아버렸습니다.

잠시 난감했습니다. 주위를 둘러보니 미국 사람들이 보였습니다. 사정을 이야기했더니 한 사람이 차 있는 쪽으로 왔습니다. 차의 뒷좌석을 뜯어서 트렁크로 손을 넣어 키를 꺼낼 수 있는지 보겠다고 땀을 뻘뻘 흘리면서 작업을 했습니다. 그때 느낌에 최소한 20분은 걸렸던 게 아닌가 생각합니다. 어렵게 뒷좌석을 뜯었는데 뒷좌석과 트렁크는 쇠판으로 꽉 막혀 있었지요. 그 사람은 자기는 할 수 없다면서 열쇠공(locksmith)을 전화로 불러주었습니다.

나는 하도 그 사람의 친절과 성의가 고마워서 어떻게 감사의 뜻을 표해야 할지 몰랐습니다. 수고비로 현금을 조금 주겠다고 제의했는데, 그는 단호한 표정으로 손사래를 저었습니다. 그 사이에 열쇠공이 와서 새로 자동차 키를 만들어줘서 문제는 잘 해결되었습니다. 그때 그 호의를 베풀어 준 사람의 친절과 성의, 궁지에 빠진 사람을 도와주려는 마음 자세는 평생을 두고 잊지 못할 추억이 되었습니다. 그리고 미국인에 대해서도 내 일생 신뢰와 호감을 갖게 되는 계기가 되었습니다.

일본에서 있었던 일 하나를 회상해 보겠습니다. 1983년도에 도쿄에 갔었습니다. 마루노우치 호텔에 들어가 입실 수속을 하고 방으로 올라갔습니다. 뒤따라 벨보이가 짐을 가지고 방 안으로 들어왔습니다. 지금도 팁(tip) 관행에 익숙하지 않지만 30여 년 전에는 더 서툴러서 눈치 보느라고 애를 먹었었지요. 일단 벨보이가 짐을 가져왔으니 어찌 됐든 팁을 주겠다고 돈을 꺼내 건네려고 했습니다. 그러나 그 벨보이는 아주 단호하게 거절했습니다. 자기네 호텔 정책상 팁을 안 받는다는 것이었습니다. 그때 일본인들은 역시 정직하고 규칙을 잘 지키는 분명한 사람들이로구나 하는 생각을 갖게 되었습니다.

지금 우리나라에서는 모두 다 그렇지는 않겠지만 일부 관광 회사가 해외 패키지 여행 시 가이드에게 노팁(no tip)이라고 광고해 놓고 실제 현지에서는 팁을 받습니다. 관광객들이 팁을 안 주면 손해 볼 줄 알고 자청해서 주는 경향도 있습니다. 관광객이 주면 가이드는 거절하지 않고 받습니다. 참으로 꺼림칙한 일입니다. 어찌 됐든 일본 사람들은 개인적으로나 상거래상으로는 친절하고 정직한 것으로 정평이 나 있습니다. 그러나 정부가 하는 일이나 집단적으로 뭉쳐서 하는 일에서는 정반대의 태도가 나타나고 있습니다. 최근의 군 위안부 문제, 역사 왜곡 문제 등에서는 정직하지도 친절하지도 않습니다. 매우 이중적인 사람들입니다. 기왕에 쌓아온 좋은 평판이 최근의 사태로 인해 크게 무너져 내렸다고 생각합니다. 개인이나 국가나 정직해야 신뢰를 받는 것입니다.

독일 사람들의 친절도 어느 다른 나라에 빠지지 않는 것 같습니다. 1994년 휴가철에 가족과 함께 독일을 여행한 적이 있습니다. 차를 몰고 가나가 날이 저물어 박스도르프(Wachsdorf)라는 작은 시골 도시에서 숙소를 정하려고 했습니다. 그 도시 안으로 들어가 우선 눈에 띄는 호텔에 가서 방이 있느냐고 물어보았습니다. 그때 우리

동해물과 백두산이 늘 푸르고 높게

식구 일행이 6명이었습니다. 호텔 직원은 자기네 호텔에는 방이 없다면서 두어 군데 다른 호텔에 전화를 하더니 적당한 호텔을 찾았습니다. 그러고 나서 자기네 호텔 종업원으로 하여금 차로 15분 정도 걸리는 다른 인근 도시의 한 호텔에 우리를 안내해 주었습니다. 그 종업원이 자기 차로 선도하고 우리 차는 그 뒤를 따라갔으니 헤매지 않고 숙소를 잘 찾아갔습니다. 너무나 기대 이상의 친절한 대우에 감동하지 않을 수 없었습니다.

선진국 사람들이 일하는 스타일도 귀감이 될 것 같아 사례 하나를 들어보겠습니다. 우리의 근면 개념과 비교해서 생각하게 하는 이야기입니다. 1996년 2월 제네바 주재관 임기를 마치고 귀국할 때 이삿짐을 싸서 보내면서 보고 느낀 것입니다. 귀국 이삿짐을 보내기 위해서 운송 회사에 연락을 했습니다. 사장이 와서 짐의 내용과 분량을 확인하고는 컨테이너에서 차지하는 부피는 얼마이고 물건을 포장해서 차에 싣는 데까지 걸리는 작업 시간, 소요 인부 숫자, 운송 가격, 작업 개시 및 종료 시간을 알려주고 갔습니다. 약속한 대로 다음 날 아침 8시에 인부들이 우리 집에 와서 작업을 시작하고 12시까지 쉴 틈 없이 일했습니다. 12시부터 2시까지 두 시간 동안 점심을 먹고 와서 또 오후 5시까지 세 시간 동안 한눈팔지 않고 열심히 일해서 예정대로 작업을 다 마쳤습니다.

스위스 사람들이 일하는 방식에서 특기할 사항은 그 사람들은 할당된 작업 시간 동안 잠시도 쉬지 않고 일에 몰두한다는 것이었습니다. 한국에서 하던 식으로 일하는 동안 사이다나 오렌지 주스 등을 주었더니 별로 반가워하는 기색 없이 먹는 둥 마는 둥 하고 집중해서 일을 했습니다. 그 사람들의 작업 태도는 필자로 하여금 많은 것을 생각하게 했습니다. 선진국이 시간당 임금을 주고 시간제 근로자를 고용할 수 있는 게 이해가 되었습니다. 어영부영이라는 것이 없을 때에만 시간급을 줄 수 있는 거로구나, 우리나라도 시간급을 줄 수 있을 때 선진국이 되겠구나 하는 생각을 해본 적이 있습니다.

그러나 아직도 우리나라의 경우는 근로시간은 긴데 노동생산성이 낮다는 것이 늘 언론에서 이야기되고 있습니다. 바꿔 말하면, 일하는 시간 동안 몰두해서 일하지 않는다는 것이지요. 우리도 하루 24시간을 일하는 시간, 쉬는 시간, 식사하는 시간, 자녀들과 함께하는 시간, 잠자는 시간을 적정 수준에서 나누어 효율적으로 쓰는 노력이 필요하다고 생각합니다. 그런 가운데 근면함을 찾아야 하겠습니다.

이렇게 지난 일을 회상하고 보니 참 좋은 사람들을 만났었구나 하는 생각이 들면서 우리도 하루빨리 그런 사람들이 사는 사회처럼 되었으면 좋겠다는 희망을 갖게 되었습니다.

작은 일에도 정직하고 정확하며, 원하는 대로 일이 진행될 수 있게 상대방을 친절하게 배려하고, 정해진 시간 동안 한눈팔지 않고 일하는 사람들이 사는 사회, 그게 바로 선진국입니다. 이렇게 신뢰하고 사는 사회이니 무슨 일을 하더라도 구두로 해결하는 부분이 많습니다. 물론 필요한 계약서 등 문서는 꼼꼼하게 작성해서 분명하게 권리와 의무를 정합니다. 그러나 우리처럼 무슨 증명 떼어 와라, 확인증, 인증서, 신청서 가져와라 하는 일이 별로 없습니다. 이렇게 믿고 사는 사회이니 자연히 규제는 우리나라보다 훨씬 적지 않겠는가 하고 생각합니다.

문화어를 생활화하기

갑자기 문화어라는 말을 쓰니 필자 자신도 생경한 느낌을 갖게 됩니다. 문화어를 쓰자는 말은 다름 아니라 반말을 쓰지 말고 높임말(존대어)을 쓰자는 이야기입니다. 더 나아가 품위 있고 아름다운 말을 쓰자는 것입니다. 우리가 가정생활, 사회생활을 하는 데 있어서 말이 갖는 중요성을 부인할 사람은 아무도 없을 것입니다. 품위 있고 예의 바르고 정확하게 말을 할 수 있는 능력을 가진 사람은 세상을 살아가는 데 있어서 큰 장점을 갖고 있다고 할 수 있습니다.

품위 있고 예의 바르고 정확한 말의 첫 번째 조건은 높임말을 쓰는 것이라고 생각합니다. 상대방을 존중하는 데서 품위나 예의를 지키게 되며 정확하게 의사 전달을 하려는 노력이 생기기 때문입니다. 모든 사람들이 높임말을 쓰면서 품위와 예의를 갖춰 정확하게 말을 하는 분위기가 되면 우리 사회는 매우 밝고 화목한 사회가 될 것입니다. 따라서 높임말을 문화 언어라고 해도 과히 잘못된 표현은 아니라고 생각합니다.

그러면 **먼저 말이 갖는 의미부터 알아보지요. 사람의 생각과 감정은 주로 말에 의해서 나타나게 됩니다.** 누구든 그 사람이 쓰는 말을 들어보면, 생각이 어떤지 감정은 어떤지, 또 인격과 자질은 어떤지를 알 수 있습니다. 말은 내용도 중요하지만 형식도 매우 중요합니다. 같은 내용의 말이라도 품위 있게 예의를 갖춰서 하면 말하는 사람에게 호감을 갖게 됩니다. 예쁜 그릇에 깔끔하게 담아 내온 음식이 더 맛있게 느껴지는 것과 마찬가지이지요.

우리나라 말에는 품위와 예의를 차려서 하는 높임말이 있는 반면 그렇지 않은 반말도 있습니다. 높임말은 집안 어른, 손윗사람, 학교 선배, 직장 상사, 잘 모르는 사람 등에게 쓰는 말로 상대방을 존경하는 의미를 담고 있습니다. 반말은 친구, 동생, 학교 후배, 직장 부하 등 나이 어린 사람에게 쓰는 말입니다. 동등한 상대방과 편하게 격의 없이 쓰는 말이기도 하고 아랫사람이라고 낮추어 보고 하는 말이기도 합니다. 그렇다고 높임말의 대상과 반말의 대상을 구별하는 똑 떨어지는 기준도 없습니다. 세상이 변했기 때문에 높임말과 반말을 구별해서 쓰는 기준은 더 모호해지고 지금 이 시대에 와서는 매우 불편해졌지요. 과거 반상의 구별이 있던 신분사회나 사회적 이동성이 적었던 농경사회에서는 통용될 수 있었으나 지금 세상에는 시대의 흐름에 맞지 않게 된 것입니다.

요즈음은 나이, 성별, 인종, 계급, 직업, 출신 성분 등 모든 면에서 차별이 많이 없어졌고 앞으로 계속 없어질 것입니다. 우리는 평등사회, 법치사회, 계약사회를 추구하고 있습니다. 그런 대의명분

동해물과 백두산이 늘 푸르고 높게

에 비추어 보아도 언어적 차별은 이제 없애야 할 때가 되었습니다. 무엇보다도 현대에는 존대어, 즉 높임말과 반말을 나누어 쓰기가 너무 불편합니다. 그리고 그러한 언어 구조가 사회적 융화를 어렵게 하는 것도 사실입니다.

반말과 높임말을 구분해서 쓰는 게 얼마나 불편하고 어려운지 구체적으로 살펴보겠습니다. 가족 관계에서 생기는 문제부터 보기로 하지요. 나이는 어리나 항렬이 위인 집안사람(예: 나이 어린 당숙)이 나이 많은 아래 항렬(예: 당질)의 사람에게 반말을 하면 매우 불쾌하게 생각합니다. 형의 부인이 동생의 부인보다 나이가 어릴 경우 동서지간에 관계가 자연스럽지 않을 것입니다. 여동생의 남편이 언니의 남편보다 나이가 많으면 역시 어색해질 것입니다. 아내의 오빠가 자기보다 나이가 적으면 그것도 불편합니다.

과거와는 달리, 요즈음 젊은 부부 간에는 서로 반말을 하는 경우가 꽤 많은 것 같습니다. 친근한 관계이기 때문에 그렇다고 볼 수도 있으나 좋아 보이지도 바람직하지도 않습니다. 반말을 하다 보면 서로 함부로 대할 수 있고 쉽게 싸움을 하는 경우도 생길 것입니다. 이 시대는 핵가족이 보편화되어 아이들은 부모한테 직접 영향을 받습니다. 부모가 서로 반말하고 쉽게 싸우고 불화하면 아이들이 그대로 보고 배워 버릇없고 비뚤어진 성격의 소유자가 될 가능성이 높다고 생각합니다.

직장에서 상사가 부하보다 나이가 적을 경우가 있습니다. 만일 나이 어린 상사가 반말을 하면 연장자인 부하는 매우 불편해합니다. 결국 연장자인 부하가 견디지 못하고 부서를 바꾸거나 다른 직장으로 옮기는 경우도 있지요. 또 군 입대가 늦은 경우 나이 어린 고참이 반말을 하면 억지로 참을 수밖에 없습니다. 대학교의 1~2년 선후배 사이에는 나이가 오히려 거꾸로 되는 수도 있습니다. 이럴 때 선배보다 나이 많은 후배는 행동에 많은 제약을 받고 동기생끼리 융화가 곤란해집니다.

음식점이나 골프장 등 서비스 업체 종사자에게도 반말하는 사람이 많습니다. 서비스 관련 직업이기 때문에 참고 일하지만 속이 많이 상할 것입니다. 심지어 법원의 판사가 피의자에게 반말한다고 해서 논란이 된 적도 있습니다. 잘 알지 못하는 사이에 자신보다 젊어 보이는 사람이 반말을 하면 건방지다고 해서 상대를 안 하거나 싸움이 일어납니다. 반말 때문에 심한 경우에는 살인까지 저지르기도 합니다. 이와 같이, 반말은 가족 관계, 학교 생활, 직장 생활, 군 생활, 기타 일반 사회생활에서 많은 불편과 스트레스를 주고 있습니다.

반말을 하다 보면 욕으로 연결되기 일쑤입니다. 우리나라 사람처럼 욕을 많이 하는 민족이 또 어디 있을까 하고 의문을 갖게 됩니다. 다층적 위계질서 속에서 같은 계층에서 반말을 하는 사이면 서로 가까운 게 지나쳐 반말을 넘어 욕을 하는 것은 아닌지 모르겠습니다. 입시 준비에서 오는 스트레스 때문인지 부모의 영향인지 고등학생들조차 남녀를 불문하고 욕을 많이 하는 것 같습니다. 과거 짧은 기간 동안 어려운 상황에서 급속 성장을 하면서 울분이 쌓이

동해물과 백두산이 늘 푸르고 높게

고 풀 데는 없다 보니 그러한지 어른들도 욕을 참 많이 합니다. 또 내가 하는 잘못은 부득이해서 그런 것이고 남이 하는 잘못은 비열하고 파렴치한 것이라고 보기 때문에 나 아닌 남을 모두 미워한 나머지 말이 거칠어지고 심한 욕까지 하는 것은 아닌가 생각합니다.

과거 전통적 신분사회의 판소리 같은 서민 예술에도 울분을 풀기 위해서 그랬는지 욕이 많이 들어있습니다. 이미 우리 사회에는 오래전부터 욕하는 습성이 넓게 퍼져있던 것은 아닌지 궁금증을 자아냅니다. 욕이 좋다고 할 수는 없습니다. 욕을 많이 한다는 것은 사람들의 성정이 거칠어지고 바르지 못하다는 것을 드러낸다고 하겠습니다. 우리는 지금 자유와 평등을 누리는 민주주의 시대에 살고 있습니다. 그동안 거칠어지고 꼬부라진 마음을 다듬고 바로잡아 좋은 말을 쓰도록 모두가 노력해야 할 때가 되었다고 생각합니다. 급격하게 천박화, 황폐화되어 가는 우리의 언어생활을 이대로 둘 수는 없습니다.

말로 아래위를 정하는 데서 사회적으로 위화감이 생겨나고 사람 간에 마음을 터놓기 어려운 것은 정말 큰 문제입니다. 우리나라 사람들에게는 마음을 열고 모든 것을 솔직하게 이야기할 수 있는 사람이 많지 않습니다. 높임말을 하는 사이는 어려워서 쉽게 마음을 열 수 없고, 반말하는 사이는 동년배, 동기, 후배 또는 나이 어린 사람들인데 이 중에서 서로 눈치 보지 않고 말할 수 있는 동년배나 동기는 매우 적습니다. 따라서 친구가 될 수 있는 사람은 결국 반말할 수 있는 사람 중에서 극소수에 불과하지요. 아래위로 다단계의 울타리를 쳐놓고 있기 때문에 같이 교류하며 신뢰하고 협조하는 사람들은 학교 동기생, 직장 동기생 등 좁은 범위에 속하는 사람들입니다.

이러한 구조 속에서 사회 전체의 사람들이 서로 신뢰하며 조화롭게 살기는 어려울 것입니다. 우선 모르는 사람 간에는 말문을 트는 것 자체가 쉽지 않습니다. 말문을 트고 상당 기간 대화를 해야 가까워지고 신뢰도 하게 됩니다. 우리의 언어 구조가 사회적 위화를 조장하고 있다고 해도 틀린 말은 아니라고 봅니다.

요즈음 심각해진 청년실업 문제도 말의 높낮이 때문에 더욱 꼬이는 측면이 있습니다. 대학을 졸업하고 제때 취직이 안 되면 다시 기회를 잡기가 매우 어려워질 수밖에 없습니다. 선후배를 따지고 말의 높낮이가 달라지는 사회에서 자기의 동기나 후배를 윗사람으로 모시게 되면 얼마나 처신하기가 어렵겠습니까? 조직의 상사나 책임자 입장에서도 나이 먹은 부하나 나이 먹은 신참자는 기피할 것입니다. 쉽게 말해, 반말도 좀 하면서 편하게 부려먹기가 쉽지 않다고 생각하기 때문이지요. 지금 같은 구조에서는 다소 미흡하더라도 실기하지 않고 취직하는 게 현명할 것입니다.

고령자 취업 문제도 해결하기 어려운 면이 있습니다. 고령자가 일할 능력과 의사가 있다 해도 사용자 측에서 젊은이보다 불편하게 생각하며, 고령자는 고령자대로 젊은 사람들 밑에서 지내는 것을 불편해하기 때문이지요. 말의 높고 낮음이 쳐놓은 장막이 이렇게 사회적 조화에 부정적으로 영향을 끼치고 있습니다.

우리는 숱한 부작용에도 불구하고 높임말과 반말에서 발생하는 문제들을 왜 그대로 두고 있을까요? 근원적인 이유야 어떻든 까마득한 옛날부터 20세기 중반까지 농업 중심의 신분사회가 유지되면서 길들여져 온 우리의 말을 쉽게 바꿀 수는 없을 것입니다. 이미 우리 한국 사람들의 머릿속에 높임말과 반말은 오히려 바람직한 것으로 각인되어 있다고 봅니다. 어른과 아이를 구분하고 윗사람과 아랫사람을 알아보는 미덕을 품고 있는데 뭐가 잘못되었느냐고 반문할 법도 합니다. 우리나라 사람들은 영어 쓰는 나라 사람들이 자기 부모에게도 반말한다고 생각하는데, 다분히 자기중심적으로 판단한 것입니다. 미국 사람들은 자기네 말에는 반말이 없고 존대어만 있다고 주장합니다. 우리나라에 와서 오래 살면서 영어 강사를 했던 미국인이 그렇게 설명하더군요. 필자도 그의 말이 옳다고 봅니다.

현대는 평등사회이고 법치사회입니다. 양반도 없고 귀족도 없습니다. 옛날 신분사회, 계급사회에서는 필요한 면도 있었겠지만 지금은 존대하는 말, 동료 간에 쓰는 말, 하대하는 말로 나눌 필요도 없고 나누어서도 안 됩니다. 일상생활이 크게 불편해지고 사회의 조화를 해치고 있기 때문이지요. 성인이 다 된 사람들에게 반말하는 습관, 직업의 귀천에 따라 하대하는 좋지 않은 언행은 불식해야 합니다. 우리의 뜻을 모아 가급적 빠른 시일 내에 잘못된 언어생활을 고쳐나가야 하겠습니다.

존대어를 쓰면서 남을 모욕하고 학대하는 행동은 할 수 없을 거라고 생각합니다. 또 점차 늘어나고 있는 국내 다문화 인구를 비롯해, 우리나라에 대해 좋은 감정을 갖고 우리말을 배우고 싶어 하는 외국 사람들에게 품위 있는 존대어를 쉽게 가르칠 수 있어야 합니다. 지금처럼 존댓말과 반말 내에도 여러 개의 층이 있는 언어 구조로는 어느 누구도 쉽게 우리말을 배울 수 없을 것입니다.

우리 글자 한글은 누가 보나 아름답고 과학적으로 창안된 글자라고 생각합니다. 세종 임금께서 말씀하셨듯이 백성들이 쉽게 익혀 사용하도록 만든 글자입니다. 그 뜻에 걸맞게 우리말도 아름답고 품위 있고 누구나 배우기 쉽게 다듬어 나가야 하겠습니다. 그렇게 해서 우리 국민뿐만 아니라 외국인까지도 우리말을 쉽게 배워 한국을 더 잘 이해하고 우리글과 말, 나아가 문화의 우수성을 더 많은 세계인들이 알게 되면 그것이 바로 우리나라의 큰 힘이 될 것입니다.

오랜 세월 신분사회가 이 땅에 존속되었고 그에 따른 인습이 아직도 사람들의 머리를 떠나지 않고 있는데 갑자기 존댓말 쓰기로 바꾸기란 그리 쉬운 일은 아니겠지요. 그렇다고 해서 불가능한 일도 아닙니다. 국가 전체가 나서서 치밀하게 계획을 세워 추진해 나가면 예상외로 빠른 효과를 볼 수 있다고 생각합니다.

우선 행정부 공무원부터 상하 간에 반말을 쓰지 않도록 하면 좋을 것 같습니다. 대통령이 특별히 행정부 공무원 전체에게 존댓말 쓰기를 훈령으로 내리면 어떨까요? 행정부부터 높임말 쓰는 분위기로 바꾸면 국영기업체나 대기업체 등으로 파급효과가 크리라고

동해물과 백두산이 늘 푸르고 높게

생각됩니다. 아울러 군(軍)에서도 상하 간에 존대어 체제로 바꾸도록 해야 합니다. 군에서 존댓말 체제로 말을 바꾸면 군 폭력을 줄이는 데도 큰 효과가 있을 것으로 예상됩니다. 대학교에서도 교수가 학생에게 반말을 해서는 안 됩니다. 대학생은 거의 다 만 19세 이상의 성인입니다. 그에 맞는 대우를 해야 합니다. 초·중·고교도 전부 높임말 쓰기를 시작해서 어릴 때부터 자연스럽게 습관이 들도록 해주어야 합니다. 가정에서도 부부 간에 경어를 사용하고 어린아이들에게도 존대어 사용을 가르쳐야 합니다.

이미 우리 사회에서는 높임말의 힘을 깨닫고 현실에 적용하는 데가 나타났습니다. 참으로 반갑게도 서울의 신용산, 재동 등 10여 개 초등학교가 어린이들에게 높임말 교육을 실시해서 효과를 보고 있다고 합니다. 처음 시작할 때에는 어색해했는데 높임말을 쓰기 시작한 이후 아이들 사이에 싸움, 욕설, 왕따도 눈에 띄게 사라졌다고 합니다. 이런 효과는 어른 사회에서도 충분히 거둘 수 있으리라고 생각합니다. 학교뿐만 아니라 신문, TV, 라디오 등 사람들의 눈과 귀와 입의 역할을 하는 대중 매체에서 분위기를 이끌어주면 큰 효과가 있을 것으로 기대됩니다.

한편 요즈음 국어 사용 실태를 보면 말을 정확하게 쓰지 못하는 경향이 나타나고 있습니다. 주어가 사람인가 사물인가에 따라 동사의 격을 맞추어 연결해야 하는데 그렇지 않아 혼선을 빚게 하는 경우도 비일비재합니다. '저기 나무가 보이시지요?', 'ㅇ장님, 약속 계십니까?', '…경험이 있으시다고 합니다'라는 표현들이 그 실례입니다. 스스로 똑똑하다고 자부하는 우리 한국 사람들이 이렇게 사고가 비논리적인가, 말도 제대로 맞추어서 하지 못하는가 하고 입맛이 쓸 때가 종종 있습니다. 나무는 사물이고 약속과 경험은 일입니다. 거기에다 존대어를 붙이는 게 매우 어색합니다. 정작 존대어를 써야 할 데에는 쓰지 못합니다. 어느 TV 방송에서인지 자막으로 '아버지가 있다'라고 한 경우를 보았습니다. 당연히 '아버지가(또는 께서) 계시다'라고 해야 할 것을 그렇게 쓰는 걸 보니 우리말이 탈이 났다는 생각을 절로 하게 되었지요. 또 '있다'의 존칭어는 '계시다'인데 '있으시다'는 어떻게 해서 생긴 말인지 모르겠으나 잘 통용되고 있습니다.

청유형도 이상하게 바뀌고 있습니다. '…해 주십시오'나 '…해 주시지요'라고 해야 할 것을 '…하실게요'라고 합니다. 또 '…합니다', '…입니다'라고 해야 할 것을 '…하거든요', '…이거든요'라고 합니다. 상대방에게 정중한 표현을 하면 자기 위신이 깎이는 것 같고 반말은 할 수 없으니까 편의상 그런 식으로 고쳐서 말하는 것이 아닐까요? 표현이 자꾸 뒤틀리는 것 같아 씁쓸합니다.

세월이 흐르면서 말은 달라질 수밖에 없고 지금까지 많은 말이 생성, 소멸, 변화하면서 발전되어 왔다고 생각합니다. 그런데 현재 우리 국어에서 나타나고 있는 현상은 발전이라기보다는 무언가 혼돈에 빠져 있는 것 같으며, 한국인의 사고 능력에 흠결이 생긴 게 아닌가 하는 의문을 갖게 합니다. 국어 전문가도 아닌 주제에 너무 깊이 들어가는 것은 도리가 아니라서 필자의 의견 제시는 이 정도

동해물과 백두산이 늘 푸르고 높게

에서 그치겠습니다. 아무튼 국어학자나 국어교육을 담당하는 기관, 작가, 문인, 엄청난 파급력을 가진 TV, 신문 등 대중매체 쪽에서 우리말을 바로잡고 아름답게 가꾸는 노력을 해야 한다고 생각합니다.

과거에 우리나라 사람들은 어려서부터 대화법 교육을 받지 못했습니다. 가족끼리 식사할 때도 아이들한테는 빨리 밥 먹고 나가라고 했고, 밥 먹을 때 말이 많으면 복이 달아난다고도 했습니다. 부부 간에도 상대방을 존중하며 예의 바르게 대화하기보다는 핀잔과 비꼬는 투의 말들이 많았던 것으로 기억합니다. 결혼해서 한 몸이 되었으니 격의 없이 대하려다가 생겨난 폐습이 아닌가 생각해봅니다. 지방별로 대화하는 방식이 달라 곳에 따라서는 부부 간의 대화가 싸움하는 것처럼 들리기도 했습니다. 따라서 타지방 출신 부부 간에 대화가 잘 안되는 경우도 많았습니다.

학교도 주입식 위주로 교육하던 터라 교사가 학생에게 일방적으로 지식을 전달하였지 교사와 학생, 학생과 학생 간의 대화나 토론은 없었습니다. 학생으로 하여금 질문을 많이 하도록 유도하는 유대인의 교육 방법과는 전혀 달랐습니다. 별도로 대화술을 다루는 교육과정도 없었습니다. 그래서 그런지 우리나라 사람들은 대화나 토론, 나아가 협상 능력이 매우 부족한 것으로 여겨집니다. 친구 간에는 너무 쉽게 생각해서 욕도 하고 함부로 말하다가 틀어져서 아주 어색한 관계가 되는 경우도 있습니다. 직장의 상하 간, 인생의 선후배 간에도 주로 상사나 선배가 일방적으로 이야기하지 부하나 후배는 주로 듣기만 합니다. 여럿이 모이는 회식 자리에서 상사나 선배 등 한두 사람이 많은 이야기를 하고 나머지는 먹고만 가는 경우가 많습니다. 우리는 아직도 아무개가 좌중을 휘어잡았다는 말을 나쁘게 생각하지 않고 화제가 많고 말을 잘하는 사람으로 그냥 좋게 봐주는 편입니다.

사람들이 토론이나 협의 또는 대화하는 자리에서 특정인이 발언권을 독점하는 것은 전혀 바람직하지 않습니다. 우리나라 사람들에게 평소 자연스러운 대화나 토의가 부족하고 그걸 잘할 줄도 모르니 한번 문제가 생기면 사태가 심각해지는 게 아닌가 생각합니다. 예를 들면 노사 협상의 경우 전투 분위기로 변질되어 극한 대립을 하는 사례가 흔합니다. 내거는 구호를 봐도 살벌합니다. 결사반대, 결사항전 등 죽음을 각오하고 하는 협상이 잘될 수가 있겠습니까? 양쪽이 서로의 입장을 잘 이야기하고 상대방을 이해하려는 자세가 되어 있어야 협상이 되는데 일방적 주장만 관철하려고 하니 현장에서는 물리적 충돌이 다반사로 일어나는 게 아닌가 생각합니다. 결국 타협이 안 되고 극한 대립이나 하면서 많은 낭비를 초래하고 대내외적으로 이미지만 악화시켜서 자체 회사뿐만 아니라 국가 경제 전체에 손해를 끼치는 일이 숱하게 일어나고 있습니다.

가장 모범적으로 대화와 토론, 타협의 장이 되어야 할 국회는 더욱 한심한 지경이지요. 국가 운영과 국민 생활에 큰 영향력을 갖고 있는 만큼 그에 길맞은 책임감과 사명감으로 과제를 협의, 토론하고 타협해서 나랏일을 뒷받침해야 할 텐데 이런 바람과는 너무나 동떨어져 실망만 안겨주고 있습니다. 국회는 국민의 대표들의 모임입니다. 회의체는 어떻게 운영해야 하겠습니까? 여러 대표자들이 모여 의제를 놓고 대화하고 토론해서 의견을 모으고 합의안을 도출하는 절차를 거쳐야 하겠지요. 그런데 우리의 국회는 억지와 생떼를 부리고 싸움이나 하는 곳으로 비추어지고 있습니다. 국민들은 수십 년간 보아온 이러한 모습에 신물이 나 있습니다.

　모든 게 가정, 학교, 직장 등 크고 작은 사회조직에서 대화법을 제대로 가르치지 않아 발생하는 문제라고 생각합니다. 문화 언어인 존댓말의 일상화 운동과 더불어 대화법도 교육해서 국민의 품격을 높여야 합니다. 나아가 민주주의를 더욱 성숙시켜 국가의 품격을 높여나가야 할 것입니다. 가정에서는 부모가 예의와 절제를 잃지 않는 선에서 대화하는 모범을 보여야 합니다. 아이들에게는 일방적 명령이나 윽박지르기를 하지 말고 아이들을 존중받아야 할 하나의 인격체로 보면서 대화의 단절이 없도록 유도해 나가야 합니다.

　행정부나 사법부는 자체 교육 프로그램에 대화법을 넣어 공무원들을 상대로 체계적으로 교육하는 방안을 강구해야 한다고 생각합니다. 입법부도 마찬가지입니다. 국회의원은 필요 이상의 우월감을 가져서는 안 됩니다. 국회 스스로 끊임없이 공부하고 반성하는 자세를 가질 때 한국 사회에서 가장 낙후된 집단이 국회라는 불명예를 씻을 수 있고, 아울러 국민의 신뢰도 회복할 수 있으리라고 믿습니다. 예산 낭비한다는 비난을 받지 않는 범위 내에서 자체 조직 안에서 교육을 하든 외부에 교육을 의뢰하든 대화와 토론, 그리고 타협의 기술부터 교육받기 바랍니다.

기업체나 노동계 역시 자체 교육훈련기관에 대화법 과정을 넣어서 교육시켜야 할 것으로 생각합니다. 평생교육 시대에 계속 공부하지 않으면 도태될 수밖에 없다는 사실을 명심해야 합니다.

필자가 스위스의 중소기업체 한 군데를 방문했을 때 느꼈던 소감과 세계무역기구(WTO)의 인사 채용과 관련해 경험한 바를 소개하고자 합니다. 필자가 방문했던 스위스의 중소기업체는 고급 자전거를 만들어 주로 외국에 수출하는 기업이었습니다. 다른 무엇보다도 회사 분위기가 우리나라 회사와는 너무 달라 신기하기까지 했습니다. 사장은 얼굴에 여드름 자국도 가시지 않은 아주 앳된 젊은이였습니다. 임원들은 사장보다 나이가 많아 보였고 그 임원 중 한 사람이 우리 일행을 안내했습니다. 작업장에는 훨씬 나이 든 사람들이 있었는데, 톨스토이나 다윈의 모습처럼 길고 허연 수염을 기르고 있던 사람들이 적지 않아 인상적이었습니다. 우리나라에서는 나이가 직장의 위계질서에서 매우 중요하기 때문에 어린 사장이나 임원이 나오기가 힘든데 어떻게 이런 기업이 가능할까 생각해 보았습니다. 아마도 이 나라 사람들의 말에는 높임말, 반말이 없고 인사도 아래위를 따지지 않으며 직업에 대한 소명 의식이 있어서 그런 게 아닌지 짐작되었습니다.

세계무역기구 내의 한 조직인 보조금위원회의 인사 채용과 관련한 필자의 경험도 늘 뇌리를 떠나지 않습니다. 보조금위원회는 자문기관인 전문가 그룹을 두어 도움을 받도록 되어 있었습니다. 언젠가 보조금위원회 위원장이 불러서 필자는 세계무역기구 사무국으로 찾아갔습니다. 보조금위원장이 필자를 부른 이유는 전문가 그룹에 채용할 후보 전문가에 대한 소개 겸 선정 문제에 협조를 요청하고자 하는 것이었습니다. 몇 명의 후보 중 70세가 넘는 후보가 한 사람 있었습니다. 한국적 사고에 젖어 있던 필자는 연세 많은 노인을 뽑아 일 시키기가 쉽지 않을 거라는 이유로 그가 부적합하지 않느냐 하고 이의를 제기했습니다.

그랬더니 위원장은 일할 능력과 의사가 있으면 됐지 나이는 문제될 게 없다고 했습니다. 더군다나 그 사람은 해당 분야에서 40년 이상 일한 베테랑이기 때문에 누구보다 많은 지식과 경험을 갖고 있다고 부연 설명을 하는 것이었습니다. 인적자원으로서의 가치를 따지지 않고 나이를 기준으로 일률적으로 사람을 평가하는 우리의 인사 관행과는 전혀 다른 사고였습니다. 이런 선진적인 인사가 가능한 것은 언어의 높낮이나 인사법의 높낮이 등에 의한 보이지 않는 장벽이 없기 때문이라고 생각되었습니다.

'동방예의지국' 되살려야 한다

과거에 우리나라는 사대부 계급만이 대접받고 사는 신분사회였고 유교적 윤리에 따라 수직적 질서의 예의를 강조하는 사회였습니다. 임금과 신하, 스승과 제자, 부모와 자식, 남편과 아내, 나이 많은 사람과 젊은 사람, 양반과 상민 등 위아래로 줄을 세워놓고 지켜야 할 도리를 정했습니다. 그리고 누구든 도리를 벗어나지 않게끔 엄격한 예의 체계를 강요하며 살아왔지요. 기독교에 기반을 둔 미국 문화가 본격적으로 들어온 지 70년 넘게 지나면서 많은 변화가 있었으나 아직도 수직적인 신분사회적 사고는 사회 곳곳에 남아있습니다. 결국 전통과 현대가 공존하면서 신분사회의 수직적 사고와 계약사회의 수평적 사고가 충돌하게 되고, 그래서 사회 전체가 큰 혼란과 갈등을 겪고 있다고 생각합니다.

우선, **관혼상제(冠婚喪祭)의 예(禮)를 생각해보겠습니다.** 과거의 관례(冠禮)와 제례(祭禮)는 많이 쇠퇴했습니다. 근래에는 관례와 유사한 것으로 성년(成年)의 날 행사가 있으나 자리가 잡힌 것 같지는 않습니다. 우리 대한민국에서 성년의 날은 1973년부터 지정, 시행해왔는데 1985년부터는 매년 5월 셋째 월요일을 성년의 날로 삼고 있습니다. 2013년에는 민법(民法)을 개정해서 성년의 나이를 만 19세로 낮추었지요. 그 뒤로는 만 19세가 되는 젊은이들을 위한 성년의 날을 치르고 있습니다.

그런데 성년이 된다는 의미의 중요성을 감안할 때 지금까지 무엇을 했는지 모를 정도로 사람들에게 알려져 있지 않습니다. 대부분의 젊은이들이 대학에 입학하면서도 어른이 된다기보다는 아직도 학생이라고 생각하기 때문에 의타심을 버리지 못하며 사회적 면책 대상이라고 스스로 여기는 것은 아닌지 의문입니다.

성년의 날을 좀 더 국가적인 행사로 격을 높여 참된 의미를 깨닫게 할 필요가 절실하다고 봅니다. 성년이 되면 독립된 인격체로

동해물과 백두산이 늘 푸르고 높게

서 법적·경제적 의무와 책임을 지게 되고 성인으로서 권리도 누리게 됩니다. 이런 의미들을 확실하게 마음속에 심어주고 가정과 사회와 국가의 책임 있는 구성원으로서 성공적으로 살아가도록 축원하는 행사가 되도록 하자는 것이지요.

미성년자에서 성년자가 된다는 것은 실로 매우 큰 변화입니다. 법치주의를 추구하는 우리나라로서는 성년이 되는 사람들에게 법적인 권리, 의무, 책임에 대한 관념을 확고히 심어주는 것은 매우 의미 있는 일입니다. 일본에서는 성년의 날을 아예 공휴일로 정해서 그 의미를 강조하고 있습니다.

제례(祭禮)에도 많은 변화가 일어나고 있습니다. 가급적 제사의 전통을 지키려는 가정이 있고, 편의에 따라 간소하게 제사 지내는 가정, 아예 제사를 안 지내는 가정으로 다양합니다. 많은 사람들이 제사는 얼마 안 가 없어지리라는 이야기도 합니다. 그러나 아무리 세상이 변했다 해도 우리가 조상을 위하는 전통을 부정적으로만 볼 필요는 없다고 생각합니다. 바쁜 현대 생활에 어려운 점이 많다고 이유를 댈지 모르나 제사 모시는 자리는 조상의 유덕을 기리며 형제자매 간에 우의를 다지는 자리가 된다는 점을 감안해 전통을 살려나가는 것이 바람직하다고 봅니다.

직장 일에만 큰 비중을 두고 바쁘다면서 가족과 가정사의 중요성을 잊고 산다면 마치 땅은 안 쳐다보고 하늘만 쳐다보고 다니는 천문학자와 같다고 할 수 있습니다. 설과 추석 때 지내는 차례를 제외하고 일 년에 두 번 정도 지내는 제사를 바쁘기 때문에 못한다면 제대로 변명이 되는 것인지 의문입니다. 서양 사람처럼 직장 근무시간 후 정시 퇴근하는 원칙이 서면 어려운 일이 아닐 것입니다. 다만 옛날처럼 5대 봉사 등은 현실적으로 불가능하겠지요. 생전에 얼굴도 보고 사랑도 주신 조부모까지는 내외분을 합사해 제사를 모시는 방법으로 횟수를 줄이고 제사 음식도 아이들까지 즐겨 먹을 수 있는 음식으로 차리면 그렇게 어렵지는 않을 것으로 보입니다. 실제로 현재 그렇게 하는 집안이 꽤 있는 것으로 알려져 있습니다.

혼례(婚禮)의 경우 비교적 건전한 방향으로 자리가 잡혀가는 듯합니다만, 아직도 호화 결혼식으로 빈축을 사는 사람들이 있습니다. 또한 예식 절차 등을 지나치게 코미디화해 엄숙성을 잃는다는 지적도 있습니다. 결혼 예식 자체는 신랑 신부가 한 가정을 이루어 평생 함께 신의를 지키며 살겠다고 약속하는 경건한 자리이며, 아울러 새로운 가정의 형성을 축하하고 새로운 생명의 탄생을 축원하는 자리이기도 합니다. 다시 말해 결혼식에는 경건성과 축제성이 같이 존재한다고 볼 수 있습니다. 따라서 신랑 신부가 혼인을 서약하고 성혼 선언이 있고 주례사가 있고 양가 부모와 내빈에 대한 인사가 있고 행진을 할 때까지는 경건한 분위기 속에서 예식이 진행되어야 한다고 생각합니다.

상례(喪禮)는 전통 의식에 따라 하든 종교 의식에 따라 하든 많이 개선된 것으로 보입니다. 그러나 한 가지 지적하고 싶은 것은 초상집(장례식장)에 가서 상제에게 하는 적당한 인사말이 없다는 것입니다. 누구나 이제 막 사회인이 되어서 문상을 갔을 때 매우 주저되고, 가서 뭐라고 어떻게 인사를 해야 되나 하고 고민한 적이 있을 것입니다. 부모상의 경우 상제에게 "얼마나 망극하십니까?"라고 말한다는 집안 어른의 말씀을 젊었을 때 들었지만 막상 그 말을 쓰려고 하면 너무 생경해서 입이 안 떨어져 어물어물했던 적이 많았습니다.

요즈음 젊은 사람들 중에는 상제인 며느리에게 "안녕하십니까?" 하고 인사하는 경우도 여러 번 본 적이 있습니다. 상중에 있는 사람에게 전혀 어울리지 않는 인사말입니다. 또 한 가지 이야기하고 싶은 것은 문상객에게 어떤 식으로 상주에게 인사해 달라고 분향소 앞에 팻말을 붙이는 무례함입니다. 통상 사회적으로 성공했다는 사람들이 상제일 경우 그렇게 합니다만, 상제가 재직하고 있는 회사나 기관의 직원들 생각에는 손님이 많아 상제가 일일이 무릎 꿇고 절하기가 너무 어렵기 때문에 직장 상사를 보호하고자 하는 뜻에서 그런 처사를 하는 것으로 이해됩니다. 그러나 이것은 전혀 말이 안 되는 경우이지요. 교통도 복잡한데 귀한 시간 내어 문상 와준 사람에게 상제가 감사의 인사를 하는 것이지 어떻게 상제가 문상객에게 어떤 형식이 됐든 인사를 해달라고 요구합니까? 진부한 이야기가 될지 모르지만, 옛날에는 상제가 죄인이라고 생각해서 하늘을 쳐다보지도 못했습니다. 안내인이 문상객에게 '상제에 대한 조문(弔問)은 서서 해주셔도 됩니다'라고 귀띔하면 다 알아듣고 대부분 의도한 대로 하지 않을까요. 앞으로는 서서 하는 조문으로 통일하는 것도 바람직하다고 여겨집니다.

전통적으로 우리의 인사법은 아랫사람이 윗사람에게 공경하는 뜻을 나타내거나 안부를 물을 때 행하는 예법이었습니다. 얼굴을 마주 보며 말로 하는 인사가 아니라 먼저 몸을 굽히고 나중에 안부를 묻는 식이었지요. 60여 년 전 시골에서 본 모습입니다만, 길에서 아버지의 친구를 뵈었을 때 땅에 엎드려 절을 하기도 했습니다. 인사라는 것은 주로 아랫사람이 윗사람에게 하는 절이었다고 해도 과언이 아니었습니다. 사회의 이동성이 적은 과거의 농업사회나 수직적인 신분사회, 계급사회에서는 통할 수 있었으나 도시화, 산업화, 수평화된 계약사회에서는 맞지 않는 예법이 되었습니다. 땅바닥에 손을 대고 절하는 것은 선거철 정치인들에게서나 볼 수 있는 풍경이 되었고, 허리를 굽혀 절하는 인사법은 아직도 그대로 쓰이고 있습니다. 특히 행정기관이나 대기업 등 큰 조직에서는 허리 굽혀 절하는 예법이 그대로 행해지고 있습니다. 일부 젊은층에서는 옛날과 달라진 것 같으면서도 눈치껏 그때그때 상황에 따라 대응하는 것으로 감지됩니다.

문제는 우리가 종래 사용해온 인사법이 우리가 살아가는 데 사람들을 편안하게 만들지도 않고 분위기를 밝게 하지도 않는다는 것입니다. 서양 사람들과 비교하면 너무 큰 차이가 납니다. 서양 사람들의 인사법은 모르는 사람 간에도 서로 미소 띤 얼굴로 쳐다보며 하이! 헬로! 굿모닝(굿애프터눈, 굿나잇)! 굿바이! 등등 선의가 담긴 표정과 말로 인사를 합니다. 대도시의 거리 등 사람이 많은 곳에서는 여건상 그렇게 인사를 할 수 없으니까 모르는 사람에게 인사를 안

합니다만, 동네 주택가나 한적한 데에서는 모르는 사람이라도 미소 띤 얼굴로 인사를 합니다. 그런 장면을 볼 때마다 한 동네 사람들끼리는 얼마나 친근하고 사이좋게 지낼까 부러웠습니다.

우리나라 사람들의 경우 이미 잘 아는 사이에는 직위나 나이에 따라 한쪽에서 머리를 굽혀 인사를 하고 다른 한쪽에서는 인사를 받는 형식입니다. 모르는 사람 간에는 인사를 하지 않습니다. 친구나 동등한 관계에 있는 사람 간에는 특별한 인사말이 없습니다. 용건이 있으면 막 바로 말을 건넵니다. 아래위로 순서를 정해놓고 하는 인사이기 때문에 자기가 먼저 굽혀야 될지 아니면 상대방의 절을 받아야 될지 모르는 관계에서는 자연스럽게 인사가 될 리 없습니다. 같은 아파트에 살면서 주민들 간에 서로 인사를 거의 안 합니다. 상호 인사가 안 된 사람끼리는 남으로 간주하기 때문에 믿음을 주고받을 수가 없습니다. 서로 무관심할 뿐만 아니라 공동체 구성원으로서의 일체감 같은 것은 거의 느끼지 못합니다. 서양 사람은 인사부터 개방적이고 말에 높낮이가 없어서 쉽게 접근할 수 있기 때문인지 사람 간의 관계가 우선 믿어주는 관계로 시작됩니다. 그러다가 신뢰에 반하는 행동을 하게 되면 관계가 끊어지거나 사회에서 매장까지 당한다고 합니다.

이와 반대로 우리나라에서는 모르는 사람은 우선 불신부터 합니다. 통성명해서 인사를 나누고 한참 지나면서 그 사람의 언행을 보아가며 자기의 마음도 열고 신뢰의 폭도 넓힙니다. 인사법뿐만 아니라 어법이 상하 관계로 구분되기 때문에 서로 말하기도 매우 어렵습니다. 조금 자유롭게 말하다가는 버릇없는 사람이 될 수 있습니다. 전화로 해도 될 말을 꼭 가서 찾아뵙고 해야 예의 바르고 정중한 사람으로 인정받아 말의 효과가 나타나는 경우도 있습니다. 하여튼 존댓말과 반말뿐만 아니라 인사법이 수직 관계로 짜여 있어서 어려운 경우가 많습니다. 이런 말을 장황하게 하는 이유는 우리나라 사람끼리 좀 더 친근하고 신뢰하며 화합해서 살 수 있으면 좋겠다고 생각하기 때문입니다. 친화적으로 사는 것을 싫어할 사람은 없겠지만 인사법이나 말투 때문에 그게 안 된다면 고쳐야 하지 않겠습니까?

실제로 요즈음 항상 느끼는 것이지만 우리 인사말에서 "안녕하세요(하십니까)", "안녕히 계세요(계십시오)", "안녕히 가세요(가십시오)"라는 말은 거의 듣기 어렵습니다. 그 대신에 "오셨어요", "들어가세요", "가세요"라고 하는 말이 많이 쓰이고 있지요. 이런 식의 말은 사실상 대단히 무례한 인사말입니다. 아마도 이렇게 무뚝뚝한 인사말을 가진 나라는 우리나라밖에 없지 않을까 생각됩니다. 물론 아주 나이 차이가 많거나 직위가 높은 사람에게는 '안녕'이라는 말이 들어가는 인사말을 쓰겠지요. 그러나 우리나라 사람들의 마음속 깊은 곳에는 "네가 뭔데…?"라고 하는 사고가 자리 잡고 있는 것은 아닌지 의문스럽습니다. '안녕'이라는 말이 들어가면 인사말치고 너무 길다는 생각도 해볼 수는 있습니다. 그러나 간편성을 위해서 짧아진다기보다 상대방을 존중하고 싶지도 않고 친화적으로 대하고 싶지도 않은 마음이 있기 때문이 아닌가 생각합니다.

인사법은 오랜 세월 동안 공동체 구성원으로 살아오면서 관습으로 생성되는 것인데 하루아침에 고칠 수도 없습니다. 그렇다고 해서 지금처럼 놓아두는 것도 문제입니다. 설익은 생각이지만, 필자 개인적인 의견을 이야기해볼까 합니다. 인사하는 방법을 일본식으로 하는 90도 각도의 절은 하지 않았으면 좋겠습니다. 그 방식은 조폭 냄새가 나기도 합니다. 10도 내지 15도 정도 상체를 굽히면서 얼굴을 쳐다보고 서로 '안녕하세요'라고 말을 하는 인사면 무난하지 않을까요. 그리고 나이 든 사람이나 지위가 높은 사람도 항상 같이 주고받는 인사를 해야 하겠습니다. 생각 같아서는 서양식 인사법으로 하면 좋겠는데 갑자기 바꾸는 데는 무리가 따를 것으로 보입니다. 그러나 얼굴도 안 쳐다보고 쥐어박듯이 90도 각도로 절하는 방식은 너무 후진적이고 사무라이 냄새가 나서 바람직하지 않다고 봅니다.

우리나라 사람들이 말을 할 때 너무 예의가 없다는 점도 지적하고 싶습니다. 상대방을 무안하게 만들고 인격을 무시하는 말을 잘 하지요. 서양 사람들은 무슨 질문을 해도 우선은 좋은 질문(good question)이라고 질문자의 참여를 인정해주고 자기의 의견을 말하는 것을 많이 봅니다. 그리고 상대방이 말하는 것은 끝까지 경청해주고 자기 이야기를 합니다. 중간에 상대방의 말을 끊을 때는 양해를 먼저 구합니다. 남한테 질문을 할 때도 형식은 통상 '질문해도 되겠습니까?'라고 의향을 물어보는 식으로 말을 시작하는 것 같습니다.

그러나 우리나라 사람들은 그렇지 않습니다. 특히 우리나라 정치인들이 말하는 것을 보면 어떻게 저럴 수가 있을까 하고 어안이

벙벙해집니다. 아직 선진국이 못 돼서 그런지 대중매체의 뉴스는 항상 우리나라의 정치 이야기가 대종을 차지합니다. 듣고 싶지 않고 보고 싶지 않아도 듣고 또 볼 수밖에 없습니다. 정치인들끼리 하는 말싸움은 가장 질이 낮다고 생각됩니다. 어떻게 그렇게도 자기들만 옳고 상대방은 아무것도 모르는 사람들로 무시하고 경멸하는지, 저 사람들이 기본이 되어 있는 사람들인지 의심하게 됩니다.

세상일은 나름대로 보는 각도에 따라, 어느 것을 중시하는가에 따라, 또 방법이나 시기의 차이에 따라 다르게 보일 수 있습니다. 다만 정치인들 입장에서 한 가지 일치해야 하는 점은 나라와 국민을 위해야 한다는 것입니다. 그리고 자기네를 지지해준 국민들의 의견을 대변할 때도 상대방을 지지해준 국민들도 있다는 점을 염두에 두고 최소한도의 예의를 지키면서 이야기해야 합니다. 상대방을 험악하고 무례한 말로 짓밟는 것이 승리이고 그런 승리가 다음에 자기네들에게 지지표로 돌아온다고 생각하는 것은 큰 오산입니다.

더 나은 정책을 개발하고 참된 민의를 수렴하며 더 많은 국민이 혜택을 누리도록 노력하는 것이 국민의 지지를 얻게 된다는 점을 깨달아야 합니다. 그렇게 해서 정권도 잡고 잡은 정권도 유지하겠다는 생각을 해야 합니다. 그런데 지금 정치인들이 하는 행태를 보면 무조건 정권 쟁탈에만 혈안이 돼 있지 진정으로 나라를 위하는 사람들로 보이지 않습니다. 명예 감정도 없는 것 같습니다. 자기네들의 주의, 주장과 한 일에 대해 주권자의 평가를 받겠다는 겸허한 생각이 없습니다. 여야는 항상 서로 반대만 하고 그 반대도 논리적인 것이라기보다 상대방에 대하여 원색적이고 모욕적인 언어로 창피를 주고 궁지에 몰아넣기 위한 것으로 들립니다. 무례나 모욕을 넘어 육탄전까지 하는 곳이 우리나라 국회입니다.

우리나라는 고등교육을 받은 사람의 비율이 전 세계에서 가장 높은 나라 중 하나이므로 대부분 국민이 정치인들의 저급한 언행에 대해 평가할 수 있는 능력이 있다고 봅니다. 아무리 의견이 달라도 논의하고 타협하고 안 되면 표결하고 그 결과에 승복하고 때를 놓치지 말고 나랏일이 추진되어야 할 텐데 그게 잘 안 됩니다. 정치인들은 유권자의 수준을 제대로 파악해야 할 것입니다.

우선 정치인들은 상대방을 인정하고 예의 차리는 일부터 해주시기 바랍니다. 그리고 명예심을 갖기 바랍니다. 그런 생각과 감정은 모두 말로 나타나게 됩니다. 언어의 품격을 높여주시기 바랍니다. 자라나는 어린 학생들이 모두 다 보고 배우고 있습니다. 한 마을처럼 좁아진 지구 상의 다른 나라 사람들이 다 보면서 대한민국에 대해 등급을 매기고 있습니다.

끝으로, 식탁 예절을 거론해보겠습니다. 전통적으로 우리나라의 식탁 예절은 집안 어른을 섬기는 것부터 시작해서 몇 가지를 열거할 수 있습니다. 어른이 수저를 들기 전에 아랫사람이 먼저 숟가락을 들어서는 안 된다는 것, 썩 좋은 반찬[上饌]은 어른들이 주로 드시도록 한다는 것, 식사 때 말을 많이 하면 안 된다는 것, 코를 풀지 않는다는 것 등이지요. 반면에 트림하고 쩝쩝거리며 기침하는 것은 비교적 관대하게 용인되었다고 생각합니다.

서양 사람들의 식탁 예절에 관해서는 필자가 전문적 소양이 없으나 약 8년간의 해외 생활을 통해서 감지한 것을 종합해보면 다음과 같습니다. 식사하면서 쩝쩝 하는 소리, 후루룩 하는 소리를 내어서는 안 된다는 것, 식탁 위에 팔꿈치를 올려놓지 말라는 것, 가급적이면 화제가 끊어지지 않게 이야기를 많이 하는 게 좋다는 것, 코 푸는 것은 괜찮으나 트림하거나 기침하는 것은 무례라는 것 등입니다.

　　현대는 지구촌 시대가 되어 각 나라의 음식이 전 세계로 퍼져 나가고 있습니다. 서울에서도 전 세계 웬만한 나라의 음식을 다 즐길 수 있고 우리 음식도 외국의 영향을 받아 퓨전 음식으로 개발·제공되고 있습니다. 이제는 숟가락과 젓가락뿐만 아니라 서양 음식을 먹을 때 사용하는 칼과 포크도 잘 쓸 줄 알아야 합니다. 따라서 우리나라의 식탁 예절과 서양의 그것을 단순 비교해서 어느 것이 더 낫고 못하고를 따지기는 좀 어려울 것 같습니다. 왜냐하면 음식의 내용이나 제공되는 밥상 또는 식탁의 모양이나 크기, 가족의 구성과 규모, 가옥의 구조 등에 따라 식탁 예법이 많은 영향을 받았을 것이기 때문입니다. 다만 시대의 흐름과 더불어 경제가 발전해서 식생활이 많이 윤택해졌고, 핵가족화, 도시화가 이루어졌으며 국제화가 빠른 속도로 진행되고 있는 점을 감안해 그것에 맞는 방향으로 식탁 예법도 조정되어야 할 것으로 생각합니다. 관련 연구 기관이나 단체에서 현대에 맞는 식탁 예절을 정리해서 교육기관이나 대중매체 등에 의해 보급되면 좋을 것으로 기대합니다.

법치주의는 민주시민사회의 기반

법치주의를 정의해보겠습니다. '국가가 국민의 자유와 권리를 제한하든가 국민에게 새로운 의무를 부과하려 할 때 국회가 제정한 법률에 의하거나 법률에 근거가 있어야 하고, 법률은 국민만이 아니고 국가권력의 담당자도 규율한다'(김철수,《헌법학개론》, 171쪽)는 것이지요. 다시 말하면, 법으로 국가권력의 자의적 행사를 제한해 국민의 자유와 권리를 보호하고 국민에게 불필요한 부담을 지게 하지 않도록 하자는 겁니다. 법치주의의 수혜자는 당연히 국민입니다. 그런데 우리 국민은 왜 이것을 모르고 법을 지키지 않을까요? 또 국가권력의 담당자는 그 권력을 행사할 때 국민의 합의된 의사와 절차에 따라 제정된 법을 왜 무시하거나 존중하지 않을까요?

앞서 우리나라 사람들이 법을 안 지키는 이유를 나름대로 따져보았습니다. 비록 서구식 민주주의 제도가 해방과 더불어 갑자기 옆에서 끼어들듯이 우리나라에 들어왔으나 이미 그렇게 된 지 70년이 다 되어갑니다. 두 세대가 넘는 세월이 지났습니다. 민주주의 제도가 도입됨에 따라 법치주의에 대한 공부와 훈련도 제법 했다고 생각합니다. 이제는 공부나 훈련의 단계를 넘어 몸과 마음으로 직접 실천해야 하는 단계에 와 있습니다. 그러나 아직도 법 따로 현실 따로 노는 형국입니다.

그러면 **법치주의가 안착되면 국민들**(우리들)**에게 무슨 이익이 있을까요?** 법이 제대로 지켜지면 앞으로 일을 해나가는 데 예측이 가능해져 국민들(우리들)의 생활이 편리해집니다. 미리 준비할 것은 준비하고 피해야 할 것은 피할 수 있으니 편리해지는 거지요. 무슨 일이든 법이 정하는 절차나 순서대로 하면 다른 사람과 부딪치거나 얽혀서 일어날 수 있는 혼란이 줄어들거나 없어지게 됩니다. 결과적으로 사람과 사람 사이의 관계가 부드러워지고 나아가 신뢰사회가 저절로 만들어지겠지요. 신뢰사회야말로 선진사회이고 우리 사회가 추구하는 목표입니다.

법을 잘 지키면 세금을 줄여 경제적으로도 이득을 얻게 됩니다. 즉 국민이 스스로 법을 잘 지키면 법의 집행에 들어가는 비용을 많이 줄일 수 있다는 말입니다. 예를 들어 국민이 교통법규를 잘 지키면 교통순경이 별로 필요 없게 됩니다. 교통순경 숫자가 줄어들면 이들에게 지급되는 봉급, 장비 등에 들어가는 비용이 그만큼 줄어들고 이는 곧 그만큼 세금이 줄어들 수 있다는 이야기입니다. 또 이 세상에는 살인, 상해, 강도, 절도, 방화, 사기, 횡령 등등 여러 가지 범법 행위가 있습니다. 이러한 범법 행위가 없어지거나 줄어든다면 교도소, 교도관, 검찰, 경찰 공무원, 판사, 기타 관련 시설 장비 등에 들어가는 비용이 줄게 되어 상당 부분 세금을 안 걷어도 되거나 대폭 줄일 수 있습니다. 우리들의 세금 부담을 늘리지 않고 복지 증진 같은 다른 유익한 쪽으로 세금을 돌려 쓸 수도 있지요.

또 법치주의가 완전히 자리를 잡으면 외국의 신뢰를 얻게 되어 국제적인 무역 투자, 금융거래, 인적 교류, 기술 거래 등 경제 관련 거래가 확대될 것입니다. 법이 잘 지켜진다는 것은 그 사회가 투명

240

하게 움직인다는 것과 같은 말입니다. 주고받는 모든 거래가 법에 정한 대로 분명하게 잘 이루어지면 외국 사람과 외국 기업들에게 큰 믿음을 주게 되어 그들로 하여금 우리 한국 사람과 사업도 같이 하고 거래도 하고 싶게 만들 것입니다. 그렇게 경제 관계가 확대되고 활발해지면 우리나라에 많은 이익을 주게 됩니다. 부연 설명하면 우리의 수출 소득이나 투자 소득도 늘고 외국인들이 직접 투자도 많이 해서 일자리도 생기고, 우리 금융기관에 돈도 더 많이 모이고 기술 발전도 이룰 수 있는 여건이 조성된다는 말입니다.

그러나 이런 법치주의의 장점은 법이 공평하게 만들어지고 모든 국민이 다 같이 법을 지킬 때 누릴 수 있습니다. 모든 국민이 다 같이 법을 지키지 않으면 법치국가가 될 수 없습니다. 일정 부분의 사람들이나 특정 계층의 사람들이 법을 지키지 않으면 미꾸라지 한 마리가 온 연못을 다 흐려놓는 것과 같은 상황이 벌어지게 됩니다. 법은 공동의 이익과 편의를 위해 개인적인 자유를 제한하거나 절제를 요구하는 경우가 많고 개인적인 행동을 구속하기도 합니다. 따라서 장소와 때에 따라서 법이 매우 거추장스럽고 원망스러운 존재가 될 수도 있습니다. 그런 이유로 일부의 사람들, 특히 사회적으로 책임 있는 사람들이 법을 안 지키면 법을 지키는 사람들만 손해 본다고 모든 사람들이 생각하게 됩니다. 그렇게 되면 결국 법은 있으나 마나 한 것이 되고 법전은 휴지 조각에 불과하게 됩니다. 지금 우리나라에서는 그런 현상을 적지 않게 볼 수 있습니다.

우리는 이와 관련하여 생각해 볼 것이 있습니다. '부정청탁 및 금품 등 수수의 금지에 관한 법률(속칭 김영란 법)'입니다. 2012년 8월 입법 예고한 후 국회 통과, 대통령 재가 등을 거쳐 2016년 9월 시행령 발효까지 무려 4년이 더 걸렸습니다. 그러나 당초의 입법 취지와는 달리 법 적용 대상에서 국회의원, 정당인, 시민단체 등이 제외되는 등 공평하지 못하다는 목소리가 높습니다. 접대, 선물 및 경조사비 등의 상한이 우리의 현실 여건에 비추어 볼 때 너무 낮아 시행의 어려움도 예상되며 경제 위축, 특히 농어민에 대한 타격이 있을 거라는 우려의 이야기도 나오고 있습니다. 그러나 부패 방지와 청렴국가 건설은 법치주의의 길이고 문화국가의 길이며, 결국 국민 모두가 더 잘사는 길이라고 생각합니다. 또 현실, 현실 하다 보면 아무것도 못합니다. 다소의 어려움이 예상돼도 일단 만들어진 법령대로 시행하면서 부족한 부분은 보완하고 잘못된 부분은 고쳐나가야 할 것입니다. 특히 법 적용의 형평성 문제는 반드시 바로잡아야 합니다. 국회의원 및 기타 정치인 등은 모범을 보여야 할 분들이기 때문에 이 법의 적용 대상에 포함시켜야 할 것입니다.

해방 이후 정부 수립과 더불어 헌법도 만들고 각종 법률들이 제정되어 시행되고 있습니다. 하지만 잘 지켜지지 않고 있습니다. 서구 민주주의국가에 비해 민주주의 역사가 일천한 만큼 법치국가로서의 경험이 부족하고 국민이 훈련받은 기간이 충분하지 못했다고 할 수도 있습니다. 이런 상황에서 현실은 따라가지 못하는데 너무나 지나치게 앞서가는 법규가 상당히 존재하는 것도 부인할 수 없습니다. 거의 매일 신문이나 TV에는 공직자 뇌물 수수 사건, 기타 부정

동해물과 백두산이 늘 푸르고 높게

부패 행위, 대형 사고, 입법 기능을 위임받은 국회의원들의 위법·불법 행위, 부정식품 제조 판매, 의료 부정, 대학교수의 성적 조작 및 논문 표절 행위, 종교인의 재산상속 및 교회 후계자 선정 등과 관련한 불법·부정행위 등등 온갖 위법, 불법 행위들이 보도되고 있습니다. 이 나라가 과연 법이 제대로 기능을 하는 나라인지 의문을 갖지 않을 수 없습니다. 특히 법을 만들고 집행하고 판단하는 사람들이 법을 지키지 않으니 일반 국민도 법을 지키지 않습니다.

나랏일 한다고 중책을 맡고 있는 사람들 중 감옥에 안 갔다 온 사람이 몇이나 됩니까? 오히려 감옥 갔다 와야 출세하는 것으로 인식되기도 하지요. 어느 대통령은 정권 교체하고 감격한 나머지 남녀노소가 다 보는 TV의 노변정담이란 프로그램에 나와 "감옥이 참 공부하기 좋은 데였습니다. 감옥에서 공부 많이 했습니다"라고 감옥을 예찬하는 듯한 말씀을 서슴없이 했습니다. 민주화 투쟁 경력을 자랑하고 싶고 감회도 깊었겠지만, 어린아이들까지 다 보고 있는 황금시간대 TV 프로그램에서 말하기에는 적당치 않은 이야기였다고 생각합니다. 그러나 정작 더 중요한 것은 그런 분들이 법에 대해 어떠한 의식을 갖고 5년 동안 국가 경영을 했을까 하는 겁니다. 정확히 알 수는 없으나 법을 꼭 지켜야 하는 사회규범으로 생각하지는 않았을 것입니다. 또 어떤 대통령은 취임식에서 헌법의 준수를 선서해 놓고 "그 놈의 헌법 때문에…", "5년 단임제 쪽팔린다" 등의 수준 이하의 말을 했습니다. 이러한 언행은 국가 운영의 기본 틀인 헌법을 모독한 것이고, 대통령 취임식에서 헌법을 준수하겠다고 국민에게 한 약속을 위반하는 언행이었습니다.

국회의원 후보자들의 이력에는 아직도 투옥 경력이 훈장처럼 올라갑니다. 법을 어긴 경력이 많은 사람일수록 민주 투사이고 나라를 위해 더 기여한 사람처럼 포장됩니다. 이런 분위기에서 법치주의가 뿌리를 내리는 것은 불가능하다고 생각합니다. 그동안 민주화 투쟁의 최대 목표였던 장기집권 방지, 군부독재 종식이 이루어졌습니다. 그것만 되면 다 잘될 것으로 생각했으나 그 이후 돌아가는 모습을 보면 오히려 나라의 기강은 다 무너지고 무법천지가 된 것처럼 보입니다.

지금은 정리가 됐으나 현행 헌법하에서 어떻게 대한민국을 부정하는 정당이 나오고 그 추종자들이 국회의원이 되고 국민의 세금으로 지원을 받았는지 이해할 수가 없습니다. 헌법, 국회법 다 있고 많은 세금 걷어다가 국회의사당도 훌륭하게 지어주었는데 툭하면 촛불 들고 거리로 뛰쳐나오고, 천막 쳐놓고 무슨 반대 서명 운동한다고 하면서 주변을 소란스럽게 하고 교통 방해하고…. 왜 이런 짓들을 하는지 많은 국민들이 분노하고 있습니다. 법을 안 지키는 것 이전에 최소한의 양심과 예의라도 있는지 묻고 싶습니다.

이런 기가 막힌 일들을 그 사람들의 잘못만으로 탓할 수 있겠습니까? 결국은 우리 국민의 탓이라고 생각합니다. 주권자인 국민들의 주인답지 못한 생각과 행동 때문에 이 지경이 되었습니다. 지난 70년 가까이 우여곡절을 겪으면서 민주주의 공부도 제법 한 셈입니다. 그런데 왜 이렇게 누가 주인이고 누가 심부름꾼인지, 주인의 역

동해물과 백두산이 늘 푸르고 높게

할은 무엇이고 심부름꾼이 할 일은 무엇인지, 무엇이 국가 및 국민과 나를 위하는 것이고 무엇이 그렇지 않은지 분간을 못할까요?

주인의식이 확고하게 들어있으면 우선 이 나라의 국민이라는 데에 자부심을 갖고 나랏일을 맡아 해줄 일꾼을 잘 뽑을 수 있을 것입니다. 주인 입장에서는 양심적인 사람, 능력 있는 사람을 골라 뽑아야 자신들에게 이익입니다. 언제 감옥 갔다 오고, 무슨 투쟁을 했느냐가 이제는 중요하지 않습니다. 특히 지금 세상에는 싸움닭이 필요 없습니다. 나라의 일꾼을 뽑는데 그 사람이 과거에 고생 많이 했다고 해서 보상적 의미로 뽑아서도 안 됩니다. 시대정신이 무엇인지 아는 사람, 살아온 경험, 나랏일에 대한 식견, 정신 자세 등을 보고 제대로 가이드(guide) 노릇을 할 수 있는 사람을 뽑아야 합니다.

우리는 제2차 세계대전을 승리로 이끈 영국의 윈스턴 처칠 수상(Winston Churchill, 1940~1945 재임)에게 영국민들이 종전 후 총선거에서 어떠한 태도를 취했는지 주목할 필요가 있다고 생각합니다. 영국은 1945년 5월 유럽에서 전쟁이 끝나자 7월에 총선거를 실시했습니다. 선거 결과는 뜻밖에도 5년 동안 수상을 지내면서 전쟁을 승리로 이끈 전쟁 영웅 윈스턴 처칠을 거부하고 노동당의 애틀리(Clement Richard Attlee)에게 승리를 안겨주었습니다. 영국 국민들은 전후에 더욱 평등하고 정의로운 영국을 기대하며 희망에 부풀어 있었기 때문에 더 나은 새로운 사회체제를 약속하는 노동당에 표를 던졌던 거지요.*

---

* 나종일·송규범 지음, 《영국의 역사》 하, 한울, 779쪽

제2차 세계대전을 승리로 이끈 처칠 수상과 그 뒤를 이어 수상에 오른 애틀리.

영국 국민들의 관심은 과거의 위업이 아니라 앞으로 다가올 미래가 더 중요했던 것입니다. 이후 노동당의 애틀리 정부는 6년 남짓한 집권 기간 동안 전후 영국 사회의 틀을 확립했습니다. 대부분의 국내 서비스 시설을 국유화하고, 영국의 아시아제국 해체를 관리했으며 복지국가의 기본 틀을 만들어냈습니다.

그러나 노동당 정부는 재정 위기가 닥치고 친미 일변도의 외교 정책을 둘러싸고 당내 이견이 극심한데도 미국과 함께 북대서양조약기구(NATO)를 창설하고 한국전쟁에 군대를 파견했습니다. 애틀리 정부는 대내외적으로 어려움에 봉착하게 되자 1951년 10월에 총선거를 실시합니다. 영국 국민들은 당시 노동당 정부의 통제 정책에 지쳐있던 차에 '국민을 풀어주라(Set the people free)'라는 구호를 들고 나온 보수당을 지지하게 되며 1945년 패배시켰던 77세의 노정치가 원스턴 처칠을 다시 수상의 자리에 불러들입니다.* 그는 4년간 수상으로 봉사하다 81세에 물러납니다.

이때를 돌이켜 보면 영국 국민이 확고한 주인의식을 가지고 나라가 필요로 하는 사람과 정당을 선택한 것을 알 수 있습니다. 통상 국가의 위기를 극복한 영웅은 그 인기를 등에 업고 곧바로 중책을 맡게 됩니다만, 영국 국민의 경우에는 과거의 업적에 연연하지 않고 국가적 상황과 국민들의 여망에 따라 적임자를 선택하는 냉정함을 보였습니다. 영국 국민에게는 과거보다 미래가 더 중요하다는 인식이 확실함을 보여준 사례이기도 합니다.

이미 말한 바와 같이 우리나라의 정치 지도자들 중에는 법을 어기고 살아온 사람들이 너무 많은데 이것은 나라의 주인인 국민이 그런 사람들을 뽑아주었기 때문입니다. 민주주의의 역사가 짧고 근대적인 법의 도입이 늦어져 그렇다고 어느 정도 이해되는 면도 있으나 법을 만들고 운용하고 감독하는 사람들부터 법을 어기고 살아왔으니 나라의 법질서는 수시로 무시되어 안정이 깨지고 사회는 혼란스럽게 된 것입니다. 우리나라도 상대적으로 앞서있는 정치제도나 경제 발전의 수준에 맞게 하루빨리 국민의 주인의식과 법의식이 고양되어 법치주의가 뿌리를 내렸으면 좋겠습니다.

국민이 주인의식을 갖고 나라의 일꾼을 잘 뽑는 것이 중요할 뿐만 아니라, 일을 잘 하도록 감시 감독하고 책임을 묻는 것도 중요합

---

* 나종일·송규범 지음, 《영국의 역사》 하, 한울, 789쪽

니다. 권한을 남용하고 부정한 짓을 하지 않는지, 의무와 책임을 해태하고 있는 것은 아닌지 감시 감독해야 하고 법에 어긋나는 행위는 엄중히 책임을 물어야 합니다. 현재 우리나라에서는 국회의원들의 경우 과도한 특권만 누리고 신속하게 책임을 물을 수 있는 방법이 없다는 점에서 불만의 소리가 높습니다. 지방자치단체장이나 지방의회 의원들의 불법·부정·비리행위에도 감독의 고삐를 늦추어서는 안 됩니다. 우선은 언론과 건전한 시민단체의 감독자 역할이 더욱 필요한 때라고 생각합니다.

악화(惡貨)가 양화(良貨)를 구축한다는 말이 있습니다만, 선출직 공직 후보에 양심적이고 경륜 있는 인사들이 나올 수 없게 되어 있는 제도나 유권자의 행태도 문제입니다. 공직 후보가 되려면 정당 공천을 받아야 하는데 공천 기준과 과정이 합리적이지 않고 많은 돈이 필요하다고 합니다. 또 유권자들이 무리한 청탁과 요구를 하기 때문에 당선이 되어도 바르게 일을 하기가 매우 어렵다고도 합니다. 상황이 이렇다 보니 경륜이 있으면서 양심적이고 명예 감정을 지닌 인사들이 선출직에 나가는 것을 기피할 수밖에 없습니다. 좋은 후보로서 기대를 모았던 사람들조차 당선된 후에는 부패하고 명예롭지 못한 정치인으로 추락하는 경우를 왕왕 보아왔습니다. 불행한 일이나 정치판이란 믿을 수 없고 추한 곳이라는 인식이 국민 전체에 퍼져 있습니다.

과거 국회의원을 지낸 어떤 코미디언이 '코미디보다 더 웃기는 게 정치판이다'라고 한 말을 우리는 되새겨봐야 할 필요가 있습니다.

결국 정치의 수준은 국민의 수준을 그대로 반영합니다. 국민의 의식 수준이 개선되지 않으면 제대로 된 민주주의와 법치주의가 착근하기는 어려울 것입니다. 국민이 나라의 주인이라는 생각을 갖고 떳떳하고 바르게 행동해야 법치주의 실현에 가까이 다가갈 것입니다.

법을 최종적으로 해석하고 판단하는 사법부도 사정은 크게 다르지 않다고 봅니다. 법관은 원래 헌법과 법률에 의거, 양심에 따라 독립해 심판한다고 헌법에 규정되어 있습니다. 그러나 법관의 판단이 상식적으로 납득할 수 없는 판결이 나오니 국민은 법관을 믿지 않습니다. 돈이 있는 자는 죄가 있어도 무죄가 되고 돈이 없는 자는 죄가 없어도 유죄가 된다고 국민들은 믿고 있습니다. 이런 저런 연고를 많이 따지므로 공정한 판단이 안 나오는 것에 대해서도 국민은 크게 실망하고 있습니다.

최근에는 자유민주적 기본 가치 위에 만들어진 헌법을 무시하고 판단하는 경우도 나오기 때문에 국민들은 당혹감을 감출 수가 없습니다. 심지어 법이 바뀐 것을 모르고 재판한 판사도 나오니 어찌하면 좋겠습니까? 또 법은 엄정하게 해석 적용되어야 함에도, 솜방망이식 판결이 속출할 뿐만 아니라 대통령의 사면권이 남용되기도 해 사법제도의 존재 의의가 사라져가고 있다는 우려의 소리도 나옵니다. 게다가 품위를 잃은 언행으로 사법부의 품격을 깎아내리는 판사들 이야기도 종종 나오고 있습니다.

지금 우리 국민은 대부분이 고등교육을 받은 사람들입니다. 나름대로 지식과 주관과 판단력이 있는 사람들이 많습니다. 과거 문맹률이 70~80% 되던 때와는 다릅니다. 더욱 양심과 원칙에 충실하고 직무에 열심이며 공사 생활에서 도덕적 흠결이 없는 법관들이 필요한 시대입니다.

행정부 쪽은 법을 현실에서 구체적으로 집행하는 곳이므로 부정과 부패 위험에 더 많이 노출되어 있습니다. 검찰·경찰·세무·공정거래 등의 권력기관과 인허가 기관의 위법·부정행위는 거의 매일 언론 매체에 보도되고 있습니다. 대형 국책사업을 하는 부처의 비위행위도 끊이지 않습니다.

공무원 비위행위의 대종은 뇌물 수수입니다. 우리나라에서 뇌물죄를 판단하는 데에는 직무와의 대가성이 있느냐 없느냐가 기준이 됩니다. 이는 직무와 직접 대가관계가 없는 금품은 지금도 끊임없이 제공되고 있으며 대가성이 없는 돈은 받아도 된다는 이야기가 됩니다. 그런데 사실상 공직자에게 갖다 주는 뇌물이 직무와 관련이 없는 것이 있을 수 있는가 의문입니다. 이 세상에는 공짜 점심이 없다는 말도 있습니다. 말로는 조건 없이 주는 금품이라고 할지라도 받지 말아야 하고, 조건 없다고 하면서 공무원에게 금품을 제공해서도 안 됩니다.

언론에 늘 오르내리는 떡값에 대해 생각해 보기로 하지요. 그 떡이 얼마나 큰지는 모르겠으나 일반 국민이 생각하기에는 엄청나게 큰돈을 떡값이라고 하고 있습니다. 떡값이 됐든 무슨 돈이 됐든 공직자에게 금품을 제공하고 공직자가 이를 수수하는 행위는 없어져야 합니다. 금품을 제공하는 사람은 남보다 더 혜택을 받기 위해서, 또는 권력기관의 보호를 받기 위해서 그런 일을 하고, 받는 공무원은 자기의 직무상 책임과 의무로서 하는 일을 개인적 시혜라고 착각하기 때문에 그런 짓을 한다고 생각합니다.

사실 국민은 이미 세금을 냈고 그 돈으로 공무원에게 매월 급여가 나가고 있습니다. 공무원은 급여를 받고 법이 정한 대로 자신의 의무와 책임을 다하도록 되어 있습니다. 공무원이 제공하는 행정 서비스나 행정청의 인허가 행위는 법에 의해 주어진 권한과 책임에 따라 담당 공무원의 자격으로 하는 것이지 그의 개인적인 호의로 하는 것이 아닙니다. 공무원이 처리해 주는 일에는 원칙적으로 감사하다는 말도 필요 없습니다. 다만 사람과 사람 간의 예의로서 맡은 일을 틀림없이 해준 데에 대해 감사를 표하는 것으로 족합니다. 그러나 일반 국민은 공무원이 처리해주는 일을 그 공무원 자신의 사적 권한으로 베풀어주는 시혜로 착각하는 경우가 많은 것 같습니다. 공무원 역시 개인적으로 은전을 베풀어 준 양 생각하는 게 아닌가 여겨집니다.

우리는 이제 누가 주인이고 누가 심부름꾼인지를 분명히 인식하고 주인답지 않게 심부름꾼에게 굽실거리고 뇌물을 주고 특혜나 받으려고 해서는 안 됩니다. 주인은 주인으로서의 권리와 의무가 있고 심부름꾼은 그 나름대로 권리 및 의무와 책임이 있습니다. 이러한 권리와 의무 관계는 법으로 모두 정해져 있습니다. 이렇게 법에 의한 권리와 의무 관계를 잘 이해하고 그 원칙에 충실할 때 법치주의를 완결할 수 있으리라 믿습니다. 누차 이야기했듯이, 우리나라는 전 세계에서 고등교육을 받은 국민의 비율이 제일 높습니다. 법치주의를 실현하겠다고 한번 마음먹으면 어느 나라보다 잘할 수 있을 것으로 확신합니다.

영국에서 있었던 윈스턴 처칠 수상과 교통경찰관의 일화는 법치주의에 투철한 선진국의 대표적인 사례로 들 수 있습니다. 처칠 수상이 바쁜 국회 일정 때문에 교통신호를 위반했습니다. 교통경찰이 수상의 차를 잡자 운전기사가 수상의 바쁜 사정을 말하고 양해를 구했습니다. 교통경찰은 이에 아랑곳하지 않고 교통 위반 스티커를 발부했습니다. 처칠 수상은 나중에 직무 수행에 철저했던 그 경찰관을 특진시키라고 경시청장에게 명했습니다. 그러나 경시청장은 인사 규정에 교통법규 위반자에게 딱지를 뗀 경찰관을 특진시키는 조항이 없다며 수상의 지시를 거부했습니다.

경찰관의 행위는 결코 칭찬받을 일이 아닙니다. 교통법규 위반자에게 딱지를 떼는 것은 경찰관의 당연한 책임이고 의무입니다. 그걸 안 한다면 직무 유기나 의무 불이행이지요. 우리나라의 경우 국회의원 배지라도 달았으면 나를 몰라보느냐고 호통치고 거들먹거렸을 텐데 정당한 공무 집행을 받아들이고 칭찬까지 한 수상의 태도도 훌륭했다고 할 수 있습니다. 여기서 우리는 수상, 경찰관, 경시청장의 관계에서 교통법규, 경찰관의 직무집행 관련 법, 경찰관 인사 법규가 다 존중되고 지켜졌다는 것을 알 수 있습니다. 법치주의의 완결판을 보는 것 같은 사례입니다.

신분사회의 폐습, 의식혁명으로 떨쳐야

우리는 아직도 왕조시대 신분사회의 그늘에서 벗어나지 못하고 있는 게 아닌가 하고 의구심을 가질 때가 자주 있습니다. 해방 직후 당시의 지도자들은 현명하게도 자유민주주의를 골간으로 하는 훌륭한 헌법을 만들었습니다. 모든 국민이 자유롭고 법 앞에서 평등하게 살아갈 수 있도록 제도를 갖추어놓았던 것입니다.

하지만 짧은 기간 안에 국민의 의식 수준이 그 제도를 따라가기는 어려웠지 않았나 생각됩니다. 요즈음 보행자 우측통행 제도를 시행하고 있는데, 장점이 많음에도 불구하고 몇 년이 지나도록 제대로 안 지켜지고 있습니다. 간단한 우측 보행 하나 못하는데 한 나라 운영의 기본 틀을 바꾸고 정착시키는 것은 그야말로 쉽지 않은 일이었음을 절감하게 됩니다. 같은 맥락에서 우리는 오랫동안 권리와 의무, 권한과 책임을 분간 못 하고 누가 주인이고 누가 객인지, 누가 사용자이고 누가 고용인인지 모르며 살아왔고, 지금도 그런 의식에서 크게 벗어나지 못하고 있는 것으로 보입니다.

이제는 시민 사회에 걸맞은 의식혁명이 이루어지지 않고는 나라가 더 이상 발전하기 어렵습니다. 주권은 국민에게 있고 법 앞에 모든 국민이 평등한 자유민주주의를 확실하게 이해하고 실천해 나아가야 합니다. 그렇게 하면서 신분사회의 구태적 사고를 털어내야 하겠습니다. 대한민국 헌법과 관련 법규들의 틀 속에서 국민의 일상생활, 상거래 등이 평등하게 이루어져야 합니다. 여기에는 신분의 높고 낮음이 없습니다.

안타깝게도, 우리 사회에는 신분사회의 잔재가 아직 많이 남아 있습니다. 지금도 천대받는 직업이 있으며, 국가기관이나 큰 회사에서 일정 수준 이상의 사람들 또는 돈이 많은 사람들은 자기가 신분적으로 우월하다고 생각하는 경향도 있습니다. 그것은 말씨와 인사법에서 잘 나타나고 있습니다. 예를 들면, 국가기관이나 공사(公私)의 기업에서 부하들에게 반말하고 군림하려는 태도를 드러내는 상사들이 많습니다. 그렇게 하는 것이 서로 가까워지는 데 도움이 되거나 친근한 분위기를 조성한다고 해서 긍정적으로 보는 견해도 있습니다.

그러나 그러한 생각은 앞으로 우리가 구축해가야 할 (법 앞의) 평등사회, 계약사회의 방향과는 맞지 않습니다. 또 공사(公私)의 조직에서 고위 책임자를 마치고 나와 운전기사 없이 차를 직접 몰고 다닌다든가 지하철을 타면 체면이나 위신이 깎이는 것으로 생각하기도 하고 이를 보는 다른 사람들이 그것을 측은하게 여기기도 합니다. 그리고 음식점에서 일하는 젊은 사람들이나 골프장 캐디들에게 반말을 거리낌 없이 합니다. 그들 모두 다 성인이고 어엿한 사회인이므로 하대하는 말을 해서는 안 되는데도 그렇게 합니다.

대학에서는 교수라고 해서 이미 성인이 된 학생에게 반말을 합니다. 대학생들은 성인임에도 학생이기 때문에 설사 잘못을 해도 사회적 면책이 주어지는 것으로 착각할 수 있습니다. 일단 만 19세 성인이 되면 대학생이든 누구든 그 사람은 국민의 한 사람으로 법 앞에서 똑같은 대우를 받아야 합니다.

하나의 예로서, 대학생이 되는 과정을 계약 개념에 입각해서 한 번 생각해 보겠습니다. 학생은 자신의 의무로서 고교 졸업이나 검정시험을 거쳐 대학입학자격시험을 치르고 권리로서 대학교에 입학허가를 신청합니다. 대학은 학생의 입학허가 신청을 접수할 의무가 있으며 소정의 기준에 따라 자신들의 권한인 입학허가권을 행사해 입학허가 여부를 결정합니다. 입학허가를 받은 대학생은 그 대학의 교육 서비스를 받을 권리를 가지며, 그 교육 서비스에 대해서는 등록금이라는 소정의 대가를 부담하는 의무를 지게 되고 아울러 학칙을 준수할 의무도 지게 됩니다. 대학교로서는 그 대학생에게 교육 서비스를 제공해야 할 의무가 있고 제공하는 서비스에는 대가를 요구할 권리를 갖게 되며 아울러 학칙에 따라 학생을 지도할 권한도 갖게 됩니다. 이와 같이 대학 입학이라는 절차에서 관련 양 당사자 간에는 여러 개의 권리(권한)와 의무(책임)가 교차하게 됨을 알 수 있습니다. 즉 계약이라는 것은 법이 정한 테두리 내에서 계약 당사자 간에 평등한 입장 위에 상호 권리와 의무를 주장하고 이행하는 관계입니다. 여기에서 신분의 높낮이나 차별이 있어서는 안 됩니다. 어떤 사회적 계급이나 다른 이유에서 차별 또는 불평등이 있는 약정 관계가 이루어진다면 그것은 과거 신분사회, 계급사회에서나 가능한 일이지 현대의 평등한 민주시민사회에서는 있을 수 없는 일입니다.

인간 사회의 일상생활이나 거래를 평등한 입장에서 권리와 의무 개념으로 파악하고 행동하는 것을 계약사회적 사고라고 개념 규정을 해도 될 것 같습니다. 과거 신분사회나 계급사회에서 있었던 불평등 관계에 대한 대응 개념으로 적절하지 않을까 생각합니다.

계약은 항상 상대방이 있고 양 당사자 간에 권리와 의무를 주고받습니다. 권리와 의무를 주고받는다는 말을 더 정확하게 표현하면 권리는 주장하고 의무는 이행하는 것입니다. 권리와 의무를 주고받는 과정에서는 상호 존중의 원칙에 따라 나도 존중받고 상대방도 존중받아야 합니다. 그리고 계약에는 통상 유효기간이 있습니다. 계약기간이 끝나면 당사자 간의 권리와 의무 관계도 끝나는 것입니다. 어느 면으로 보면 간단한 일인데 뭘 그렇게 복잡하고 장황하게 설명하느냐고 이야기할 수도 있습니다. 그러나 당사자 간에 법이 정한 테두리 내에서 평등하게 권리와 의무를 주고받는다는 것을 생각하고 행동하는 것과 그렇지 않은 것은 큰 차이가 있을 수 있습니다.

현재 우리 사회에서 신분적 사고를 털어내야 할 부분은 특히 직업관과 학벌관이라고 할 수 있습니다. 여러 가지 직업 중 전통적으로 천시했던 분야에 대해서는 아직도 편견이 존재합니다. 요식업, 유흥업소, 골프장, 기타 몇몇 서비스 업종에서는 종사자들이 신분적 차별을 받고 있습니다. 과거 조선시대와 일제시대를 거치면서 형성된 학문 숭배 사상과 한풀이식 사고 때문에 대학을 나와야만 사회에서 사람대집 받고 살 수 있다는 생각을 많은 사람들이 갖고 있는 것 같습니다. 따라서 소질과 능력을 고려하기보다는 간판 따기나 허세 부리기로 대학에 가고 체면과 위신 때문에 직업 선택에 많은 제약을 받고 있는 게 현실입니다.

스위스는 알려진 바와 같이 고소득 국가입니다. 고소득 국가는 인건비가 매우 높습니다. 그래서 웬만한 음식점에서는 웨이트리스 등 보조 인력을 많이 쓰지 않습니다. 스위스에 부임하고 처음에는 잘 몰랐는데 시간이 지나면서 차츰 하나둘씩 실상이 보이기 시작했습니다. 음식점의 경우 통상 소수의 필요 인력만 쓰기 때문에 종업원은 잠시도 쉴 틈 없이 일을 합니다.

그런데 어느 날 서울에서 온 손님이 있어서 한 음식점에 안내를 했습니다. 그 음식점에는 여종업원이 한 사람밖에 없었습니다. 서울에서 온 손님이 한국에서 하는 식으로 여종업원을 불러댔습니다. 그 여종업원은 들은 척도 안 하고 다른 손님에게 주문 받으랴 주방 쪽에도 왔다 갔다 하랴 정신없이 바쁘게 걸어 다녔습니다. 그때 그 여종업원의 빠른 구둣발 소리는 지금도 귓가에 쟁쟁합니다. 우리 일행이 자꾸 불러대니까 한 번은 쌀쌀한 시선으로 우리 테이블 쪽을 노려보았습니다. 그러고는 자신의 일을 계속했습니다. 필자는 같이 있던 일행에게 스위스의 사정을 이야기하고 그 여종업원이 알아서 올 때까지 기다리는 게 좋겠다고 말하고 그냥 넘어갔습니다. 그러나 종업원의 얼굴 표정은 그리 좋아 보이지 않았습니다.

근래 국내 모 일간지 신문기자들이 음식점에 1일 종업원으로 취업해서 실제 현장 경험을 해보았다고 합니다. 손님들에게서 들은 반말, 모욕적인 말과 행동 등 참기 어려웠던 일들을 신문에 소개했습니다. 종업원이 여자든 남자든 인격체로 대하지 않았다는 이야기였습니다. 옛날 조선시대 주막집 주모나 머슴 정도로 생각하고 있는 것은 아닌지 모르겠습니다.

우리가 깊이 생각해야 할 점은 스위스뿐만 아니라 어느 선진국에서도 우리나라 사람들처럼 음식점 종업원의 인격을 무시하고 함부로 대하는 나라는 없다는 것입니다. 음식점 안에 들어갔다는 것은 음식을 주문해서 먹고 그 장소를 사용할 권리도 있지만 종업원의 안내에 따라 다른 사람들을 방해하지 않으며 그 장소를 잘 이용해야 할 의무도 있다는 것을 의미합니다. 그런데 우리나라 사람들 중 상당수가 종업원들을 무시하고 동등한 인격체로서 정당하게 대우하지 않습니다. 아직도 신분사회의 구태적 사고가 뿌리 깊다는 것을 대변하는 우리 사회의 한 단면입니다.

필자가 제네바에서 살던 시절 겪었던 아파트 임대차계약의 사례를 보면 계약사회의 실상을 보다 쉽게 이해할 수 있으리라 봅니다. 무엇보다 임대차계약서의 분량이 매우 많았다는 점을 말하고 싶습니다. 계약서의 내용이 다방면에 걸쳐 매우 구체적이고 상세했으니 분량이 많을 수밖에 없었던 거지요. 계약서의 전체 내용은 소개할 필요도 없고 기억할 수도 없습니다.

계약서의 몇 가지 특기 사항을 기억나는 대로 이야기하겠습니다. 우선 임차인의 의무 조항이 매우 세세한 데까지 많았다는 이야기를 하고자 합니다. 예를 들면, 베란다에 빨래를 널어서도 안 되고 물건을 쌓아놓아도 안 된다는 것, 화분을 베란다 난간 바깥쪽에 걸어놓아서도 안 된다는 것, 집 안의 벽에 흠을 내서는 안 된다는 것

등 조경과 안전, 아파트 훼손 방지에 관한 규정이 있었습니다. 그리고 시설의 공동 이용과 관련한 지하 창고 및 공동 세탁 시설의 이용에 관한 것, 주차장 이용에 관한 것 등이 기억납니다. 또 임차인이 이사할 경우에는 상당 기간(최소한도 3개월로 기억됨) 전에 임대인에게 통지하도록 하는 조항도 있었습니다. 이것은 공실 상태 없이 다음 임차인을 들여오는 데 차질이 없도록, 임대인에게도 충분한 시간을 주어야 한다는 임대인 이익 보호 조항이었습니다.

임차인 보호 조항 또한 이에 못지않게 자세하게 규정하고 있었습니다. 특히 이미 임대차계약을 맺고 입주해서 사는 사람에게는 그 사람이 계속해서 사는 동안 임차료를 인상하지 않도록 되어 있었습니다. 필자가 살던 아파트의 임대차계약에서 임차인이 제네바 주재 한국 대표부로 되어 있고 필자가 떠난 뒤에도 계속 한국 대표부 직원이 입주해서 살았기 때문에 임차료 인상은 없었을 것입니다. 이 조항은 우리나라와 비교해보면 임차인에게 크게 유리하고 주거 안정에도 큰 도움이 되리라고 봅니다. 전반적으로 스위스인들의 임대차계약서는 매우 구체적이고 상세하며 임대인과 임차인 양쪽의 권리를 균형 있게 보호하고 있었던 것으로 기억합니다.

이에 비해 우리나라 사람들은 계약에 관한 의식이 매우 박약합니다. 우리나라의 주택 임대차계약은 매우 간결합니다. 계약서 한 장의 한쪽 면에 10개조 정도로 임차 목적물, 임차료, 보증금, 임대차계약의 존속 기간, 용도 변경, 전대, 계약의 해제 해지, 계약의 종료, 채무불이행과 손해배상, 중개 수수료 관련 조항들을 포괄합니다. 스위스의 주택 임대차계약서와는 비교할 수 없을 정도로 아주 간단하지요. 우리나라 사람들은 법이나 규정을 따지면 미주알고주알 다 캐서 무엇을 하려고 그러느냐는 부정적 반응을 보입니다. 그리고 분쟁이 나면 많은 시간과 비용을 들이게 됩니다.

필자가 공정거래위원회에 근무할 때 우리나라 사람들의 계약관념에 대해 느낀 소감을 이야기하겠습니다. 우리나라에는 늘 중소하도급 업체 보호가 문제되어 왔습니다. 원사업자인 대기업의 횡포로부터 중소사업자를 보호하고자 법을 만들었는데 그 법이 하도급거래 공정화에 관한 법률(약칭 하도급법)입니다. 공정거래위원회는 하도급 업체로부터 제소를 받아 사건 내용을 검토하고 당해 하도급 거래에 불공정 행위가 있으면 이것을 시정해주는 역할을 합니다. 이 업무를 하다 보니 우리나라 업체들은 기본적으로 계약 관념이 희박해서 계약서라는 것을 작성하지 않는다는 것을 알게 되었습니다. 계약서가 있어도 너무 간단해서 내용이 모호합니다. 상황이 이러하니 분쟁이 생기면 작은 업체, 즉 하도급 업체만 당하게 마련입니다. 하도급 업체로서는 대기업인 원사업자들한테 계속 일감을 얻어야 한다는 부담이 있기 때문에 웬만한 손해는 감수하고 넘어가려 합니다. 그러나 억울한 정도가 너무 심하면 하도급 업체는 앞으로 거래 단절을 각오하고 나서야 원사업자를 공정거래위원회에 제소하게 되지요. 보통의 불공정 하도급 거래 사건은 이런 식으로 표면화됩니다.

사업체들 간에 여러 가지 예상되는 문제점을 미리 계약서를 통해 분명히 하고 주의를 기울였으면 힘도 덜 들이고 해결될 수 있는 것을 결국 싸움으로 해결하고 있는 셈입니다. 이러한 하도급 사업 같은 것은 간단하게 구두로 약속하고 일을 진행할 성질도 아닙니다. 하도급법에도 원사업자에게 서면계약의 체결을 의무화하고 있습니다. 하지만 일을 하는 과정에서 원재료 값이 폭등한다든지 예기치 못한 장애가 나타나서 비용이 증가하고 기간이 늘어난다든지 여러 가지 문제를 예상할 수 있음에도 계약서를 쓰지 않습니다. 계약서를 안 써주는 대기업의 횡포가 문제라고 할 수 있겠으나 아무리 약자라 해도 하도급 업체는 서면계약을 반드시 받아야 합니다.

결론적으로 우리나라 사람들에게는 계약사회적 사고가 아직 형성되어 있다고 하기 어렵습니다. 계약에 따라 법 앞에서 평등하게 권리와 의무를 주고받는다는 의식이 하루빨리 정착되어야 하겠습니다. 그렇게 해야 밝은 사회, 신뢰사회로 가는 데 도움이 됩니다. 밝은 사회, 신뢰사회가 되면 우리 모두에게 이익이 됩니다.

공동체 사랑하고 이웃 배려하는 정신 함양

공동체는 좁게는 가족이나 마을 공동체에서부터 넓게는 국가 공동체까지 있습니다. 최근에는 지구 공동체라는 개념까지도 생겨났지만 동일한 언어, 글자, 관습, 윤리 및 법질서 등이 통용되는 국가 공동체를 놓고 발전 방안을 모색해 보겠습니다.

첫째, **우리는 공동체의 범위를 가급적 넓게 생각하고 우리 공동체를 사랑해야 합니다.** 자기가 사는 동네는 물론이고 나라 전체를 자기 집이라고 생각해야 합니다. 이제는 교통 통신의 발달로 전국이 1일 생활권이 되어 한 동네나 마찬가지가 되었기 때문입니다. 그래야만 나라 전체를 자기 집처럼 편안하고 아름다우며 인정이 피어나는 사회로 만들겠다는 마음이 생길 것입니다.

그런데 아직도 자기가 살고 있는 도, 시, 군 등의 지역이나 출신지에 필요 이상의 의미를 부여하는 사람들이 많습니다. 서울을 비롯해 다른 지역으로 이주해서 수십 년을 산 사람조차 유별나게 자기가 태어나서 어린 시절을 보낸 곳을 고향이라고 하면서 지나치게 편애하고 있습니다. 이제 나라 전체가 한 동네가 되었는데 전라도, 경상도, 충청도… 너무 따지지 말고 편하게 사는 게 좋지 않겠습니까? 특히 선거에서 투표를 할 때마다 자기 출신 지역 사람이라고 80%, 90% 이상 찍어주면 다른 지역 출신 사람들이 뭐라고 하겠습니까? 인구가 많은 지역에서는 수십 년 계속 대통령을 내고 정부뿐만 아니라 기업에서까지 단지 출신 지역이 같다는 이유로 형님 동생하면서 끼리끼리 밀어주고 끌어주면 다른 지역 사람들은 얼마나 소외감을 느끼겠습니까? 다른 지역 출신 사람이라고 해도 실제로는 이미 한 동네 사람처럼 되었는데도 말입니다.

국가 전체의 정당성이나 효율성보다 자기네의 좁은 지역에 경제적으로 다소 이익이 된다고 해서 표를 몰아주는 것은 옳은 일이 아닙니다. 결국 국가적으로는 많은 낭비와 비효율이 발생하고 그것

동해물과 백두산이 늘 푸르고 높게

은 다시 우리 국민 각자의 손해로 돌아오고 있지요. 그러면서 사람들의 마음은 합쳐지지 못하고 여러 갈래로 갈라지고 있습니다.

우리는 지금까지 부끄러운 일들을 많이 했습니다. 우리들의 후손들에게 떳떳하지 못한 일들을 많이 저질렀습니다. 이제 밥술이나 떠먹고 사는 나라가 됐으니 예의도 염치도 차려야 하겠습니다.

앞서 이야기한 바와 같이 대한민국은 이미 1일 생활권이 되었고 5천만 국민은 동일한 마을 공동체의 주민처럼 살고 있습니다. 간단히 말하면 국민 모두가 한 동네 사람이 되었다는 이야기입니다. 한 동네 사람끼리는 그 마을 구석구석에서 일어나는 일들을 그날로 다 알게 되고 마음만 먹으면 그날 가고 싶은 데 가고 만나고 싶은 사람을 만날 수 있습니다.

한 동네에는 다수의 집들이 있고 도로와 다리가 있고 동산과 나무가 있고 넓은 공터와 느티나무, 그리고 공회당이 있고 상점도 있으며 개천과 논과 밭이 있습니다. 통상 우리가 그려볼 수 있는 시골 마을 풍경입니다. 그러한 마을 풍경은 동네 사람들이 어떻게 가꾸느냐에 달려있습니다. 동네가 조화롭게 잘 정리되고 청결하게 유지되는 곳은 동네 사람들이 마음을 모으고 힘을 합쳐 자기들의 생활환경을 잘 가꾼 경우입니다. 밥 먹고 옷 갈아입고 쉬고 잠자는 자기 집뿐만 아니라 나가서 일하고 사람들과 어울리고 걷고 산책하고 운동하는 마을 전체의 중요성을 깨달은 사람들은 자기 동네를 아름답고 청결하고 조화롭게 만들 수 있습니다. 이제 한 마을이 된 대한민국에 사는 국민 모두는 대한민국이라는 공동체를 훌륭하게 가꾸고 보살펴 나가야 할 때가 되었습니다.

둘째, **법과 질서를 지키며 관리인 의식을 갖고 공동체 관리에 적극 참여해야 하겠습니다.** 법과 질서는 남을 위한 것이라기보다는 공동체 구성원 각자를 위한 것입니다. 법과 질서는 원래 공평하게 만들어진 것입니다. 공평하지 않으면 법이나 질서라고 할 수 없습니다. 많은 사람들에게 공평하게 한다는 것은 특수한 경우 특정의 사람에게는 절제와 인내를 요구한다는 이야기도 됩니다. 따라서 법과 질서는 항상 소수의 사람에 의해 깨어질 가능성도 있습니다. 만약 이러한 소수에 의해 법과 질서가 깨어지면 혼란이 생기고 많은 사람이 불편과 불이익 또는 고통을 당하게 됩니다.

필자가 사는 아파트에서 종종 발생하는 주차 질서 위반을 하나의 예로 들어 보겠습니다. 요즈음 자동차가 많다 보니 주차 문제가 심각합니다. 자기 집에서 조금 떨어져 있는 주차 허가 구역이나 한적한 곳에 주차하면 문제가 없을 텐데 집 가까운 데에 주차하려고 주차금지 구역에 주차하는 경우가 빈발합니다. 그렇게 주차하는 사람은 4∼5분 시간이 절약되고 좋을지 모르지만 다른 운전자들에게는 많은 불편을 주고 사고의 위험을 초래합니다. 한 사람이 주차금지 구역에 주차하면 여러 대의 차가 그 차의 앞뒤로 일자 주차를 합니다. 길은 매우 좁아지고 왕복하는 다른 차의 운전자는 바짝 긴장해야 합니다. 뿐만 아니라 교차로의 모서리에끼지 주차하는 차 때문에 좌우로 회전하는 차는 시야가 가려져 사고 발생 위험은 더욱 커집니다.

우리는 이런 상황에 어떻게 대처해야 하겠습니까? 단속 기관에 요청해서 주차금지를 시켜야 하겠지요. 관리 사무소에 연락하면 '주차금지경고' 딱지를 차의 앞 유리에 붙이지만 더 이상 효과가 없습니다. 경찰이 매 맞는 나라에서 관리 사무소의 경고 딱지는 별 의미가 없습니다. 견인 지역도 아니므로 그냥 유야무야 넘어갑니다.

별도로 관련 규정을 새로 만들어 벌칙을 강화한다든가 주민 회의를 통해서 적절한 방법을 강구한다든가 무슨 대책을 세워야 하는데 나서는 사람도 없고 바쁜 생활 때문에 그런 데 신경 쓸 겨를이 없다는 게 주민들 생각인 것 같습니다. 아닌 게 아니라 **직장 근무시간 후 정시 퇴근해서 집에 와야 동네일에 관심도 갖고 문제가 있으면 풀어나갈 수가 있는데 사회 전체가 직장 일에만 몰두하는 분위기이니 정작 자기가 사는 동네일에 소홀하게 되는 것은 당연지사이겠지요.**

가장 바람직한 해결책은 아파트 주민 공동체의 구성원 각자가 주민 공동체의 관리인이라 생각하고 나서는 것입니다. 그래서 소관 행정기관으로부터 도움을 받아야 할 것은 요청하고 나머지는 주민 스스로 불법 주차하는 사람들을 설득도 하고 제지도 해서 모든 주민의 통행권이 방해받지 않도록 하는 것입니다. 더욱 좋은 방법은 주민 회의를 활성화해 주민 총의로 해결책을 강구하고 추진하는 것입니다. 주민들의 선의가 모아져 자동 감시 기능이 작동된다면 문제 해결에 시간과 비용이 적게 들고 효과도 빠를 것입니다.

셋째, 공적으로나 사적으로나 공동체의 시설을 이용하려면 아

끼고 절약하는 정신을 가져야 합니다. 예를 들면 지하철이나 백화점 화장실 등에서 남이 안 본다고 물이나 화장지를 지나치게 많이 쓰면 비용을 증가시켜 언젠가는 지하철 요금이나 백화점 물건 값이 오를 수밖에 없습니다. 그 부담은 결국 고객인 우리 자신이 떠안게 되는 것이지요. 따라서 시설 관리 주체의 지시나 요청을 존중하고 지켜주어야 합니다. 에스컬레이터에서 두 줄로 서고 걷거나 뛰지 말라고 해도 안 지킵니다. 안전도 문제일 뿐만 아니라 시설물의 불균형 마모로 인해 조기에 교체하게 되면 비용 부담이 발생해 우리에게 전가되니 이익 될 게 없습니다.

선진국일수록 시설 관리 주체의 요청이나 이용 규정이 존중되고 잘 지켜지고 있습니다. 우리도 그렇게 해야 합니다. 요즈음 개천 변 고수부지나 아파트 단지에 체육 시설, 휴게 시설 등이 들어서 있습니다. 그런 시설 역시 아끼지 않고 함부로 다루어 부수거나 고장을 내면 새로 설치하든 고쳐 쓰든 결국 주민 부담이 늘게 됩니다. 어딜 가든 무엇을 하든 아끼고 절약하는 게 결과적으로 자기 자신에게 이익이 된다는 인식을 확고하게 해야 하겠습니다. 수돗물을 아껴 써야 된다는 생각에서 세수한 물을 버리지 않고 그 물로 발을 씻었다는 박정희 대통령의 일화가 생각납니다.

넷째, 우리 공동체를 청결하고 아름답게 관리하고 유지해야 합니다. 앞서 이야기한 바와 같이 우리나라 사람 전체가 한 마을 사람이 되었습니다. 전반적으로 마을 사람들의 의식주 문제가 해결되면 다음 단계로 해야 할 일은 생활환경을 청결하게 하고 미화하는

동해물과 백두산이 늘 푸르고 높게

것이라고 생각합니다. 쓰레기나 기타 불결한 물건을 잘 치워 깨끗하게 할 뿐만 아니라 꽃과 나무를 심고 마을 전체의 아름다움을 고려해서 집도 짓는 적극적인 미화 작업이 필요합니다. 잘 꾸며진 공원처럼 만들기가 쉽지는 않을 것입니다. 그러나 불가능한 일은 절대 아닙니다. 스위스가 좋은 예가 될 것입니다. 일단 잘 만들어 놓고 나면 보람도 있을 뿐만 아니라 청결하고 아름다운 환경의 영향을 받아 그곳에 사는 사람들의 마음도 그렇게 되리라고 믿습니다.

특히 청결 문제는 우리가 각별하게 다루어야 합니다. 요즈음에는 대로변, 화단, 지하철 승강장, 공원, 동네 둑방길, 등산로 구분 없이 비닐봉지, 페트병, 소주병, 콜라병, 깡통, 일회용 컵 등 수많은 쓰레기가 보입니다. 다중이 모이는 공간이나 시설에서 흡연 문제는 더욱 심각합니다. 흡연자들은 담배꽁초를 길거리에 버릴 뿐만 아니라 도로 옆 화단에도 버리고 하수구에도 버립니다. 말하자면, 길거리나 하수구뿐만 아니라 화단이나 화분까지도 재떨이 또는 쓰레기통으로 사용하는 셈이지요. 이제 어린 학생이나 일부 어른들까지도 그들을 따라서 쓰레기를 아무 데나 버리고 있습니다. 마치 담배꽁초가 다른 쓰레기 버리기를 유도하고 있는 것처럼 보입니다.

사람들은 담배꽁초나 쓰레기를 버리면서 생기는 부작용은 전혀 생각하지 않는 것 같습니다. 마구 버려진 쓰레기는 누군가가 치워야 합니다. 동네에 사는 자원봉사자 한두 사람이 잠시 소일거리로 치울 수는 있습니다. 하지만 쓰레기 양이 많아지면 사람을 고용하든 환경미화원을 늘리든 이래저래 비용이 더 들어가게 됩니다. 또 담배꽁초가 쌓여 하수구를 막아 오폐수가 넘치면 그것을 치우고 고치고 정리하는 데 추가 비용이 들게 마련입니다. 공동체 구성원 각자가 알아서 담배꽁초와 쓰레기를 안 버리면 주위 환경이 깨끗해서 좋고 비용이 안 들어서 좋은데 그런 생각을 안 합니다. 비용이 늘면 결국 우리들 각자가 부담해야 할 세금도 늘게 될 것입니다.

또 흡연은 공기를 오염시켜 주위 사람들에게 폐해를 끼칩니다. 담배 피우는 사람의 입장에서야 흡연의 즐거움을 누리기 때문에 별로 의식하지 않을 겁니다. 그러나 근본적으로 흡연은 흡연자 본인의 건강에 해로운 것은 물론이고 자기 가족, 특히 어린아이들에게까지 간접흡연의 피해를 주게 됩니다. 직장에서도 동료들에게 많은 피해와 불편을 주고 있습니다. 바람 부는 날 도시의 길거리에서 걸어가며 담배를 피우면 담배 연기가 다른 보행자에게 해를 끼칠 뿐 아니라 담뱃재까지 날려 매우 불편하게 합니다.

흡연은 공동체 구성원(국민)의 건강에 안 좋을 뿐만 아니라 청결 문제, 환경보전 문제에도 큰 폐해를 야기하는 만큼 가급적 빨리 공동체의 합의를 도출해 담배 판매를 금지하도록 해야 할 것입니다.

최근에는 대기오염과 관련해 충격적인 이야기가 나오고 있습니다. 한국은 끔찍한 공기 오염 때문에 외국인의 기피 지역이 되었다고 합니다. 외국 기업이 한국에서 근무할 사람을 채용하는 데 곤란을 겪고 있다고 하네요. 우리 자신들뿐만 아니라 우리의 미래인 자녀들이 맑은 공기를 마시고 자랄 수 있게 하는 일은 그 무엇보다도 중요합니다.

동해물과 백두산이 늘 푸르고 높게

그동안 잘살아보자고 앞만 보고 달려오다가 우리 주변을 제대로 살펴보지 못해 가정 붕괴가 일어나더니 드디어는 매일 마시는 공기마저 더러워져 병에 걸리는 사람들이 늘고 있다고 합니다. 참으로 절박한 심정을 갖지 않을 수 없습니다. 돈 벌어 잘살자는 것이 오히려 돈 벌어 같이 죽자는 모습으로 변해 갑니다. **대한민국이라는 국가 공동체가 독가스로 가득찬 방과 같이 되어가고 이대로 가다가는 국민 모두가 질식사하는 날이 오지 않을까 두렵습니다.** 일반 국민, 기업, 공직자 모두 자기 자신의 건강과 생명 보전을 위해 공기가 더러워지는 것을 반드시 막아야 합니다. 유해가스 배출을 강력히 규제하고 청정에너지로 대체해야 하는 일을 이제는 더 이상 늦출 수 없습니다.

　　한편 우리는 청결한 공동체만으로 만족할 수는 없습니다. 더 나아가 아름다운 공동체를 만들어야 합니다. 원래 우리나라의 산천경개가 수려한 만큼 이것을 잘 활용해 나라 전체를 하나의 공원처럼 만들 수 있다고 생각합니다. 지형과 토질을 감안해서 그 지역에 맞는 종류의 꽃나무를 심어 대(大)군락지를 만들면 좋을 것 같습니다. 이것을 관광자원으로 활용할 수도 있고 또 건물의 형태와 지붕 또는 벽면의 색깔 등도 기준을 정해서 마을과 주변의 경치가 한 폭의 그림처럼 어울리도록 하는 안목을 갖고 우리 국토를 가꾸어 이용하자는 것이지요. 다음에 몇 가지 예를 들어보겠습니다.

　　우선 꽃나무 심는 경우를 생각해 보기로 하지요. 부여를 중심으로 한 충남 지역은 벚꽃나무를 계획적으로 심어서 도로변이나 산야를 가득 채웁니다. 물론 농사짓는 땅은 제외해야겠지요. 그렇게 되면 봄에는 화사한 벚꽃으로 가을에는 화려한 벚나무 단풍으로 부여군 일대와 그 주변 지역을 다 덮어버리게 되고 그것은 대단한 볼거리가 되겠지요. 벚꽃을 좋아하는 우리나라 사람뿐만 아니라 일본인, 중국인, 기타 나라에서 많은 관광객이 오리라고 예상해 볼 수 있습니다. 또 오대산 지역은 철쭉으로 덮는 방안을 고려해 볼 수 있겠지요. 철쭉의 색깔도 여러 가지로 잘 배합해서 여러 개의 군(郡)을 덮을 정도가 되면 그곳도 대단한 구경거리가 될 것입니다. 이외에 단풍나무, 은행나무, 기타 경관을 좋게 하는 갖가지 나무를 계절과 지역에 따라 특징을 살릴 수 있도록 심으면 겨울의 눈꽃송이와 더불어 사계절 내내 우리 국토는 거대한 공원이고 꽃밭이 되리라고 상상해 봅니다. 한마디로 말하면 전 국토를 꽃밭으로 만들자는 것이지요.

건물의 경우, 우리나라가 고도성장을 해오는 과정에서 높고 크게 짓는 것만 좋은 줄 알았습니다. 비싼 땅값이 그 원인일 수 있겠지만 그렇다 보니 시골의 작은 읍에도 고층 아파트가 생겨서 주위의 경관을 해치고 무언가 어색합니다. 예를 들어, 동해안에 있는 속초는 설악산 등 수려한 산을 배경으로 두고 있음에도 고층 건물을 지어 이러한 경관을 훼손해 버렸습니다. 삼면이 바다라서 우리나라에는 아름다운 경관의 해안 도시가 많습니다. 이런 도시들을 잘 가꾼 시드니나 싱가포르처럼 세계에서 미관이 빼어난 도시 그룹에 우리 도시들도 이름을 올릴 수 있을 거라고 생각합니다.

해안 도시뿐만 아니라 내륙의 도시들도 깨끗하고 아름다운 도시로 가꾸어야 합니다. 층수 제한도 하고 집의 형태는 어떻게 한국적 미를 살리면서 현대적 건물을 지을 것인가, 지붕의 색깔과 벽의 색깔은 어떤 색으로 하는 것이 주위 환경과 어울려 더 아름다울까, 도시 내 숲이나 나무는 어떻게 보존하고 유지할 것인가 이런 요소들을 모두 고려해야 합니다. 이에 더해 행정기관, 편의 시설은 어떻게 배치하고 특징을 잘 살릴 수 있을까 등등 앞으로는 이러한 것들을 감안해 도시를 새롭게 꾸며야 하겠습니다. 요약해서 말하면, 최대한 자연을 훼손하지 않고 그 아름다움을 이용해 건물도 짓고 도시도 만드는 지혜를 발휘하자는 것이지요. 그렇게 되면 지구촌 시대에 주위의 많은 나라에서 관광객이 끊이지 않을 것입니다. 더욱이 통일 후 아시아 유럽 대륙과 육로로 교통이 가능해질 때 관광산업이 더욱 활성화되리라는 기대도 갖게 됩니다.

세계의 공원이라 불리는 스위스의 이야기를 또 해보지요. 스위스는 어느 곳이나 자연경관이 빼어나고 마을과 도시가 아름답습니다. 아름다움은 자연에도 그 이유가 있지만 스위스 국민이 정성스레 다듬고 가꾼 노력의 산물이기도 합니다. 호숫가에는 그리 높지 않은 건물들이 평화롭게 자리 잡고 있습니다. 자연경관을 최대한 존중한 배려가 감지됩니다. 알프스산맥의 높은 산 중턱에도 예쁘게 집을 짓고 사는데 그 마을까지 올라가는 길은 고속도로를 타고 가면서 차 속에서는 볼 수가 없습니다. 마을로 올라가는 길을 만들 때 미관을 고려해서 밑에서는 보이지 않게 각도를 조절해 길을 만들었기 때문이라고 합니다. 산기슭에 있는 농토는 항상 가지런하게 쟁

기질이 되어 있습니다. 일하는 사람은 안 보이는데 언제 밭이랑이 그렇게 깨끗하게 갈려 있는지 볼 때마다 감탄하게 됩니다. 스위스의 아름다움은 자연의 아름다움에 인간의 지혜가 가미되어 더욱 아름다워졌다고 할 수 있지요. 집에도 공간을 적당히 활용해 꽃을 심고 창틀에 장방형의 화분을 걸어놓아 더욱 아기자기한 멋을 풍기고 있습니다.

지붕의 색깔이나 벽면의 색깔은 스위스뿐만 아니라 오스트리아나 독일 쪽에서도 강한 인상을 받습니다. 대부분의 집이 주홍색 지붕으로 꾸며져 있으며, 그러한 집들이 거의 같은 형태를 이루고 옹기종기 모여 있는 모습을 보면 모든 마을 사람들이 갈등 없이 사이좋게 잘 살고 있겠구나 하는 느낌을 받게 됩니다. 실제 초록색 숲을 배경으로 할 때 주홍색이 가장 아름답게 어울리기 때문에 일부러 주홍색 지붕을 많이 사용한다는 이야기도 들었습니다. 역시 조경까지 세심하게 배려해서 집도 짓고 길도 내고 치장도 하는 높은 수준의 안목은 짧은 시일 내에 생기는 것이 아니라는 생각을 갖게 됩니다. 결국 전 국토를 짜임새 있고 청결하고 아름답게 만들려는 스위스인들의 노력이 자신들의 나라를 오늘날 세계의 공원으로 만들었다고 생각됩니다.

동해물과 백두산이 늘 푸르고 높게

대한민국의 정통성 확립과 국민적 자부심 고양

해방 후 71년이 된 지금 우리는 정치적으로 민주화를 달성하고 경제적으로 잘사는 나라의 대열에 이미 들어서 있습니다. 다른 나라 사람들이 우리를 부러워하고 배우려고 합니다. 아직 갈 길이 멀어도 자랑스러운 대한민국이 만들어진 것입니다. 전체적으로 보아 국민의 저력이 있었고 지도자들의 역량도 훌륭했다고 할 수 있습니다.

그런데 아직도 우리 대한민국의 현대사 부분이 정리가 안 되고 어려운 시대를 성공으로 이끌어온 지도자와 애국자에 대해 제대로 평가도 못하고 있어 뜻있는 이들의 마음을 아프게 하고 있습니다.

두 세대가 넘게 대한민국에 살고 있으면서도 대한민국을 세우고 가꾸어 온 공로자들에 대해 자랑스럽게 이야기하고 그 업적을 치하하는 말들을 하지 않고 있습니다. 참으로 이상한 일이라고 하지 않을 수 없습니다.

이제 우리는 냉정한 마음으로 우리의 아들, 딸, 손자, 손녀가 살아가야 할 미래를 위해 그들이 자부심과 희망, 그리고 용기를 갖고 살아갈 수 있도록 우리의 현대사를 이야기해 주어야 합니다.

우리 대한민국은 자유민주주의와 시장경제주의에 입각해서 세워진 나라입니다. 그러므로 우리의 현대사는 다음의 두 가지 주요 관점에서 파악해야 한다고 생각합니다.

첫째로, 자유민주주의와 시장경제주의로의 방향 설정은 탁월한 선택이었고 이 땅에 번영을 가져올 수 있는 기반을 깔아놓은 것이었습니다. 해방 당시 전 세계적으로 공산주의 물결이 거세게 일고 있을 때 이를 막아내고 자유민주주의 국가를 건설한 것입니다.

나라의 분단은 애석한 일이었으나 이미 사실상 북쪽이 먼저 공산주의 정부를 세워놓고 있는 상태였으므로 불가피하게 남쪽에도 별도의 자유민주주의 국가를 설립할 수밖에 없었습니다. 실제로 해방 후 남북 분단은 우리의 선택이 아닌 제2차 세계대전의 전승국인 소련과 미국의 의도에 따른 것이었습니다. 또한 우리나라가 일본의 식민지가 아니었더라면 겪지 않을 수 있는 일이기도 했습니다. 그러나 역사에서 만일을 찾아봐야 소용없는 일이고, 어찌 됐든 해방 후 혼란기에 우리가 자유민주주의 시장경제주의를 채택한 것은 너무나 다행스러운 일이었고 오늘날 우리의 번영을 가져다주는 기초를 제공한 것이었습니다.

둘째로, 대한민국의 경제 발전은 우리의 반만년 역사에서 유례를 찾기 어려운 풍요를 가져왔고 모범 국가로서 전 세계 여러 나라에 많은 영향을 주었습니다. 지금 우리는 과거 우리나라보다 훨씬 더 잘살던 나라에 우리가 만든 물건을 수출하고 있습니다. 그 나라들이 만든 물건을 우리 것보다 열등한 것으로 생각하고 있습니다. 우리는 전 세계에서 최고 수준으로 평가받는 물건도 다수 만들어내고 있습니다.

우리의 경제 발전은 또 과거 공산주의 진영의 붕괴에 상당한 영향을 끼치기도 했습니다. 지금 세계의 여러 나라가 우리 대한민국의 경제 발전 경험을 배우고 있습니다.

동해물과 백두산이 늘 푸르고 높게

이와 같은 관점에서 볼 때 우리 대한민국은 성공적인 국가이고 해방 이후 우리의 역사는 성공의 역사였다고 할 수 있습니다. 물론 이러한 성취를 이룩함에 있어서 아쉬운 점도 많았습니다. 독재, 장기 집권, 친일 잔재 청산 미흡, 인권 탄압, 헌정 질서 문란 등이 그것입니다. 이러한 부족한 부분들에 대해서는 연구하고 논의해서 되풀이하지 않도록 교훈을 얻으면 됩니다. 마치 이러한 부정적인 것들이 우리 현대사의 전부인 것처럼 사실을 오도해서는 안 될 것입니다.

사실 과거 독재 시절이라고 하던 때도 정치적 탄압은 있었다고 할 수 있으나 생활인으로서 일반 국민의 자유와 경제 활동이 억압받았다고 생각하는 사람은 많지 않으리라고 짐작합니다. 미흡한 점은 있었으나 자유민주주의와 시장경제주의의 기본 틀이 유지되는 가운데 국민적 에너지가 효율적으로 동원되어 오늘의 부강하고 민주화된 나라가 된 것입니다. 이와 같이 바른 노선인 자유민주주의와 시장경제주의를 채택해 그 정신에 따라 헌법과 법을 만들고 정부가 구성되고 국가가 운영되면서 오늘의 부강한 나라를 이룩했는데 어떻게 그런 나라의 정통성을 인정하지 않을 수가 있겠습니까?

그리고 그러한 나라를 세우고 이끌어온 자랑스러운 지도자들이 한 사람도 없다는 것 역시 말이 되지 않습니다.

그러나 상당수의 역사학자나 지식인들은 필요 이상으로 우리 현대사의 어두운 면만을 부각시키는 경향이 있지 않은가 염려스럽습니다. 대한민국 수립 당시 우리 힘만으로는 통일을 이룰 수 없었음에도 불구하고 통일을 하지 못한 것만 아쉬워하고 대한민국의 탄생을 긍정하기보다 깎아내리는 노력을 하고 있는 것 같습니다. 해방 직후의 전체적인 국제 정세나 우리나라의 사회·경제 상황은 고려하지 않고 실현 가능성이 없었던 이상적인 기준에 맞추어 비판을 합니다. 국민의 78%가 문맹이고 민주주의 교육이란 받아본 적이 없고 35년간 식민 통치하에 위축되어 있던 국민들로부터 어떻게 이상적이고 자발적인 수준의 민주 질서를 기대할 수가 있었겠습니까? 게다가 좌우 이념 대립이 극심한 가운데 내전 아닌 내전까지 겪었는데 어떻게 정상적인 민주주의를 바랄 수가 있었을까도 참작해야 합니다.

일제는 대륙 침략을 위한 병참기지로 우리 한반도를 이용했습니다. 그런 기본 방향하에 남농북공(南農北工) 정책을 취해서 북한에는 중화학공업이, 남한에는 농업과 경공업이 상대적으로 우세했던 바, 남북이 분단된 이후 남쪽에는 공업화 수준이 낮아 북쪽보다 경제력이 현격하게 떨어져 있었습니다. 남한은 심각한 전력 부족, 비료 부족, 대량 실업 발생으로 생활이 어려워져 많은 사람들이 헐벗고 굶주렸습니다. 사람들의 일차적인 욕구가 채워지지 않는 상황에서 어떻게 풍요로운 선진국 수준의 민주주의가 이루어질 수 있었겠는지 생각해 봐야 합니다.

민주주의는 일정한 생업이나 재산이 있어서 늘 변함없는 올바른 마음을 가질 수 있는 사람들한테서 기대할 수 있습니다. 끼니도 못 때우는 사람들에게 법과 질서를 지키고 주인 행세를 제대로 하

동해물과 백두산이 늘 푸르고 높게

라고 한들 먹혀들지 않습니다. 경제 발전이 수준 높은 민주주의의 전제 조건이라고 할 수 있습니다. 그런 의미에서 우리나라가 과거 고도 성장기에 겪었던 헌정 질서의 문란과 독재는 고도 경제성장을 통한 선진대열 합류라는 놀라운 결과를 가져왔으므로 이해할 수 있는 부분이 크다고 생각됩니다. 게다가 모든 국민이 열망하던 대통령 직선제나 장기 집권 방지라는 소득까지 얻었으니 우리 현대사는 성공의 역사가 되었습니다.

이와 같이 자유민주주의로의 선택은 옳았고 그 바탕 위에 부강한 국가가 되었으며 민주주의의 발전도 이룩했습니다. 정치와 경제 양면에서 우리는 큰 성공을 거둔 것입니다.

한편 역사성 면에서 대한민국의 정통성을 살펴보기로 하겠습니다. 대한민국은 1919년 3·1운동 후 수립된 대한민국 임시정부가 사용한 국호와 국기를 계승하고 국민주권주의, 기본권 보장, 권력 분립, 대의제 등 임시정부의 대한민국 임시헌법의 정신을 계승하고 있으므로 역사적 정통성 면에서도 나무랄 데가 없습니다.

역사는 과거를 살아온 사람들의 생각이나 행위를 어느 편의 입장에서 정당화시키고자 하는 것이라기보다는, 현재에 사는 일반 시민과 미래를 살아갈 청소년들에게 자부심과 희망과 용기를 줄 수 있도록 쓰이고 교육되어야 합니다. 아직 끝나지 않은 현대사에 대한 역사학계의 논쟁도 부족한 점, 아쉬운 점은 그것대로 잘 평가하고 분석해 미래의 교훈으로 삼되 전체적으로 대한민국의 현대사가 성공의 역사였다는 골간이 흔들리지 않도록 정리되기를 희망합니

다. 이것이 오늘을 사는 대한민국의 상식인들이 갖는 바람이라고
할 수 있습니다.

이제 우리는 대한민국의 성립과 역사성 그리고 발전 과정을 살펴
보면서 그 정통성을 충분히 인정할 수 있음을 확인했습니다.

그러면 우리는 자랑스러운 대한민국을 수립하고 부강한 나라를
만드는 데 기여한 우리 지도자들에게 정당한 평가를 하고 그들의
공로를 치하함과 아울러 국민교육의 자료로 활용하는 문제를 논의해
봐야 하겠습니다.

국가와 민족의 지도자나 애국자에 대해 그 공을 기리고 숭모하
는 사업을 하는 것은 그들의 공로에 대한 보답의 차원을 넘어 후세
의 자손들에 대한 교육의 방법으로 그렇게 하는 것입니다. 그래서
각 나라마다 나라를 세우거나 국난을 극복하거나 국가에 큰 명예와
이익을 가져다 준 인물들에 대해서는 기념관, 기념비, 동상 등 조형
물을 세우고 화폐의 인물로 초상을 사용하고 도시 이름, 거리 이름,
강과 만의 이름 등에도 그들의 이름을 사용해서 후손들로 하여금 그
들의 생각과 행동을 배우며 공로를 잊지 않고 살아가도록 하고 있
습니다.

우리나라의 경우는 어떠한가요? 명실공히 국민, 영토, 주권을
구비한 대한민국이라는 나라가 성립된 지 70년이 다 되어갑니다.
그동안 대한민국의 발전은 성공적이었고 전 세계인의 찬사를 받고
있는데도 이 나라를 이끌어온 지도자들에 대한 정당한 평가도 없고
그 지도자들의 공로를 찬양하고 후세의 귀감으로 삼을 시도도 못하

고 있습니다. 이 나라의 건국과 발전은 전 세계에 유례를 찾기 어려운 성공이었는데 나라를 이끌어온 지도자가 없다는 것이 매우 이상합니다. 이와 관련, 무슨 이야기만 있으면 주로 부정적인 부분만 들추어내어 깎아내리려고만 해왔습니다.

이제 국가의 나이도 사람으로 치면 이순(耳順: 나이 60에야 비로소 모든 것을 순리대로 이해하게 된다는 뜻)의 나이를 지나 마음에 하고 싶은 대로 해도 법도에 어긋남이 없게 된다는(從心所欲不踰矩: 종심소욕불유구) 70의 나이에 가까워오고 있습니다. 잘못은 용서하고 잘한 것은 선양해서 화합해야 할 때가 되었습니다. 나라의 위신과 체통을 생각해서라도 성공한 나라로 이끌어온 우리 지도자들의 공적을 선양하는 노력을 해야 할 때가 되었다고 생각합니다.

우리 대한민국의 정통성과 관련한 지도자들로 우선 우리 대통령들을 생각해볼 수 있습니다. 대한민국을 세우고 부강한 나라로 발전시키는 데 결정적인 역할을 한 사람들이 대통령들이기 때문입니다. 다만, 상해임시정부 때에도 '대한민국' 국호를 사용했고 대통령, 주석 등의 직위도 있었으나 이때는 국민, 영토, 주권을 고루 갖춘 하나의 나라가 아니었으므로, 광복 후 명실공히 하나의 나라로 성립되고 그 국민이 투표해서 뽑은 대통령들을 대상으로 할 수밖에 없다는 불가피성은 양해되어야 할 것입니다. 그러나 임시정부가 사용한 '대한민국'이라는 국호는 해방 후 우리 국호의 기원이 되고 그 헌법은 대한민국이 추구해야 할 방향을 제시했으며 일제하에 조국 광복을 위해 꾸준히 투쟁해 온 그 공로는 대한민국 국민 모두 잊어서는 안 될 것입니다.

　대한민국의 대통령들은 모두 나름대로 문제도 있었지만 각자의 시대마다 의미 있는 일을 한 분들입니다. 그렇기 때문에 자유민주주의와 시장경제주의의 큰 틀이 지켜지고 경제 발전과 민주 발전을 할 수 있었으며 그 결과 오늘날 민주화된 세계 10위권의 경제 강국, 8위의 무역 대국이 되었다고 생각합니다. 크게 보아 거의 대부분의 대통령들이 과오보다 공로가 훨씬 많았다고 할 수 있습니다. 그러나 우리의 현대사 자체를 부정적이고 부끄러운 역사로 보는 시각 때문에 많은 큰일을 하고도 제대로 평가받지 못하고 있습니다.

　우선 우리나라의 대통령 가운데 대한민국의 정통성과 관련해 그 위치를 바로잡아야 할 분이 두 분이라고 생각합니다. 해방 후 정부 수립과 그 이후 한 세대의 기간은 초대 대통령 이승만과 사실상 2대 대통령 박정희가 이 나라를 이끌었습니다. 이 두 분에 대한 제대로 된 평가가 나오지 않으면 첫째 단추와 둘째 단추를 잘못 꿰는 형국이 되어 그 다음부터는 자연히 일그러지게 되어 있습니다. 그런 의미에서 특히 첫째 단추에 해당하는 이승만 대통령에 대한 정당한 평가와 그것의 중요성은 아무리 강조해도 지나치지 않는다고 하겠습니다.

　이미 앞에서 해방 직후 신생 대한민국이 자기 마음대로 자신의 운명을 100% 결정하기가 매우 어려웠던 국제 정치 상황과 우리 한반도 상황을 언급했습니다. 이승만 대통령에 의한 남한만의 대한민국 수립은 현실 여건상 불가피했습니다. 북으로부터 불의에 기습 남침을 당했던 6·25전쟁을 막아냈으며 아무것도 가진 게 없었던 신생 대한민국의 안전을 보장하기 위한 장치(한미상호방위조약)까지 마련해 나라의 경제 발전과 번영의 토대를 만들어냈습니다. 훈수 둘 때 바둑판이 더 잘 보입니다. 같은 이치로 외국 지도자의 이승만 대통령에 대한 평가와 관련하여 일화 하나를 소개하고자 합니다. 아마도 이 평가 하나를 이승만 대통령에 대한 전반적인 평가로 봐도 무방하지 않을까 여겨지기도 합니다.

1989년 2월 우리나라는 동구 공산권 국가의 하나인 헝가리와 외교 관계를 수립했습니다. 공식 수교와 더불어 양국 간에는 공동위원회를 설치해서 경제협력 문제를 논의했습니다. 1989년 6월 초 헝가리의 부다페스트에서 제1차 한·헝가리 경제협력 공동위원회가 개최되었습니다. 우리 측 위원장인 이동호* 재무부 차관은 대표단을 인솔하고 부다페스트로 갔으며, 그 당시 헝가리의 총리 겸 사회노동당 서기장인 카로이 그로스(Karoly Grosz 1930~1996)를 예방할 기회가 있었습니다.

그로스 서기장은 이 차관을 만나자마자 먼저 축하한다고 말하면서 다음과 같은 요지의 이야기를 했다고 합니다.

"귀하는 이승만 대통령을 알고 계시겠지요. 제2차 세계대전 이후 공산주의가 전 세계를 풍미할 때 그 바람을 막아낸 지도자가 몇 안 됩니다. 유럽에서는 아데나워 서독 총리가, 동양에서는 한국의

---

* 1937 충북 영동 출생, 재무부 차관, 산업은행 총재, 충청북도 지사, 내무부 장관을 역임했고 현재는 (사)건국 대통령 이승만 박사 기념 사업회의 고문임.

전 헝가리 총리 겸 사회노동당 서기장 카로이 그로스.

이승만 대통령이 그 일을 해냈습니다. 그 덕분에 귀하가 우리를 도
와주겠다고 지금 여기 와 있습니다. 그래서 축하한다고 말씀드렸던
것입니다."

이때 이 차관은 헝가리 측에 상당액의 차관 자금 공여 계획과
부다페스트에 우리나라 수출입 은행이나 산업은행의 지점을 설치
하는 안, 그리고 헝가리 측 경제 안정화 계획의 각종 프로젝트에 한
국이 참여하는 방안 등을 갖고 갔습니다.

대한민국 건국 이후 처음 공산권 국가에 경제 협력 보따리를 들
고 방문했다는 사실 자체가 매우 자랑스럽고 가슴 뿌듯했던 데다가
헝가리의 현직 사회노동당 서기장이 시장경제체제의 우월성과 우
리나라 건국 대통령 이승만 박사의 업적에 대해 높이 평가하는 말
을 듣고 이 차관은 크게 감동하지 않을 수 없었다고 합니다. 아울러

동해물과 백두산이 늘 푸르고 높게

시대를 관통하는 통찰력과 세계사적 안목을 가졌던 이승만 박사가 국가적으로 어려운 시기에 우리 대한민국의 대통령이었다는 것은 민족적 행운이었다는 점에 생각이 미치자 흥분을 가라앉히기 어려웠다고 합니다.

이승만 대통령에 대한 후한 평가가 이것뿐은 아니나 약 70년간 유지된 공산주의 종주국 소련이 무너지는 과정에서 바로 그 공산주의를 따라한 헝가리의 사회노동당 서기장이 반공주의자 대통령 이승만에 대해 높이 평가한 이야기는 우리들로 하여금 많은 것을 생각하게 합니다. 아마도 그는 이승만 대통령이 자유민주주의와 시장경제주의를 선택한 것을 부러워했을 것입니다. 이 대통령이 공산주의의 허구성*을 깨달은 예지를 높이 평가하였을 것입니다. 당시 지극히 어려운 국제 정세하에서 자유민주국가를 건설하기 위하여 보여준 이 대통령의 결단력과 신념, 실천력, 그리고 그 결과에 대하여

---

* 이승만 박사는 1923년 3월 〈태평양잡지〉에 기고한 '공산주의의 당부당'이라는 제목의 글에서 공산주의에 대한 소신을 개진하고 있는 바 다음은 필자가 그것을 요약한 것임.
"공산주의의 인민을 평등하게 만들자는 주의는 대체로 보아 옳다. 그러나 부당한 것을 말하면
① 모든 사람의 토지, 건축 등 모든 부동산을 합해 모든 재산을 평균하게 나누어 갖자는 생각은 옳지 않다. 부지런한 사람이 게으르고 가난한 사람을 먹여야 되고 가난한 이는 점차 수효가 늘어서 일하지 않고 얻어먹으려는 자가 나라에 가득하게 될 것이다.
② 자본가를 없이 하자는 주장대로 하면 자본가들의 경쟁이 없어져 상업과 공업이 발달되기 어려워질 것이다. 즉 사람의 지혜가 막히고 모든 기기묘묘한 연장이 다 스스로 폐기되어 모든 물건이 진보되지 못하고 물질적 개명이 중지될 것이다.
③ 모든 인민의 상식 수준을 높여서 양반 노릇하는 사람들의 수준으로 끌어올리는 것은 옳은 일이지만 지식계급을 없애자는 생각은 옳지 않다.
④ 과거 종교 단체(구교)는 계급, 재산 등과 관련해 인민에게 압제와 학대를 많이 했으나 지금의 새 교회 제도는 이런 폐단도 없고 겸하여 평등자유의 사상이 확장되는 중에 발전한 것이므로 교회 조직을 없애면 인류의 도덕과 의리 면에서 손해가 막심할 것이다.
⑤ 정부도 군사도 국가사상도 없이 한다는 주장은 공산당 속에서도 이론이 많고 정부와 인도자와 군사 없이는 스스로 부지할 수 없는 사정을 러시아조차 잘 알고 있으므로 설명이 필요치 않다."

카로이 그로스 헝가리 총리는 제2차 세계대전 이후 공산주의를 막아낸 지도자로 이승만 대통령과 서독의 콘라트 아데나워 총리를 높이 평가했다.

찬탄하면서 마음속 깊이 흠모하고 있었을 것입니다.

최근 주요 국내 신문은 가끔 과거 대통령들에 대한 국민의 평가를 보도하고 있습니다. 여론조사에 의해 과거 대통령들에 대한 국민의 호감도 또는 존경심의 순위를 발표하고 있는 것입니다.

통상 박정희 대통령이 1위이고 이승만 대통령은 최하위권에 자리하고 있습니다. 이 여론조사 결과를 보면서 일반 국민이 이승만 대통령에 대해 뭔가 너무 잘못 알고 있거나 관심이 적은 게 아닌가 하고 생각하게 됩니다. 4·19혁명 이후 하와이로 쫓겨난 독재자라는 종래의 평판만 꼬리표처럼 계속 따라다니기 때문이 아닌가? 이미 두 세대 이전의 인물이므로 관심이 적어져서 알려고 하지 않기 때문인가? 어쨌든 이러한 여론조사 결과는 매우 충격적이라고 하

동해물과 백두산이 늘 푸르고 높게

지 않을 수 없습니다.

사실, 따지고 보면 이해가 안 되는 것도 아닙니다. 박 대통령의 업적은 눈에 보이고 만져보고 느낄 수 있는 것들입니다. 우리가 만든 TV, 냉장고가 집집마다 들어차고, 자가용 차를 타고 출퇴근하고 전국의 고속도로에 자동차가 넘쳐나고 탄환 열차(KTX)가 달리고, 편리한 아파트가 즐비하고, 좋은 옷 입고 영양가 좋은 음식 먹고… 이 모든 기적과 같은 변화가 반세기가 되기도 전에 일어났으며 우리가 직접 확인할 수 있는 것들입니다.

그것에 비해 이승만 대통령이 한 일은 일반 국민의 생활 속에서 직접 보고 느낄 수 있는 것들이 아니었습니다. 그는 이미 이야기한 바와 같이 해방 후의 이념적 혼란을 정리해서 올바른 방향으로 국가를 인도했으며, 국가 운영의 기본 틀인 헌법을 만들었고, 현격한 열세적 입장에서 북의 남침을 막아냈습니다. 그리고 최강대국인 미국과 힘겨운 싸움을 벌여 한미상호방위조약을 체결함으로써 향후 대한민국의 발전과 번영의 초석을 다져놓았습니다. 만일 그의 이러한 업적이 없었더라면 우리가 자랑하는 경제 기적도 이룰 수 없었을지 모르는 일입니다. 그리고 그는 지금으로부터 두 세대 이전의 사람이었으므로 현재 60대 중반 이상의 노년층이나 그를 기억하리라고 짐작됩니다. 또, 그가 활동하던 시기는 우리 대한민국이 가장 혼란스럽고 가난에 찌들어 있던 고통스러웠던 때이기도 합니다. 그런 이유로 피상적으로만 판단하면 이승만 대통령에 대한 평가가 낮은 것도 무리는 아니라고 생각됩니다. 그러나 이제는 그에 대한 잘

포항제철 준공식에 참석해 시설 가동을 지켜보는 박정희 대통령.

못된 평가도 바로잡고 나아가 대한민국의 정통성을 확고히 해야 할 때가 되었습니다.

다음은 박정희 대통령에 대해서 생각해 보기로 하겠습니다. 1961년 5월 16일 군사혁명을 일으켜 집권한 후 18년 동안 장기 집권하다가 부하에게 시해당한 대통령입니다. 그러나 그의 집권 기간 동안 이룩한 국가 경제 발전은 눈부신 것이었고 전 세계가 이를 인정하고 있습니다. 사람에 따라서는 박 대통령이 독재를 해서 이룬 것인데 그런 식으로 하면 누군들 못하겠느냐는 투의 이야기를 합니다. 지금까지 독재를 하고도 세상에는 빈곤 속에 어렵게 사는 나라가 많은데 1960년대 초 세계 최빈국 중 하나였던 대한민국을 발전시켜 세계 10위권의 경제 강국으로 끌어올린 것은 아무나 할 수 없는 대

동해물과 백두산이 늘 푸르고 높게

역사를 이루어 낸 것입니다.

이미 다 이야기한 것이므로 그가 이룩한 경제 기적을 반복해서 설명할 필요는 없습니다. 국민들도 다 알기 때문에 역대 대통령에 대한 여론조사 결과는 늘 1위로 나타나고 있는 것 아니겠습니까?

그가 1979년 10월 26일 시해된 후 37년의 세월이 흘렀습니다. 국가 전체적으로 많은 발전이 있었음에도 불구하고 국민적 합의에 의한 평가가 나오지 않고 있습니다. 그의 집권 시절 피해를 본 소수의 사람들이 아직도 존재하고 사회적 영향력을 행사하고 있으니 시기상조인지 모르겠습니다. 그러나 누가 뭐래도 대국민 여론조사에서는 늘 1위로 존경받는 대통령이 왜 공식적으로 인정을 못 받는지 이해가 안 됩니다. 이 나라는 소수의 나라입니까? 참으로 이상한 일입니다. 우리가 깊이 생각해 봐야 할 일입니다.

박 대통령이 국가 경제 발전에 기여한 업적에 관해서는 누구나 잘 알고 있으나 그가 세계사의 발전에 끼친 공로를 이야기하는 사람은 별로 없는 것 같습니다. 이제 그가 세계사의 변화와 진전에 어떤 역할을 했는지 필자 나름대로의 견해를 피력해 보기로 하겠습니다.

대한민국의 경제 발전 성과는 1988년 서울 올림픽을 계기로 전 세계에 그 빛을 발하게 됩니다. 원래 서울에 올림픽을 유치하자는 것은 박 대통령의 생각이었습니다. 그는 시해(1979. 10. 26.)되기 몇 달 전에 당시 서울시장 정상천에게 올림픽을 한번 해보라고 지시했습니다. 비약적 경제 발전에서 나온 자신감과 미래를 꿰뚫어 보는 통찰력이 그런 결심을 하고 올림픽 개최를 지시했던 것으로 이해됩니다.

대한민국의 발전상을 알리고 냉전 종식에 기여를 한 1988년 서울 올림픽.

이후 올림픽 개최의 주창자인 박 대통령이 서거하고 당시 재정
상황이 매우 어려워 올림픽 개최 계획은 폐기될 위기도 겪었으나,
민관이 포기하지 않고 열심히 노력한 결과 전두환 정권 시절 서울
이 올림픽 유치권을 따내어 온 국민을 환호하게 했습니다. 그리고
국민과 정부 모두 합심 노력해서 준비도 잘 하고 올림픽 행사도 성
공적으로 마쳤습니다.

1988년 서울 올림픽은 직전 23회 로스앤젤레스 올림픽이나 22
회 모스크바 올림픽이 사유 신영과 공산 진영 간의 대립과 반복으
로 반쪽짜리였던 데에 비해 전 세계 모든 나라가 참가해서 올림픽
역사상 최대 규모의 전 지구적인 축제가 되고 대한민국의 발전상을

동해물과 백두산이 늘 푸르고 높게

세계에 알리는 기회가 되었습니다.

특히 공산주의 국가들은 올림픽 대회에 참가하면서 한국의 발전상을 직접 보고 확인하기 위하여 탐색대를 보냈다고 합니다. 이때 서울을 방문한 동구권 국가의 정보기관원들이 서울 올림픽 시설이 세계 최고라는 등 서울의 놀라운 발전상을 본국에 보고했으며 결과적으로 서울 올림픽이 동구권의 공산주의 포기에 공헌했다*고 합니다.

서울 올림픽 직후 우리나라는 소련, 중국을 포함한 공산주의 국가들과 외교 관계를 맺게 되고, 2016년 6월 현재 지구 상에 존재하는 공산주의 국가는 5개국 정도로 극소수만 남게 되었습니다.** 안타깝게도 북한은 아직도 공산주의를 버리지 못하고 있으나 세계사의 큰 흐름을 언제까지 거스르고 있을지 모르겠습니다. 중국에서는 2006년부터 신 농촌 운동과 더불어 중국의 지도부가 한국의 새마을 운동에 관해 학습하기 시작했다고 합니다.*** 최근에는 북한의 우방인 쿠바와도 외교 당국 간 접촉이 이루어지고 있습니다. 여기서 우리는 자부심도 가져야 하지만, 책임감도 크게 느껴야 한다고 생각합니다.

우리는 서울 올림픽이 공산 진영 국가들로 하여금 공산주의를

---

* 송병락 지음, 《일류 선진국이 되는 한국 경제의 길》, 박영사, 2006, 485쪽
** 북한, 중국, 라오스, 베트남, 쿠바가 현존하는 공산주의 국가이며 이들 국가 중 우리나라와 외교 관계가 없는 나라는 북한과 쿠바임. 경제적으로는 나라마다 정도의 차이가 있으나 시장경제체제를 도입하여 시행하고 있음.
*** 송병락 지음, 《일류 선진국이 되는 한국 경제의 길》, 박영사, 2006, 486~7쪽

포기하게 하는 데 상당한 기여를 했다는 것에 주목할 필요가 있습니다. 이 사건은 예사로운 일이 아니었습니다. 서울 올림픽이 세계사의 흐름을 바꾸는 데 직접적인 공헌을 했다는 말입니다. 물론 우리 대한민국의 발전상이 공산 진영 붕괴 원인의 전부는 아니라 해도 많은 기여를 했으리라는 것은 쉽게 이해할 수 있습니다. 왜냐하면 자유민주주의와 시장경제주의가 국가를 부강하게 한다는 하나의 뚜렷한 실례를 우리 대한민국이 보여주었기 때문입니다.

그리고 공산권 국가들이 사실상 공산주의를 포기한 결과는 무엇입니까? 그 지역의 수십억 인구에게 정치, 경제, 사회, 문화의 여러 면에서 억압과 통제를 벗어나게 하고 생활의 질을 향상시켜 주는 놀라운 변화를 가져다주었다는 것입니다. 우리나라에 밀려오는 중국 관광객들과 과거 동구권 국가의 변화 발전상은 이를 웅변으로 증명해 주고 있습니다. 아직 체제 전환 과정에서 발전 속도가 느린 나라도 있겠지만 전체적으로 보아 인간의 자유와 행복이 증진되고 있는 것만은 틀림없다고 생각합니다.

그러면 이와 같이 우리 대한민국이 인류 사회의 발전에 기여하고도 국가와 민족의 더 큰 자부심으로 승화시키지 못하고 왜 서울 올림픽이 하나의 스포츠 대회로서 성공적이었다는 수준에서 그치고 있을까요? 여기에 우리의 책임이 있습니다.

서울 올림픽의 성공은 단순히 대회 준비와 16일간의 대회 행사 진행을 잘 했다는 것을 의미하지 않습니다. 어려운 여건하에서 자유민주주의와 시장경제주의를 선택하고 지킨 것의 성공을 의미합니다. 그리고 그 테두리 내에서 자유 속에 창의가 발현되고 국민적 에너지가 효율적으로 동원되어 경제 기적을 이룬 것의 성공을 말합니다. 대한민국 정부 수립 후 40년의 시간이 흐르면서 축적된 힘이 발양된 결과였습니다.

우리 대한민국은 서울 올림픽을 계기로 세계를 이끌어가는 지도 국가로서 그 위상을 높였습니다. 자유와 창의와 근면이 얼마나 위대한 것인가를 세계인에게 보여주었습니다.

그러나 그동안 우리의 이러한 성과를 제대로 평가하지도 않고 자랑스러운 역사로 정리하지도 않았습니다. 우리는 매우 현명하지 못했습니다. **제대로 된 국민이라면 대한민국 경제 발전과 서울 올림픽이 세계사에 끼친 영향과 관계에 대해 좀 더 연구하고 체계화해서 자랑스러운 역사로 기록해 국가 위상 제고와 국민 교육 자료로 활용하고 있을 것입니다.** 하지만 우리 현대사의 부정적인 면, 어두운 면에만 매몰되어 밝은 면을 보지 못하고 있습니다.

이제 서울 올림픽을 개최한 지 30년이 다 되어가고 대한민국이 건국된 지 70년이 가까워 옵니다. 우리의 현대사를 되돌아보면 우리나라 자체의 발전을 이룩한 것은 물론 인류 역사 발전에도 많은 기여를 했습니다. 그런 각도에서 우리 대한민국의 정통성을 확실히 인식하고 우리 현대사를 긍정적으로 정리해야 하겠습니다.

나아가 시대를 관통하는 안목과 통찰력으로 자유민주주의와 시장경제주의에 입각해 나라를 세우고 지킨 이승만 대통령에게 정당한 평가를 하고 영광스러운 건국 대통령의 자리에 앉혀야 할 것입니다. 아울러 시장경제주의의 장점을 살려 오랜 세월 찌든 가난을 몰아내고 부강한 나라를 만들어낸 박정희 대통령에 대해 국민의 뜻을 모아 숭모 사업을 펴나가야 할 것입니다. 이 두 분의 대통령은 앞에서도 이야기한 바와 같이 우리나라와 국민에게 큰 기여를 했을 뿐만 아니라 수십억 세계인에게 자유와 행복을 증진시켜주는 역할도 했습니다.

이 지구 상에는 세계에 자랑할 만한 인걸을 가진 나라나 민족은 그렇게 많지 않습니다. 세계인의 존경을 받는 인물은 그의 나라와 민족에게 자긍심을 주게 됩니다. 우리나라의 경우 그동안 아시아 대륙의 동쪽 끝에 있는 약소국가로서만 살다 보니 세계 역사에 기여한 일도 없고 인물도 없었습니다. 물론 일본에 대해서는 고대에 불교와 한자를 전수하는 등 문화적 기여가 있었으나 전 세계적인 파급력을 가진 공헌은 없었다고 해도 틀린 말은 아닐 것입니다.

그러나 이제는 우리 대한민국이 약소국가가 아닙니다. 세계 10위권의 민주화된 경제 강국이 되어 다른 나라를 도와주기도 합니다. 다른 국가 다른 국민에게도 자유와 행복을 주고 생활 개선에도 기여했습니다. 열심히 노력하면 잘살 수 있다는 꿈도 주었습니다. 이런 나라를 만드는 데 바로 이승만 대통령과 박정희 대통령이 절대적인 공헌을 했습니다. 그리고 그들의 업적과 정신은 다른 나라에노 교훈과 모범이 되고 세계인의 흠모를 받고 있습니다.

이승만 대통령에 대해서는 앞에서 언급한 헝가리의 그로스 사회노동당 서기장 외에 미국의 장군들이 평가한 것도 시사하는 바 큽니다. 6·25전쟁을 치르면서 북진 통일을 주장하던 이 대통령은 전쟁 목표나 휴전 문제 등과 관련해 미국과 사이가 매우 좋지 않았습니다. 그런 상황에서도 미국의 군사 지도자들은 실제로 이 대통령을 높이 평가했습니다. 미 8군 사령관을 지낸 벤 플리트(Van Fleet) 장군은 '이승만은 우리 시대의 가장 위대한 사상가, 학자, 정치인 그리고 애국자의 한 사람'이라고 칭송했으며, 아이젠하워(Dwight D. Eisenhower) 대통령 당시 합참의장이던 레드포드(Arthur W. Redford) 제독은 '이승만은 한국의 조지 워싱턴'이라고 극찬했습니다.*

또 박정희 대통령은 어떻습니까? 리콴유 싱가포르 전 수상, 마하티르 전 말레이시아 수상, 중국의 개혁 개방의 지도자 덩샤오핑 등 많은 나라의 지도자들이 높이 평가했음은 이미 잘 알려져 있습니다. 특히 박 대통령의 지도하에 이룩한 경제 기적은 직접 보고 확인할 수 있는 사항이고, 많은 외국 사람들이 익히 알고 칭송하므로 구구한 설명이 필요 없다고 하겠습니다.

역사적 맥락에서 볼 때 이 두 지도자의 역사적 과업의 전승과 계승은 참으로 절묘했다는 생각도 듭니다. 이 대통령의 자유민주주의 국가 건설이 없었다면 박 대통령의 부국 건설은 불가능했고 박 대통령의 부국 건설이 없었다면 이 대통령의 건국은 빛을 잃었을 것입니다.

우리는 위에 말한 두 지도자가 세우고 가꾸어온 이 나라에 70년

---

* 김충남 지음, 《대통령과 국가 경영: 이승만에서 김대중까지》, 서울대학교 출판문화원, 2011, 185쪽

자국이 세계 문화에 어떠한 기여도 하지 못했다고 탄식한 러시아 철학자 차다예프.

이나 살아오면서 너무나 무심하게 지냈습니다. 그분들이 차지해야 할 자리를 찾는 노력을 시작해야 합니다. 그 노력은 우리 국민이 자부심을 갖게 하는 계기를 만들어 주고 밝은 미래를 개척하는 데 큰 힘을 제공할 것입니다. 이제 더 이상 지체할 수 없습니다.

지금부터 180년 전 러시아의 철학자 차다예프(Pyotr Chaadayev 1794~1856)는 러시아의 문화적 고립을 지적하면서 러시아 문화가 세계 문화에 별다른 기여를 못했다고 이렇게 개탄했습니다. "러시아는 동양 문화도 서양 문화도 아니면서 내세울 만한 전통마저 없는 나라이다. 세상으로부터 고립되어, 우리는 세계에 준 것도 없고 가르친 것도 없다. 우리는 인류 정신 발전에 기여해본 적이 없고 오히려 발전된 결과물을 가져와서 왜곡하기나 했다. 우리는 인류의 공공 이익을 위해 아무것도 만들어내지 못했다."* 이 얼마나 민족적 국가적으로 자존심 상하는 말입니까? 러시아 사람들의 마음이 텅 비고 가슴속이 허전함을 솔직하게 표현했다고 하겠습니다. 또한 이 말은 한국 사람들의 가슴조차 철렁 내려앉게 만듭니다. 한편, 미치광이라는 소리를 들어가면서 이런 말을 할 수 있었던 차다예프의 용기에 찬사를 보내지 않을 수 없습니다.

만일 차다예프가 20세기에 다시 태어나 약 70년간 공산 진영의 맹주 노릇 하던 러시아와 여타 공산 진영 국가들이 함께 무너지는 것을 보았다면 무슨 말을 했을까요? 아마도 그는 인류 문화와 공공의 이익을 위하여 러시아가 아무것도 한 게 없음을 보고 또 한 번 한탄했을 것으로 믿어집니다.

여기서 우리는 민족이나 국가도 인류 사회와 문화 발전에 기여해야 떳떳해지고 자부심을 갖게 되며 국제 사회에서도 응분의 대우를 받고 좋은 이웃으로 살 수 있게 될 거라는 생각을 갖게 됩니다. 우리 대한민국은 공산 진영 붕괴에 상당한 영향을 미치고 결과적으로 수십억 인구의 자유와 행복을 증진시키는 기여를 했음에도 불구하고 그게 우리의 세계와 세계인에 대한 기여인 줄도 모르고 알려고 노력도 하지 않고 살아왔습니다.

재삼 이야기하거니와 우리 대한민국은 정통성이 있는 나라입니

---

* 에이브러햄 애셔 지음, 기하은·신상돈 옮김, 《처음 읽는 러시아 역사》, 아이비북스, 2012, 16쪽

다. 우리 대한민국의 정통성은 대한민국을 세운 이승만 건국 대통령과 부강하게 만든 박정희 부국 대통령이 제자리에 설 수 있을 때 확고해질 것입니다.

박 대통령 뒤에 대통령을 한 분들도 어느 쪽이 크고 적으냐의 문제는 있으나 모두 공로와 과오가 있습니다. 민주주의 발전과 탈권위주의, 경제 발전, 정치·경제적 위기 극복 등에 기여한 공은 공로로, 사회 분열과 법질서 문란, 부정부패 연루, 경제 위기 초래 등은 과오로 정리되어야 하되 작은 과오로 큰 공을 덮는 어리석음을 범해서는 안 될 것입니다. 이렇게 될 때 나라에 질서와 기강이 잡히고 쓸데없는 국가적 낭비도 줄일 수 있을 것입니다.

우리나라를 둘러싼 국제 정세와 남북 관계는 늘 불안하고 긴장의 끈을 놓을 수 없습니다. 불필요한 일에, 아니 불필요한 일을 만들어 아까운 시간과 에너지를 낭비해서는 안 되겠습니다. 우리 대한민국의 정통성을 확고히 다져 국민적 자부심을 높이고 국민의 안전과 생활에 위험이 없도록 하며 나아가 우리나라가 문화 대국으로 발전해 나아갈 수 있도록 노력해야 할 것입니다.

신뢰받는 정부, 밀어주는 국민

우리 대한민국은 민주공화국입니다. 주권이 국민에게 있는 대통령제의 입헌공화국입니다. 우리나라의 통치 조직은 주권자인 국

동해물과 백두산이 늘 푸르고 높게

민이 합의해서 결정한 헌법에 따라 국민에 의해서 만들어졌습니다. 그렇게 형성된 통치 조직은 민주주의적 정치기구로서 국민의 자유, 평등, 복지와 안전이 보장되도록 권력을 행사해야 합니다. 이를 위해 통치 조직은 입법, 사법, 행정으로 분야를 나누어 기능합니다.

우리나라는 기본적으로 훌륭한 헌법을 가지고 있다고 생각합니다. 우리 헌법은 자유민주주의와 시장경제 체제의 추구를 기본 방향으로 삼아 국민의 기본권 보장과 의무 이행에 관해 규정하고 있습니다. 또 국가권력이 남용되어서는 안 되므로 권력을 분립시켜 상호 견제와 균형의 원칙에 따라 작동되도록 만들어졌습니다. 따라서 이러한 헌법에 의해 조직된 우리 정부는 국민의, 국민에 의한, 국민을 위한 정부여야 합니다. 헌법의 정신이 존중되고 각 규정이 제대로 지켜졌다면 당연히 우리 정부는 국민을 위해 일하는 정부로서 국민의 신뢰를 받았을 것입니다. 그러나 아직 그런 신뢰 관계가 형성되지는 못했습니다.

우리 헌법과 제반 법률은 선진적이지만 정부에서 일하는 사람들이나 일반 국민들이나 아직 헌법과 법률에 대한 이해가 부족하고 제대로 지킬 줄을 모릅니다. 이미 앞에서 충분히 논의되었다고 생각되므로 자세한 이야기는 생략하겠으나 우리의 준법의식이 너무 박약하다는 점은 다시 한 번 곱씹어보아야 할 일입니다. 어찌 됐든, 국민과 정부 간에 상호 신뢰하고 협조하는 관계가 이루어지지 않으면 나라는 평화로울 수가 없을 것입니다. 과거 해방 이후 지금까지 정부와 국민 간에 불신의 골이 깊어 얼마나 많은 소요와 혼란 속에서 지내왔는지를 되돌아보면 잘 알 수 있습니다. 한마디로 평화로 웠던 시절이 별로 없었던 것 같습니다. 수많은 사건 사고들이 꼬리 를 물고 이어졌고, 그에 따라 국민은 불안과 좌절을 느끼지 않을 수 없었습니다. 이러한 가운데 정부와 공직자들이 국민의 신뢰를 받을 수 있었겠습니까?

그러면 국민은 어떻습니까? 사실 근본적인 책임은 국민에게 있 습니다. 국민들은 자신들이 나라의 주인이라는 생각이 없습니다. 주인의식이 없으니 떳떳하고 당당하게 행동을 못합니다. 우선 자기 에게 당장의 이익이 된다면 뇌물도 주고 떼도 쓰고 거짓말도 하고 웬만한 부정을 거리낌 없이 저지릅니다. 대통령과 국회의원을 뽑을 때 능력이나 자질보다는 지연과 학연 등 연고를 고려해서 투표합니 다. 합리성보다는 감정에 휘둘리는 선택을 많이 하지요. 사리판단 을 제대로 안 하고 툭하면 대통령에게 해결해 달라고 요구합니다. 21세기에 왕조시대의 신문고나 격쟁(擊錚),* 상언(上言)** 같은 방법 을 생각하고 있는 건 아닌지 모를 일입니다.

지금 우리나라는 조선왕조 이전의 왕조시대와 같이 왕의 나라 도 왕을 위한 나라도 아닙니다. 국민의 나라이고 국민을 위한 나라 입니다. 주인인 국민이 주인 노릇을 제대로 해야 합니다.

우리 현실에 비춰보면 생각하기 어려운 상황이나, 스위스 사람

---

* 조선시대에 원통한 일이 있는 사람이 임금에게 하소연하기 위해 거동하는 길가에서 징이나 꽹과리를 쳐 하문을 기다리던 일.
** 백성이 임금에게 글월을 올림. 또는 그 글월

동해물과 백두산이 늘 푸르고 높게

들은 최근 민주국가의 주인다운 면모를 보여주며 세계인의 관심을 끌었습니다. 상당액의 금액(월 300만 원 상당*)을 기본 소득으로 지급하자는 헌법 개정안을 만들어 지난 6월 5일 국민 투표에 부쳤는데 부결되었습니다. 소수 지지자들의 의견에 따라 국민 투표에 부쳐지고 찬성 23%, 반대 76.9%의 압도적 표차로 부결된 것이지요. 그러나 소수 지지자들은 기본 소득안이 국가적 공론의 장에 올려진 것만으로도 의미 있다고 하며, 압도적 다수의 반대자는 일하지 않고 돈을 받는 것은 옳지 못하므로 부결시킨 것에 대하여 당연하다고 생각하는 것 같습니다. 금번의 스위스 인들의 정치적 의사 결정을 보면서 부러운 마음을 갖지 않을 수 없었습니다. 그들은 민주국가의 주인 노릇을 제대로 하고 있구나 하는 생각에서 그러했습니다.

우리나라 사람들은 이제 웬만큼 먹고살 만한 나라가 되었는데도 옆에 있는 다른 지방은 생각하지 않고 자기 도(道)나 자기 지방의 욕심만 차립니다. 예를 들어 연고를 동원해 자기 지방에 많은 예산을 배정받아 불요불급한 사업에 투자하면 옆의 다른 지역에서는 시급한 사업을 못할 수도 있습니다. 한 동네처럼 온 나라가 좁아졌는데 옆의 사정도 보고 배려할 줄도 알아야 합니다.

어떻게 된 일인지 나라의 안전보장과 관련되는 군사기지를 건설하는 데까지 데모꾼들이 쫓아다니면서 반대합니다. 송전탑 건설

＊ 헌법 개정안에 구체적 금액은 없었고 다만 스위스 기본소득 운동단체들이 제시한 금액이 한화로 300만 원 정도였다고 함.

이나 터널 공사와 같은 공공사업에도 당치 않은 이유를 대며 방해하고 다니는 사람들이 있습니다. 국민이라면 차마 하지 못할 일들을 하고 있는 겁니다.

최근 고고도 미사일 방어체계(Thaad) 국내 배치와 관련해 또 시끄러워지고 있습니다. 전 국민의 생명과 안전에 직결되는 문제인데 반대하고 소란을 피우는 사람들이 있습니다. 정부도 잘 설득해야 하겠지만 국민이 나라의 주인다운 모습을 보여야 할 것입니다.

질서 유지를 위해 공무를 집행하는 경찰관에게 쇠파이프나 각목을 들고 반항하는 사람들도 있습니다. 경찰 장비, 차량 등을 훼손하고 심지어 경찰관에게 물리적 공격을 가해 상해를 입히는 경우가 빈번합니다. 경찰관은 국민이 세금을 내서 봉급 주고 옷 주고 장비 사주고 대신 우리 사회를 안전하게 지켜달라고 부탁한 사람들입니다. 그리고 그들은 우리 국민의 형제이고 자식이고 부모들입니다. 그런 그들에게 어떻게 그와 같은 무지막지한 행동을 할 수 있는지 모르겠습니다. 선진 법치국가에서는 상상할 수도 없는 일들이지요.

참으로 부끄러운 이야기지만, 정부나 국민이나 법을 안 지키고 각자 할 도리를 제대로 하지 않으면서 서로 상대방 탓이나 하고 믿지 않고 지내왔습니다. 그러나 좀 더 크게 보면 정부도 국민도 더 잘한 일이 많으니 이만큼 발전해 온 게 아니겠는가, 맡은 일 잘하고 양심적인 공직자와 국민이 더 많으니까 이만큼 성장해 온 게 아니겠는가 하는 생각도 하게 됩니다. 유사 이래 처음 해보는 자유민주주의, 법치주의인데 70년이라는 비교적 짧은 기간에 이만큼 했으면

동해물과 백두산이 늘 푸르고 높게

그래도 합격점을 받을 수 있다는 말이지요. 그러나 지금과 같은 상태가 계속되면 우리나라는 더 이상 발전할 수 없거나 예상치 못한 혼란과 좌절을 겪을 수도 있다는 불안감을 떨칠 수가 없습니다. 기나긴 우리 역사에서 모처럼 찾아온 세계의 지도 국가가 될 기회를 놓치는 것은 아닌가, 또 선진국이 되고자 하는 희망은 한갓 헛된 꿈이 아니었나 하는 걱정이 앞을 가립니다.

지금 우리나라의 대내외 여건은 매우 어렵습니다. 내적으로는 국민과 정부가 신뢰를 기반으로 적극적으로 끌고 밀어주는 관계가 아직 형성되지 못했습니다. 정부는 능력은 생각하지 않고 국민의 비위나 맞추는 데 급급합니다. 국민은 무리한 요구나 하고 합리적인 행동을 외면합니다. 그 결과 정부의 말은 거짓이 되기 쉽고 정부의 신뢰를 잃게 하는 빌미를 제공합니다. 아울러 정부 역시 국민의 이해 부족과 비협조를 탓합니다. 요즈음 쏟아져 나오는 복지 정책의 허황된 약속과 약속 불이행에서 빈발하는 잡음이 좋은 예입니다. 진지한 논의를 통해 실천 가능한 정책을 수립하고 이행에 차질이 없어야 국민과 정부 간에 신뢰가 쌓이고 결과적으로 혼란 없는 사회가 될 것입니다.

국민이라는 개념도 각자 편리한 대로 설정해서 사용함으로써 많은 국민을 혼돈스럽게 하고 있는데 이것 또한 사회 불신을 초래하는 요인입니다. 어느 일부 계층이나 특정 집단 사람들의 이해관계를 마치 국민 전체의 문제인 양 확대 포장해서 나라 전체를 시끄럽게 합니다. 오히려 양식 있는 '조용한 다수'가 무시당하고 있지요.

균형 감각을 갖고 부분과 전체를 파악하고 진단해서 문제를 해결하려는 노력이 필요하다고 생각합니다.

대외적으로는 국제 질서가 급변하면서 언제 어떤 회오리바람이 우리에게 불어 닥칠지 알 수 없는 형국입니다. 북한은 대세의 흐름에 능동적이고 적극적으로 대응하지 못하고 정권 안보에 집착해 개혁 개방보다 핵무기나 미사일 개발에 더 열중하고 있는 것으로 보입니다. 그런 가운데 탈북자 수는 늘어 현재 대한민국에 있는 그들의 숫자가 3만 명 수준에 달한다고 합니다. 이들이 소외감을 안 느끼고 대한민국 사회에 잘 적응할 수 있도록 교육하고 훈련할 필요가 있는데 그렇지 못한 것 같습니다.

정부와 국민은 우리가 처한 현 상황을 올바르게 인식하고 법과 원칙으로 돌아가 신뢰받는 정부, 밀어주는 국민의 관계를 이루어야 하겠습니다. 그렇게 해서 서로 혼연일체가 되어 난국을 헤쳐 나아가야 합니다. 특히 외교 안보, 국방, 치안, 방재 및 국민 보건을 담당하는 부처나 기관은 사명감과 자부심을 갖고 맡은 바 직무에 충실해야 합니다. 국민은 그들이 직무를 잘 수행할 수 있도록 협조와 지원과 격려를 아끼지 말아야 할 것입니다.

정확히 예측할 수는 없으나 머지않아 통일의 기회가 올 것이라고 합니다. 과연 그 기회를 잘 활용해 평화통일을 이룩하고 평화로운 나라로 이끌어갈 수 있을지는 정부와 국민 모두가 어떻게 하느냐에 달려있다고 생각합니다. 평화로운 방법과 절차에 의해서 통일을 이루고 평화로운 대한민국을 만들어야 한다는 목표 앞에는 여야

동해물과 백두산이 늘 푸르고 높게

가 따로 없고 계층이나 세대가 따로 있을 수 없습니다. 평화로운 통일국가를 만드는 것은 21세기에 우리 대한민국 국민이 풀어야 할 가장 큰 숙제입니다.

과거 조선왕조 말기에, 기본적으로 우리나라가 힘이 없어서 그렇게 된 것이지만, 우리 조정은 친러파, 친청파, 친일파로 갈려 싸움이나 했고 국민들은 무지해서 나라가 망하는 것을 보고도 제대로 대응을 못했습니다. 그때와는 시대 상황이나 우리의 능력이 많이 달라졌다고는 하나 현재도 미국, 중국, 일본, 러시아가 예민하게 각축하고 있는 대외 여건은 크게 차이가 있는 것 같지 않습니다. **이러한 상황에서 국가의 지도 계급이 또 분열하고 소모적 파쟁만 일삼으면 어떻게 될까요? 구한말과는 비교할 수 없이 지적 수준이 높아진 우리 국민들이지만 각자의 주장과 견해가 지나치게 강해 의견을 모으지 못하고 단결하지 못한다면 어떻게 될까요? 아마도 우리에게 통일의 호기가 와도 이를 효과적으로 잡을 수가 없을 것입니다.**

21세기의 민주주의 국가에서 정부는 국민의 것이고 국민에 의해 만들어지며 국민을 위해 일하는 국가기관입니다. 그 조직과 운영에 관한 기본적인 사항은 헌법에, 구체적이고 세부적인 사항은 개별 관련 법에 정해져 있습니다. 따라서 정부는 헌법과 법률을 철저하게 지키고 무엇을 어떻게 하는 것이 주인인 국민을 진정으로 위하는 것인가를 고민하고 실천해 국민의 신뢰를 얻어야 하겠습니다. 한편, 국민은 주인의 입장에서 책임과 의무를 다하고 정부가 하는 일을 엄격히 감시하고 감독하면서도 무엇을 어떻게 하는 것이 정부가 하는 일을 도와주는 것인지를 깊이 생각하고 밀어주어야 할 것입니다. 나라의 주변 상황이 혼란스럽고 어려운 때일수록 정부와 국민이 더욱 합심하고 단결해서 흔들림 없이 미래를 열어 나아가야 할 것입니다.

21세기에는 우리나라가 경제적으로 더욱 안정된 바탕 위에 문화적으로 세련되고 자주국방을 이룬 평화통일 국가로 거듭 태어나길 간절히 소망합니다. 주변 강대국들에게 휘둘리지 않으면서 국제사회에 기여하고 협조하는 좋은 이웃으로 세계인의 존경과 사랑을 받는 나라와 국민이 된다면 얼마나 좋겠습니까?

그런 희망을 담아 우리 모두 소리 높여 한 번 불러봅시다.

"동해물과 백두산이 늘 푸르고 높게, 하느님이 보우하사 우리나라 만세!"

참고문헌

군사학 연구회, 《전쟁론》, 플래닛미디어, 2015

굿소사이어티, 《대한민국 60년 성찰과 전망》, 지식산업사, 2008

김영기 문병도, 《일본은 왜? 한국은 어디로?》, 홍익출판사, 2010

김용운, 《한·일 민족의 원형》, 평민사, 1989

김일영, 《건국과 부국: 이승만 박정희 시대의 재조명》, 기파랑, 2010

김정환, 《스위스: 꿈의 나라, 실속의 나라》, 정우사, 1983

김종철, 《이스라엘, 평화가 사라져 버린 5000년 성서의 나라》, 리수, 2010

김철수, 《헌법학개론》, 박영사, 1989

김충남, 《대통령과 국가경영: 이승만에서 김대중까지》, 서울대학교 출판부, 2011
_____, 《대통령과 국가경영2: 노무현과 이명박 리더십의 명암과 교훈》, 오름, 2011

나종일 송규범, 《영국의 역사》(상,하), 한울, 2009

니얼 퍼거슨, 구세희·김정희 옮김, 《시빌라이제이션》, 21세기북스, 2011

동서역사문화연구회, 《교양 세계사》, 우물이있는집, 2007

랑셴핑, 이지은 옮김, 《부자 중국 가난한 중국인》, 미래의 창, 2011

박보균, 《살아 숨쉬는 미국 역사》, 랜덤하우스코리아, 2005

배무기, 《노동경제학》, 경문사, 2005

사공일, 《한국경제 아직 갈 길이 멀다》, 공감의기쁨, 2013

사이토 다카시, 홍성민 옮김, 《세계사를 움직이는 다섯 가지 힘》, 뜨인돌, 2009

샤를 드 몽테스키외, 김미선 옮김, 《몽테스키외의 로마의 성공, 로마제국의 실패》, 사이, 2013

서울특별시 시사편찬위원회, 《임자, 올림픽 한번 해보지》, 서울특별시 시사편찬위원회, 2013

성낙인, 《대한민국헌법사》, 법문사, 2012

손선홍, 《분단과 통일의 독일 현대사》, 소나무, 2005

송병락, 《일류 선진국이 되는 한국경제의 길》, 박영사, 2006

앨런 와이즈먼, 이한음 옮김, 《인구 쇼크》, 알에이치코리아, 2015

에밀리 맷차, 허원 옮김, 《하우스 와이프 2.0》, 미메시스, 2015

요시노 마코토, 한철호 옮김, 《동아시아 속의 한일 2천년사》, 책과함께, 2009

유영익, 《건국대통령 이승만》, 일조각, 2013

이극찬, 《정치학》, 법문사, 2008

이기백, 《한국사신론: 신수판》, 일조각, 1999

이병철, 《호암자전》, 나남, 2014

이성무, 《재상 열전》, 청아출판사, 2010

이승만, 김충남 김효선 풀어씀 ,《독립정신: 조선민족이여 깨어나라!》, 동서문화사, 2010

이승만, 류광현 역, 《일본의 가면을 벗긴다》, 비봉출판사, 2015

이우광, 《일본 재발견》, 삼성경제연구소, 2010

이원복, 《새로 만든 먼나라 이웃나라 5: 스위스》, 김영사, 2013
_____, 《새로 만든 먼나라 이웃나라 7: 일본 1》, 김영사, 2014
_____, 《새로 만든 먼나라 이웃나라 8: 일본 2》, 김영사, 2014

이재훈 박봉인, 《중소기업 경영론》, 경세원, 2001

이한우, 《우남 이승만, 대한민국을 세우다》, 해냄, 2008

일본역사교육자협의회 편, 송완범 신현승 윤한용 옮김, 《동아시아 역사와 일본》, 동아시아, 2011

장철균, 《스위스에서 배운다》, 살림, 2014

정주영, 《시련은 있어도 실패는 없다》, 제삼기획, 2009

조무현, 《로마가 답이다》, 미래를 소유한 사람들, 2013

동해물과 백두산이 늘 푸르고 높게

조영래, 《전태일 평전》, 아름다운 전태일, 2014

최병욱, 《베트남 근현대사》, 창비, 2009

하종강, 《그래도 희망은 노동운동》, 후마니타스, 2013

한국사특강 편찬위원회, 《한국사특강》, 서울대학교 출판부, 1999

한영우, 《다시찾는 우리역사》, 경세원, 2008

한영우, 《미래와 만나는 한국의 선비문화》, 세창, 2014

헬렌 캘디컷·크레이크 아이젠드래스, 김홍래 옮김, 《우주 무기화 시대의 미래 예측 보고서》, 알마, 2015

홍익희, 《유대인 창의성의 비밀》, 행성B잎새, 2013

홍일식, 《나의 조국 대한민국》, 동서문화사, 2014